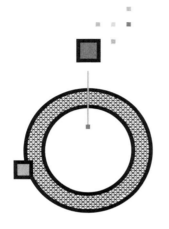

企業取引法

Business Law - Commercial Transactions

砂田太士／久保寛展 [著]

中央経済社

はしがき

　本書は主として初学者を対象に，商法第2編商行為の部分を「企業取引法」と題して，概説したものである。われわれが勤務する福岡大学法学部では，経営法学科商法科目のカリキュラムは，いわゆる商法総則を企業法総論，商行為法を企業取引法として，それぞれ2単位で開講し，現在もこれに沿って講義を行っている。しかし，近年，民法（債権法）や商法（運送・海商関係）の大改正が成立し，最新の情報を講義に反映させる必要が生じた。もちろん，講義では，これまでもレジュメ配布・双方向授業等の工夫から，最新の情報を反映させたわかりやすい講義を目指して授業を行ってきたところではあるが，今回の大改正が広範囲に及ぶことから，企業法総論よりも先行して，できる限り早い段階で学生に最新の情報を提供すべく，企業取引法の教科書を作成した。このような経緯から，一応，本学での授業をイメージして作成したとはいえ，本書は，本学と同様のカリキュラムを採用している他大学の学生や，資格試験の準備等，もう一度，商行為法の部分をざっとおさらいしたい読者にも耐えうるように執筆したつもりでいる。

　本書の特徴をあげるならば，まず，約款等の資料を含む確認事項やポイント，争点を掲げ，さらに簡単な質問形式のチェックポイントを設けたことである。ぜひ，本書を読み進めていく上でこれらを確認し，理解を深めてほしい。また，今回の教科書作成の理由の一つとして運送法の改正があげられるが，運送法の説明箇所（第6講Ⅰ）では，体系的な理解を目指して，陸上・海上・航空の各運送形態をそれぞれ説明した点にも特徴がある。

　本書はこのような特徴を備えたものになっているが，本書が少しでも本学の学生をはじめ多くの読者の皆さんに活用していただけるのであれば，われわれにはこれに勝る喜びはない。もちろん，引き続き内容をアップツーデートなものにするという本書の出版から生じる責務は今後も果たし

ていきたい。なお，本文中に引用した民法の条文は，平成32（2020）年4月に施行予定の改正民法によっている。最後に，出版状況が悪いなか，本書の作成にご配慮ならびに適切なアドバイスをいただいた中央経済社の露本敦氏に厚く御礼申し上げたい。

　平成30年5月

砂田　太士
久保　寛展

目　次

第1講
企業取引上のルール

第1節　企業取引の性質 ─────────────────── 1
　1　営利性 ………………………………………………………… 2
　2　契約の定型化 ………………………………………………… 3
　3　権利の証券化 ………………………………………………… 3
　4　取引の安全保護の強化 ……………………………………… 5

第2節　企業取引の内容の形成 ───────────── 5

第3節　企業取引の内容形成の制限 ─────────── 9

第2講
商行為の通則

第1節　商行為の概念 ─────────────────── 11
　1　絶対的商行為 ………………………………………………… 12
　　(1)　投機購買およびその実行売却（商501条1号）・12
　　(2)　投機売却およびその実行購買（商501条2号）・13
　　(3)　取引所において行う取引（大量かつ定期的な取引：商501条3号）・13
　　(4)　手形その他商業証券に関する行為（商501条4号）・13

2　営業的商行為 …………………………………………………………… 14
　　(1)　投機賃借とその実行行為（商502条1号）・14
　　(2)　他人のための製造業または加工業（商502条2号）・15
　　(3)　電気またはガスの供給業（商502条3号）・15
　　(4)　運送に関する行為（商502条4号）・15
　　(5)　作業または労務の請負（商502条5号）・15
　　(6)　出版・印刷・撮影に関する行為（商502条6号）・16
　　(7)　客の来集を目的とする場屋取引（商502条7号）・16
　　(8)　両替その他の銀行取引（商502条8号）・16
　　(9)　保険業（商502条9号）・17
　　(10)　寄託の引受け（商502条10号）・17
　　(11)　仲立ちまたは取次ぎに関する行為（商502条11号）・17
　　(12)　商行為の代理の引受け（商502条12号）・17
　　(13)　信託の引受け（商502条13号）・17
　3　附属的商行為 …………………………………………………………… 18
　4　商行為の効果 …………………………………………………………… 20
　　(1)　商行為の効果・20　　(2)　一方的商行為・21
　　(3)　双方的商行為・21

第2節　商行為の営利性 ─────────────────── 22
　1　報酬請求権（商512条） ……………………………………………… 22
　2　利息請求権（商513条） ……………………………………………… 23
　3　法定利率（民404条） ………………………………………………… 23
　4　消滅時効（民166条） ………………………………………………… 24

第3節　商行為の代理 ────────────────────── 25
　1　商行為の代理 …………………………………………………………… 25
　　(1)　商行為の代理と民法上の代理・25
　　(2)　代理における本人死亡の場合（商506条）・26

2　商行為の委任 ··· 29

第3講
商事売買と消費者取引

第1節　商事売買 ────────────────────── 31
　1　商事売買契約の意義 ·· 31
　2　商事売買契約の成立 ·· 32
　　(1)　申込みと承諾・32　　(2)　諾否通知義務・33
　　(3)　送付物品保管義務・34
　3　商事売買契約の効力 ·· 35
　　(1)　商品の引渡し・36　　(2)　買主の受取り・39
　　(3)　商品の受領・40　　(4)　代金の支払い・43

第2節　商事債権の担保手段 ─────────────── 44
　1　多数当事者間の債務の連帯 ··· 45
　　(1)　債務者の連帯・45　　(2)　保証人の連帯・45
　　(3)　流質契約・46　　(4)　商人間の留置権・47
　2　他の債権担保手段─解除特約，所有権留保，動産売買の先取特権
　　　··· 48

第3節　消費者取引 ───────────────────── 52
　1　消費者取引の意義 ·· 52
　2　消費者保護の法規制 ·· 53
　3　消費者契約法 ··· 54
　　(1)　適用範囲・54　　(2)　消費者による取消権の行使・55
　　(3)　消費者契約条項の無効・56
　4　割賦販売法 ··· 57
　5　特定商取引法 ··· 59

第4講
企業取引の決済方法

第1節　交互計算制度 ─────────────── 63
  1　交互計算の意義 ……………………………………………… 63
  2　交互計算の要件 ……………………………………………… 64
  3　交互計算の効力 ……………………………………………… 65
   (1)　交互計算不可分の原則―消極的効力・65
   (2)　積極的効力・67
  4　交互計算の終了 ……………………………………………… 68
  5　ネッティング（差額決済）………………………………… 68

第2節　有価証券制度 ─────────────── 69
  1　有価証券の制度 ……………………………………………… 69
  2　有価証券の分類 ……………………………………………… 70
   (1)　記名証券・指図証券・70　　(2)　無記名証券・70
   (3)　有因（要因）証券・無因証券・70
   (4)　文言証券・非文言証券・71　　(5)　設権証券・非設権証券・71
   (6)　受戻証券・非受戻証券・71
  3　有価証券の譲渡方法と権利行使 …………………………… 72
   (1)　譲渡方法・72　　(2)　権利行使・72
  4　有価証券の喪失 ……………………………………………… 73
  5　各種の有価証券 ……………………………………………… 73
   (1)　約束手形・為替手形・73　　(2)　小切手・74
   (3)　株券・75　　(4)　社債券・75　　(5)　倉荷証券・76
   (6)　船荷証券・77

第 5 講
企業取引を補助する者

第 1 節　代理商 ——————————————— 79

1　代理商制度 ……………………………………………………… 79

2　代理商の権利義務関係（代理商と本人との内部関係：代理商契約）
…………………………………………………………………… 81

　(1)　通知義務・81　　(2)　競業避止義務・82

　(3)　留置権・82

3　代理商と第三者との関係（対外関係） ………………………… 83

4　代理商関係の終了 ……………………………………………… 83

第 2 節　仲立人 ——————————————— 84

1　仲立人の制度・仲立契約 ……………………………………… 84

2　仲立人の義務 …………………………………………………… 85

　(1)　一般的義務・86　　(2)　当事者間の紛争防止のための義務・86

3　仲立人の権利 …………………………………………………… 89

　(1)　報酬請求権・89　　(2)　給付受領権・91

第 3 節　問屋 ——————————————— 92

1　問屋制度 ………………………………………………………… 92

　(1)　問屋の意義・92　　(2)　問屋契約・94

2　問屋の義務 ……………………………………………………… 97

　(1)　善管注意義務・97　　(2)　通知義務・97

　(3)　指値遵守義務・97　　(4)　履行担保義務・98

3　問屋の権利 ……………………………………………………… 98

　(1)　報酬請求権・費用償還請求権・98　　(2)　留置権・99

　(3)　自助売却権・99　　(4)　介入権・99

第6講

物・人の移動と保管・宿泊

I　物と人の移動　　／101

第1節　運送営業 ―――――――――――――――――――― 101

1　運送取引の意義 ··· 101
2　各運送取引の法規整 ·· 102
　(1)　陸上運送・102　　(2)　海上運送・103　　(3)　航空運送・103
3　各運送取引の形態 ··· 105

第2節　物品運送契約―陸上運送 ――――――――――――― 106

1　物品運送契約の締結 ·· 106
2　物品運送人の権利 ··· 106
　(1)　運送品引渡請求権・106　　(2)　送り状交付請求権・107
　(3)　運送賃請求権・費用償還請求権・108　　(4)　留置権・108
　(5)　運送品の供託権・競売権・108
3　物品運送人の義務 ··· 112
　(1)　一般的義務・112　　(2)　運送品処分義務・112
4　荷送人の危険物通知義務 ·· 113
5　荷受人の地位 ··· 114
6　物品運送人の責任 ··· 115
　(1)　運送品の滅失・損傷・延着に対する責任（責任発生原因）・115
　(2)　損害賠償額・119　　(3)　高価品に関する特則・121
　(4)　責任の消滅・124　　(5)　免責約款・126

第3節　物品運送契約―海上運送 ――――――――――――― 131

1　海上物品運送契約の性質 ·· 131

2　海上物品運送契約に関する法規整 ………………………………………… 131
　3　海上物品運送契約の種類 …………………………………………………… 133
　　（1）個品運送契約・133　　（2）航海傭船契約・133
　　（3）定期傭船契約・134
　4　海上物品運送契約の締結 …………………………………………………… 136
　5　船舶の提供・堪航能力担保義務 …………………………………………… 136
　　（1）船舶の提供義務・136　　（2）堪航能力担保義務・136
　6　船積み・受取り・積付けに係る義務 ……………………………………… 137
　　（1）船舶の回航・138　　（2）船積準備完了の通知・138
　　（3）碇泊義務・138　　（4）運送品の受取り・139
　　（5）船荷証券交付義務・139　　（6）海上運送状交付義務・141
　7　発航および運送に係る義務 ………………………………………………… 142
　8　陸揚げ・引渡し ……………………………………………………………… 143
　　（1）陸揚げ・143　　（2）引渡し・143　　（3）荷渡指図書・144
　9　仮渡し・保証渡し …………………………………………………………… 144
　10　海上物品運送契約の終了（当事者による任意解除）…………………… 145
　　（1）船舶の発航前・145　　（2）船舶の発航後・146
　11　海上運送人の責任 …………………………………………………………… 147
　　（1）運送人の責任原因・147
　　（2）損害賠償額の定型化と高価品の特則・147
　　（3）不法行為責任との関係・148
　12　海上運送人の責任の限度 …………………………………………………… 149

第4節　物品運送契約──航空運送　── 150
　1　航空物品運送契約に関する法規整とその性質 …………………………… 150
　2　航空運送状 …………………………………………………………………… 150
　3　国際航空貨物運送における貨物の引渡し ………………………………… 151
　4　航空運送人の責任 …………………………………………………………… 151

第5節　旅客運送契約　── 155

1　旅客運送契約 ……………………………………………………… 155
　　2　乗車券 ……………………………………………………………… 156
　　　(1)　無記名式乗車券・156　　(2)　記名式乗車券（定期券）・157
　　　(3)　回数乗車券・157
　　3　旅客運送人の責任 ………………………………………………… 157
　　4　旅客運送人の権利 ………………………………………………… 160
　　　(1)　運送賃請求権・160　　(2)　留置権・先取特権・160

第6節　複合運送・相次運送 ―――――――――――――― 161

　　1　複数の運送人による運送契約 …………………………………… 161
　　2　複合運送人・相次運送人の責任 ………………………………… 162
　　3　相次運送人の権利義務 …………………………………………… 162

第7節　運送取扱営業 ―――――――――――――――― 166

　　1　運送取扱人の意義 ………………………………………………… 166
　　2　運送取扱人の義務および権利 …………………………………… 167
　　　(1)　運送取扱人の義務・167　　(2)　運送取扱人の権利・167
　　3　荷受人の地位 ……………………………………………………… 168
　　4　相次運送取扱い …………………………………………………… 169

Ⅱ　物の保管と人の宿泊　　　　　　　　　　／170

第1節　倉庫営業 ――――――――――――――――― 170

　　1　倉庫営業の経済機能 ……………………………………………… 170
　　2　倉庫営業者 ………………………………………………………… 170
　　3　倉庫寄託契約 ……………………………………………………… 172
　　4　倉庫営業者の義務 ………………………………………………… 172
　　　(1)　保管義務・172
　　　(2)　寄託物の点検・見本提供等に応じる義務・174
　　　(3)　寄託物返還義務・175　　(4)　倉荷証券交付義務・175

5　倉庫営業者の責任 ･･･ 175
　　6　倉庫営業者の権利 ･･･ 177
　　　(1)　保管料・費用償還請求権・177　　(2)　留置権・先取特権・178
　　　(3)　寄託物の供託権・競売権・179
　　7　倉荷証券・荷渡指図書 ･･･ 179
　　　(1)　倉荷証券の意義・性質等・179　　(2)　荷渡指図書・181

第2節　場屋営業 ──────────────────── 184
　　1　場屋営業の意義 ･･･ 184
　　2　客の荷物に対する場屋営業者の責任 ･････････････････････････････ 186
　　　(1)　場屋営業者の寄託責任・186　　(2)　責任減免の特約・189
　　　(3)　高価品の特則・190　　(4)　責任の短期消滅時効・191

第7講
その他の取引類型

第1節　匿名組合 ──────────────────── 193
　　1　匿名組合の経済的意義 ･･･ 193
　　2　営業者の権利義務関係 ･･･ 195
　　　(1)　出資請求権・195　　(2)　業務執行義務・195
　　3　匿名組合員の権利義務関係 ･･･････････････････････････････････････ 196
　　　(1)　利益分配請求権・196　　(2)　営業監視権・196
　　　(3)　出資義務・196　　(4)　損失分担義務・197
　　4　外部との関係 ･･･ 197
　　5　匿名組合契約の終了 ･･･ 197

第2節　リース取引 ────────────────── 199
　　1　リース取引の意義 ･･･ 199
　　2　ファイナンス・リース契約 ･･･ 200

3　リース契約の機能 ………………………………………………………… 200

第3節　証券の取引 ──────────────────── 206
　　1　証券取引の意義 …………………………………………………………… 206
　　2　販売・勧誘規制 …………………………………………………………… 207
　　　(1) 広告規制・207　　(2) 適合性原則・208
　　　(3) 説明義務・209
　　3　不適切な勧誘の禁止 ……………………………………………………… 210
　　4　損失補てん等の禁止 ……………………………………………………… 211
　　5　金融商品販売法（金融商品の販売等に関する法律）……………… 212

判例索引・215

事項索引・219

【主要参考文献一覧】

青竹正一『改正商法総則・商行為法〔第 3 版補訂版〕』（成文堂・2014）

石井照久『商行為法・海商法・保険法』（勁草書房・1971）

今井薫・岩崎憲次ほか『保険・海商法〔改訂版〕』（三省堂・1994）

上柳克郎・北沢正啓・鴻常夫〔編〕『新版　商法総則・商行為法』（有斐閣・1998）

江頭憲治郎『商取引法〔第 7 版〕』（弘文堂・2013）

大塚英明・川島いづみ・中東正文『商法総則・商行為法〔第 2 版〕』（有斐閣・2008）

落合誠一・大塚龍児・山下友信『商法Ⅰ―総則・商行為〔第 5 版〕』（有斐閣・2013）

河本一郎・奥島孝康〔編〕『新判例マニュアル　商法Ⅰ〔総則・商行為〕』（三省堂・1999）

神崎克郎『商行為法Ⅰ―商事売買の機能的考察』（有斐閣・1973）

岸田雅雄『ゼミナール　企業取引法入門』（日本経済新聞社・1996）

岸田雅雄『ゼミナール　商法総則・商行為法入門』（日本経済新聞社・2003）

倉沢康一郎・奥島孝康〔編〕『判例ハンドブック〔商行為法・手形法〕』（日本評論社・1997）

黒沼悦郎『金融商品取引法』（有斐閣・2016）

黒沼悦郎『金融商品取引法入門〔第 7 版〕』（日本経済新聞出版社・2018）

根田正樹『企業取引法〔第 2 版〕』（弘文堂・2005）

近藤光男『商法総則・商行為法〔第 7 版〕』（有斐閣・2018）

近藤光男〔編〕『現代商法入門〔第 9 版〕』（有斐閣・2014）

酒巻俊雄・栗山徳子〔編〕『新版基本問題セミナー 2　商法総則・商行為法』（成文堂・2005）

宍戸善一・大崎貞和『ゼミナール　金融商品取引法』（日本経済新聞出版社・2013）

商事法務〔編〕『商法（運送・海商関係）等の改正に関する中間試案』〔別冊NBL152号〕（商事法務・2015）

鈴木竹雄『新版商行為法・保険法・海商法〔全訂第 2 版〕』（弘文堂・1993）

田邊光政『商法総則・商行為法〔第 4 版〕』（新世社・2016）

田村諄之輔・平出慶道〔編〕『保険法・海商法〔補訂第 2 版〕』（青林書院・1996）

中村眞澄・箱井崇史『海商法〔第2版〕』（成文堂・2013）
西原寛一『商行為法』（有斐閣・1973）
西山芳喜〔編〕『アクチュアル企業法〔第2版〕』（法律文化社・2016）
箱井崇史『現代海商法〔第2版〕』（成文堂・2015）
蓮井良憲・森淳二朗〔編〕『新商法講義1　商法総則・商行為法』（法律文化社・1992）
蓮井良憲・西山芳喜〔編〕『入門講義　商法総則・商行為法』（法律文化社・2006）
畠田公明『商取引法講義』（中央経済社・2011）
平出慶道『商行為法〔第2版〕』（青林書院・1989）
藤田勝利〔編〕『新航空法講義』（信山社・2007）
藤田勝利・北村雅史〔編〕『プライマリー商法総則・商行為法〔第3版〕』（法律文化社・2010）
服部榮三・星川長七〔編〕『基本法コンメンタール〔第4版〕』（日本評論社・1997）
藤田勝利・工藤聡一『現代商取引法』（弘文堂・2011）
松尾直彦『金融商品取引法〔第5版〕』（商事法務・2018）
森本滋〔編著〕『商行為法講義〔第3版〕』（成文堂・2009）
弥永真生『リーガルマインド　商法総則・商行為法〔第2版補訂版〕』（有斐閣・2014）
山下友信・神田秀樹『金融商品取引法概説〔第2版〕』（有斐閣・2017）
山野嘉朗〔編著〕『現代保険・海商法30講〔第9版〕』（中央経済社・2013）

【略語一覧：法令名】

会社	会社法	金商	金融商品取引法
会社更生	会社更生法	金商業	金融商品取引業等に関する内閣府令
割賦	割賦販売法		
割賦令	割賦販売法施行令	金販	金融商品の販売等に関する法律
貨物自運	貨物自動車運送事業法		
軌運程	軌道運輸規程	小	小切手法
航空	航空法	特定商取引	特定商取引に関する法律
国際海運	国際海上物品運送法		
商	商法	特定商取引令	特定商取引に関する法律施行令
社債振替	社債，株式等の振替に関する法律		
		電子契約特	電子消費者契約及び電子承諾通知に関する民法の特例に関する法律
消費契約	消費者契約法		
信託	信託法		
船員	船員法	破	破産法
倉庫	倉庫業法	非訟	非訟事件手続法
倉庫約款	標準倉庫寄託約款（甲）	標準貨物約款	標準貨物自動車運送約款
宅建業	宅地建物取引業法		
手	手形法	民	民法
独禁	独占禁止法（私的独占の禁止及び公正取引の確保に関する法律	民法整備法	民法の一部を改正する法律の施行に伴う関係法律の整備等に関する法律
鉄営	鉄道営業法		
鉄事	鉄道事業法	民事再生	民事再生法
道運	道路運送法	民訴	民事訴訟法

【略語一覧：判例集】

下民集	下級裁判所民事裁判例集	法学	法學（東北帝国大学法學会）
金法	金融法務事情	民集	最高裁判所（大審院）民事判例集
判決全集	大審院判決全集		
判時	判例時報	民録	大審院民事判決録
判タ	判例タイムズ	新聞	法律新聞

■ 第1講

企業取引上のルール

　企業取引は，民法（明29年法89号。以下では，平成29年改正民法〔平29年法44号〕を前提とする）の定めに従うほか，もっぱら商法（明32年法48号。以下では，平成30年改正商法〔平30年法29号〕を前提とする）第二編「商行為」を中心とした法規制の定めに従う。

　本書の狙いは，この商行為法を中心とした企業取引を規律する法体系を，企業取引法と捉えることで，企業取引を簡潔かつ法的に説明することにある。このように捉えた場合，企業取引の主体は企業であっても，個人商人であっても，私人であるので（公法人も営利目的をもって事業を行うならば，商人としての性格を有する），私人間の法律関係を定める民法に従うが，他方，企業取引が，民法上の取引と同様の法規制に服することになると，円滑な企業取引が損なわれる側面もある。そこで，商法は，商行為法において，商行為を定めるとともに，企業取引を円滑にするような定めを設けている（なお，公法人が行う商行為も，原則として商法の定めるところによる〔商2条〕）。それでは，商法（とくに商行為法）を中心とする企業取引に関する規定と，私人間の取引を定める民法上の規定とでは，どのような違いがあるのであろうか。言い換えれば，企業取引の性質（商行為の性質）は，私人間の取引の場合と比べて，どのような特色（特徴または違い）があるのか。本講では，このような問題を扱うことにする。

第1節　企業取引の性質

　法規制としての商行為法の特色として，「営利性」，「契約の定型化」，「権利の証券化」，「取引の安全保護の強化」の4点をあげることができる。これら4つの特色は，商法の特色でもある。

1　営利性

　企業取引を律する法規制の特色のなかで，営利性は最も基本的な性質である。すなわち，企業活動のすべては，営利の目的に向かって統一的に，計画的に，かつ継続的に実現されるよう方向づけられている。このことは，個々のひとつひとつの行為が，総じて営利目的をもって行われることを意味し，これによって企業を維持し，また強化を図ることになる。

　このような観点からみれば，商行為法のなかでも，たとえば報酬請求権（商512条）や利息請求権（商513条）は，法規制のなかで営利性を定めたものといえる。まず，報酬請求権は，民法では委任により他人のために法律行為をする者であっても，委任契約の際に報酬に関する定め（特約）をしておかないと報酬を請求できないが（民648条1項），商人が営業の範囲内で他人のために行為をするときは，その者に対して相当の報酬を請求できる（商512条）。営業行為そのものでなくても，営業のために行われた行為であれば本条が適用される。これに対し，利息請求権については，民法の金銭消費貸借契約の場合は無償が原則であるが（民587条参照），商人の間で金銭消費貸借が行われるときは，法定利息を請求することができる（商513条）。

　法定利率については，民事法定利率に一本化され，その利率は，別段の意思表示がないときは，その利息が生じた最初の時点における法定利率により，原則として法定利率は年3％とされ，3年を1期として1期ごとに変動するものとされる（民404条1項〜5項）。貸し借りに限らず，商人が行ったこれらの行為は，もともとそのような行為をしなくてよいにもかかわらず，他人のためにしたことによって，他の営業活動を行う時間を費やしたこと，またはその金額があれば他の営業活動に利用できるものであること等を理由に，民法と異なった定めをしており，このことは企業の営利性にもつながるものである。

2 契約の定型化

　企業が行う取引は，多数人の間で，大量かつ継続的に反復して同種の行為をなすことから，集団的かつ画一的な処理が要請される。ここでは，民法のように，個別にひとつひとつ処理することは，かえって煩雑であると同時に，事実上困難でもある。そこで，契約自由の原則（民521条）によらず，そもそも契約内容が定まっていたならば，簡易かつ迅速に取引を行うこともできよう（簡易化・迅速化）。すなわち，定型化された内容を定めることで，企業は集団的かつ画一的な対応を行うことができるのである（集団化・画一化）。たとえば倉荷証券や船荷証券等の証券の記載事項は法定されており（商601条・758条），その限りでは，法定の要件さえ充足していれば有効な証券になる。これらの証券に関しては，証券の作成者は，法定要件を充足した証券を発行することで足りるのに対し，証券の受取人である相手方は，その証券から容易に内容を知ることができ，このことは，ひいては取引の迅速化にもつながる。

　もっとも，企業が不特定多数の者を相手方として行う取引であって，その内容の全部または一部が画一的であることがその双方にとって合理的であれば，後述するように，むしろ定型約款を使用することが合意されることも多い（民548条の2以下参照）。このように契約の定型化に基づく「簡易化・迅速化」，「集団化・画一化」もまた，商行為法または企業取引における特色のひとつとしてあげられる。

3 権利の証券化

　権利の証券化とは，どのようなことであろうか。一般的には，財産的価値を有する権利（財産権）を表章する証券，いわゆる有価証券を作成することであり，しかも権利の移転または行使に当該証券が必要となるものである。

　たとえば，B社がA社に商品を売却することを考えてみよう。A社とB

社の間で売買契約が成立すれば，B社がA社に商品を送付して，A社が当該商品を受領するが，反対にA社はB社に対して売買代金を支払うことになる。しかし，A社がたまたま売買代金の持ち合わせがなく，決済を3か月後に延期してもらいたいと考えている。このような場合，A社はどうすればよいか。その方法としては，A社が，B社に対して，約束手形という有価証券を交付することが考えられる。約束手形は，満期までの信用を利用する有価証券として，A社に対するB社の売買代金債権を証券化したものにほかならないが，3か月後の満期にB社は，A社に当該手形を呈示して，売買代金を決済してもらうことになる。このような過程を経て，A社とB社の売買契約が決済されるが，権利の証券化とは，このように目に見えない売買代金債権が約束手形という証券に化体されることとして理解される（なお，金銭債権が電子記録される電子記録債権法も参照）。

　もっとも，B社が3か月の満期を待たずに，保有している約束手形を現金化したい場合には，第三者であるC社に当該手形を買い取ってもらう（手形割引）ことも可能である。前述した倉荷証券（商601条）や船荷証券（商758条）も，証券化の一例である。

4　取引の安全保護の強化

　前述のように，企業取引は，私人間での取引と異なり，集団的に，大量に，そして反復的に行われる。このことから，取引を迅速にするための考え方や，簡易に取引を行うための考え方が法の規定にあるものの，取引自体が安全かつ確実に行われなければ，企業取引はかえって混乱してしまう。そこで，取引の安全を確保するための方策も講じなければならない。前述した契約の定型化や権利の証券化も，もちろん取引の安全につながる側面があるとはいえ，さらに，次のような方策が講じられている。その方策とは，取引を行う者の義務と責任を厳格に考える，いわゆる厳格責任主義である。たとえば多数当事者間の債務は連帯債務になるだけでなく（商511条1項。民427条と対比），保証人がある場合についても連帯保証になるほか（商511条2項。民446条1項と対比），契約の申込みに関係するものとし

ては、平常取引をする者からその営業の部類に属する契約の申込みを受けた者について諾否通知義務（商509条1項）や物品保管義務（商510条）が定められている。このような考え方を採ることで、取引の安全が強化されている。

以上のような商行為法の規制以外にも、商法総則では、商法全体を貫く考え方として、公示主義に基づく商業登記制度（商9条、会社908条および商業登記法）、外観主義から導かれる、他の商人と誤認させる名称等の使用の禁止（商12条、会社8条）、自己の商号の使用を他人に許諾した商人の責任（商14条、会社9条〔名板貸し〕）、表見制度（商24条、会社13条〔表見支配人〕）等が存在し、これらの規制も相まって、取引の安全が確保されている。

> **確認事項▮企業取引の性質**
> ① 営利性
> ② 契約の定型化
> ③ 権利の証券化
> ④ 取引の安全保護の強化

第2節　企業取引の内容の形成

第1節で述べたように、企業取引の場合には、民法所定の法規制とは異なる法規制が設けられている。もっとも、企業取引のすべてが必ずしも商法に依拠しているわけではない。このことは、とくに商事売買に関する規制において顕著である。その詳細は、後述の該当箇所に譲るが、商行為法における売買の規定は、商法524条以下のわずかな規定しか設けられていない。このことは、商法としては、たんに必要最小限の規定を設けるのみで、商法上に規定がない場合には、民法の売買に関する規定（民555条以下）が適用されることを意味する。すなわち、民法の定めに従って売買することも可能なのである。したがって、商法に規定がない場合には民法の定めに従うので、契約自由の原則（民521条）をはじめとする民法の考え方に基づいて対応していることがわかる。このように考えると、企業取引

の内容は、当事者間における申込みから始まる一連の民法上の契約締結に係る行為を前提に、商法独自の考え方を交えて規制しているといえる。

前述のように、商行為法上の売買の規定はわずかしかなく、契約自体は、契約自由の原則（民521条）を含む民法の規定に従うが、それでは、企業の間では具体的にどのような形で取引内容が形成されていくのであろうか。ある行為を規律する法規制をどのように考え、またある行為に複数の法規制を適用できる場合にどのように考えるべきかは、商法の法源とその適用の順序（法令適用の問題）にもつながる。以下では、これらの問題を考えてみることにしよう。

まず、法令の適用に関する原則は、商法1条に定められており、「商人の営業、商行為その他商事については、他の法律に特別の定めがあるものを除くほか、この法律の定めるところによる」（同条1項）とし、引き続き「商事に関し、この法律に定めがない事項については商慣習に従い、商慣習がないときは、民法（…）の定めるところによる」（同条2項）と規定する。したがって、これらの原則と、契約自由の原則（民521条）を交えながら、企業取引に特有の取引内容が形成されていくことになる。すなわち、企業取引に関しては、商法1条に従い、まず、商法が適用されることから始まるので、この規定によって取引の当事者間同士でその内容が形成されることになる。ここでは、法令適用の問題にも関係することから、「特別法は一般法に優先する」の原則を当てはめて、以下、いくつか検討することにしよう。

当然のことであるが、商法所定の規定は遵守されなければならない。当該規定に違反する行為を行うことはできないので、これによって取引の内容も確定される。また、たとえば商法施行法（明32年法49号）や商法施行規則（平14年法務省令23号）のような商法に関係する法令にも、従わなければならないのは当然である。

次に、商慣習がある場合には、当該商慣習に従うことも要請される。商慣習といっても、実際上は商慣習に法的な確信が加わったものであるので、法規範としての効力が認められるものと解されている。したがって、たんに一定の地域で行われているにすぎない商慣習とは異なる。商慣習法は、

法源のひとつであるので（商1条2項。なお，商慣習とあるが，商慣習法を意味すると解される），商慣習法がある場合には，それに沿った内容とすることになる。また，公序良俗に反しない限り（民90条参照），商慣習が存在しかつ当事者がその商慣習による意思を有しているならば，この商慣習に従うことになる（民92条）。このように，商慣習として，商慣習法と商慣習の両者が存在するものの，企業取引の内容の合意形成に際しては，いずれも重要な要素になっている。

さらに，会社の定款のような団体の定めや，普通取引約款（たんに約款とも呼ばれる）等は商事自治法といわれる。これらもまた，法源を構成することがある。会社（株式会社，合名会社，合資会社，合同会社。会社2条1号）の定款は，会社の基本的事項を定めたものであるが，いずれの会社であっても，会社の行動規範のひとつになる。たとえば株式会社の場合，株主総会の決議の内容が定款に違反するときは，株主総会の決議取消事由となっている（会社831条1項2号）。

これに対し，普通取引約款（民548条の2以下参照）は，企業が画一的に，しかも迅速かつ簡易に取引する場合には，きわめて重要な方法である。一定の契約条項が定められ，契約当事者がこの定められた内容に従うか否か，もし従うのであれば，当事者間でその内容どおりの取引を行うことになるが，反対に拒否するのであれば，取引自体を行うことができないことになる。企業取引においても，この約款に依拠する場合は，それに従って取引内容も確定される。もっとも，約款が法源としての意味を有するのか否か，さらにその性質をどのように理解すべきかについては，争われている。

> **Point** 普通取引約款
>
> 普通取引約款は，企業が一定の取引について，あらかじめ契約条件を定めておき，一律にこの契約条件に従い取引を行うものである。したがって，相手方は，この約款に基づいて取引を行うか否かの選択権しかないのであり，企業の定めた約款に従わないと当該企業と取引を行うことができないことになる。約款による取引は，たとえば，鉄道に乗車したり，荷物を送るような運送取引，銀行に預金するような銀行取引，さらに，損害保険・生命保険の

ような保険取引等，われわれの身近に多く存在する。

　一方，このような形式による取引については，法的拘束力との関係で，一方的な優越性があるのではないか，また，これを利用して契約条件を提示する企業とは異なり，相手方にはその内容を十分に理解した上で取引をしているのか否か等，問題点も指摘されている。大審院は，火災保険契約の事件において，外国の保険会社が樹林火災・森林焼失による損害を填補しないという条項に基づき，森林火災により家屋を焼失した者の保険金請求を拒んだ事件において（大判大正4年12月24日民録21輯2182頁），保険契約者の当事者双方が，普通保険約款に依らない旨の意思を表示しないで契約をしたときは，当該約款による意思表示をして契約したものと推定すると判示した。この考え方は，意思推定理論といわれている。この判決からは，反対の意思表示をしていれば（すなわち，約款によらないで契約をすることの意思表示をしていたこと証明すれば〔反証すれば〕），この推定を覆すことができることになる。

　法的拘束力をどのように解するのかについては，この判例以外にも，自治法理論（この立場からは，約款もひとつの法源と解される），白地慣習説（取引を行うことについて，約款によることが商慣習または慣習法となっていると解する）等が展開されている。

　また，約款をどのように規制するのかについては，前述の司法（裁判所）の立場のみならず，立法および行政の立場からも，その対応が考えられている。立法的な対応として，たとえば割賦販売法（昭36年法159号）3条1項，および割賦販売法施行規則1条（昭36年通商産業省令95号）による，割賦販売条件の表示の要請と，それに関する表示規制（表示方法，定義，文字のポイント等）があり，行政的な面からは，免許等による規制，たとえば保険業法（平7年法105号）3条では，保険業は内閣総理大臣の免許を受けた者でなければ行うことができないと定め，免許が必要であるとした上，さらに同法4条2項3号では，普通保険約款は免許申請書とともに内閣総理大臣に提出しなければならないと定めている。なお，前述の大審院判決以降の裁判例では，約款の効力を否定することは稀である（福島地判昭和34年11月18日下民集10巻11号2450頁では，あまりに売主に有利な定めがあったことから，信義則および公序良俗に違反するとされ，約款の効力が否定されている）。

第3節　企業取引の内容形成の制限

　第2節で述べたように，企業取引の内容については，商取引の法源となる法規制のもと，企業同士での協議からその内容が形成されていく。もっとも，商法を中心とする商行為法の法源だけでなく，企業取引に関する他のいくつかの法規制もあり，企業はこれらの規制にも従わなければならないので，企業取引の内容を完全に自由に形成できるわけではない。

　商法以外の法規制として，たとえば独占禁止法（私的独占の禁止及び公正取引の確保に関する法律〔昭22年法54号〕）がある。独占禁止法は，私的独占，不当な取引制限および不公正な取引方法を禁止し，また事業支配力の過度の集中を防止し，企業間における事業活動の不当な拘束を排除するため（独禁1条），多数の事項を定めている。また，不公正な取引方法については，公正取引委員会の告示がある（昭57年公正取引委員会告示15号）。商法とは目的が異なるものの，独占禁止法等の規制は，たとえ独立した企業間での契約であっても，たとえば取引上の地位が相手方に優越していることを利用して正常な商慣習に照らして不当な取引を行うことは（独禁2条9項5号），不公正な取引方法として禁止されており（独禁19条），排除措置（独禁20条），課徴金（独禁20条の6）等の処分に服することになる。したがって，独占禁止法等の規制に抵触するような取引内容を形成することはできない。

　また，消費者保護法制としての割賦販売法（昭36年法159号），特定商取引法（昭51年法57号），消費者契約法（平12年法61号）等では，消費者を保護するための規制が設けられている。これらの法規制の対象になる行為を行う場合には，当然，これらの規制にも従わなければならず，当該規制に反する取引内容を形成することはできない。なお，消費者保護法制については，後述する第3講第3節の消費者取引においても解説する。

チェックポイント
(1)　企業取引の性質を民法の規定と比較しながら，論じなさい。
(2)　「普通取引約款」とは何か，論じなさい。

■ 第2講

商行為の通則

　この講では，とりわけ営業・企業活動もしくは企業取引に関する規定，すなわち，商行為を定める規定としての商法501条から503条を中心に，商行為を理解することを目的とする。これに関連して，商行為の営利性や商行為の代理も検討するが，第1講と同様に，ここでも代理制度のように民法の規定を完全に無視することはできない。民法との相違点を意識しながら，商行為とは何かを考えてみることにしよう。

第1節　商行為の概念

　企業取引法の中心となるのは，商法であり，商法501条以下に定められている商行為編，いわゆる商行為法がその中心となる。商行為編では，営業・企業活動もしくは企業取引に関する規定，すなわち，商行為を定める規定として商法501条から503条，さらに商行為一般に関する規定として商法504条～506条・508条～513条・515条・516条・521条が定められ，さらに商法524条以下では，個別具体的な商行為ついてそれぞれ規定が設けられている。

　商行為は，誰が行っても商行為となり，かつ営業として行わなくても商行為となる絶対的商行為（商501条），営業として行う場合に商行為となる営業的商行為（商502条），商人が営業のためにする行為としての附属的商行為（商503条）に分けられる。また，絶対的商行為と営業的商行為を基本的商行為として，附属的商行為と区別する分け方，また営業的商行為と附属的商行為を相対的商行為として，絶対的商行為と対比して区別する分け方もある。このように，さまざまな観点から商行為を分けることが可能である。さらに，このような分け方と異なり，一方的商行為および双方的商行為という考え方もある。これらの商行為は，商行為法に定められるの

ではなく，商法総則に定められる。一方的商行為と双方的商行為については，後述の4において説明する。なお，会社法においても，会社の行う事業としてする行為およびその事業のためにする行為は，商行為とする旨が規定されている（会社5条）。

1　絶対的商行為

絶対的商行為（商501条）とは，行為自体の客観的性質からみて営利性が強いことから，当然に商行為とされるものをいう。この場合，それが営業として行われるか否かは問わない。また，商人や企業だけでなく，非商人の場合でも，たとえその者が1回限りで行ったとしても商行為となる。これに対し，行為自体に強い営利性を認めるものの，非商人が行う行為に関しては，たとえ1回限りの行為としてなされたとしても絶対的商行為であると解することに疑問を呈する考え方もある。商法は，絶対的商行為として，以下の4つを定める。

(1)　投機購買およびその実行売却（商501条1号）

商法501条1号では，「利益を得て譲渡する意思をもってする動産，不動産若しくは有価証券の有償取得又はその取得したものの譲渡を目的とする行為」が規定される。これを「投機購買およびその実行売却」といい，利益を得て他人へ譲り渡す目的（営利目的）で，当該他人から動産・不動産・有価証券を有償で承継的に取得すること，いわゆる転売を意図した仕入れをすることを投機購買というのに対し，このようにして取得したものを他人に譲渡すること，いわゆる転売することを，その実行売却という。転売を意図して仕入れた物に加工をして転売した場合であっても，投機購買およびその実行売却に含まれる（大判昭和4年9月28日民集8巻769頁）。あくまで有償で取得することから，無償で取得することや，原始取得は商行為にならない。たとえば海で漁をして得た魚を販売すること，農作物を栽培しそれを販売することは，ここに含まれない。

(2) 投機売却およびその実行購買（商501条2号）

　同条2号では，「他人から取得する動産又は有価証券の供給契約及びその履行のためにする有償取得を目的とする行為」が規定される。これを「投機売却およびその実行購買」といい，他人から取得する予定の動産または有価証券を他人に供給すべきことを約する契約をし（投機売却），その約束を履行するために目的物を他人から有償で取得する行為（実行購買）として理解される。たとえば先物取引や予約販売のように，あらかじめ高い価格で，ある物を売却する契約をしておき，それを契約した価格より安い価格で仕入れて，それを実際に売却することが，これに該当する。なお，前述した1号の場合とは異なり，2号では不動産が対象となっていない。これは，不動産には個性があるからにほかならない（不動産業者Aが，まずBが保有する東京都中央区銀座の土地の買い手Cを見つけ，その後Bに売却の交渉をしても困難が予想される）。

(3) 取引所において行う取引（大量かつ定期的な取引：商501条3号）

　これは，大量かつ定期的な取引を扱う場所としての取引所における取引を指す。わが国では，取引所として，たとえば金融商品取引法（昭23年法25号）による金融商品取引所，商品先物取引法（昭25年法239号）による商品取引所がある。株式や債券等を取引する取引所として有名な東京証券取引所は，金融商品取引法に基づく金融商品取引所である。商品先物取引法施行令（昭25年政令280号）1条により，商品取引所では，商品先物として，たとえば牛や豚のような畜産物のほか，マグネシウム鉱，アルミニウム鉱等の鉱物のように，その取引対象が定められている。

(4) 手形その他商業証券に関する行為（商501条4号）

　商業証券とは，商取引の対象となる有価証券を指す。手形以外にも，小切手，倉荷証券，船荷証券等がこの対象となる。株券や社債券も対象になる。ここでの「に関する行為」とは，たとえば手形の場合には，振出や裏書などの証券上の行為を指し，証券の売買や寄託等の証券を目的とする行為は含まれない。なお，従前では，社債の発行に関して，平成18年改正前

担保附社債信託法3条において，社債の引受業務は絶対的商行為とされていたが，平成18年制定の信託法に基づき削除された（信託の引受けを業とする場合については，後述の2を参照）。

> **確認事項** 絶対的商行為（商501条）
> →行為自体の客観的性質からみて営利性が強いことから，当然に商行為とされるもの
> ① 投機購買およびその実行売却
> ② 投機売却およびその実行購買
> ③ 取引所において行う取引
> ④ 手形その他商業証券に関する行為

2　営業的商行為

営業的商行為（商502条）とは，絶対的商行為と異なり，行為自体の客観的性格からは商行為とはならないが，これを営業として行うことで商行為となる行為である（商502条柱書）。営業として行うことから，反復的・継続的・集団的な行為であり，また大量に行われる行為でもある。賃金を得る目的でこれらの行為を行うことは（たとえば賃金を得る目的で，自宅内で本条2号所定の加工としてのワイシャツの仕立てを行うような内職を行うこと），本条の意味における営業的商行為ではない。以下では，商法502条の条文に従い，各号に定める行為を簡単に説明することにしよう。

(1)　投機賃借とその実行行為（商502条1号）

「賃貸する意思をもってする動産若しくは不動産の有償取得若しくは賃借又はその取得し若しくは賃借したものの賃貸を目的とする行為」である。他人に賃貸する目的をもって動産・不動産を有償的に取得・賃借する契約のことを投機賃借というのに対し，このように取得・賃借したものを賃貸する契約を結ぶことをその実行行為という。たとえば貸家業，貸衣装業，貸道具業，レンタル業，リース業等がこれに該当する。

(2) 他人のための製造業または加工業（商502条2号）

　他人のために製造・加工する行為である。ここで「他人のために」とは「他人の計算（委託者の計算）において」の意味であり，その計算において材料を仕入れて製造・加工することになる。自己の計算で材料を仕入れて製造・加工する場合は，本号に該当せず，前述した絶対的商行為の商法501条1号または2号の行為となる。たとえば修理業，染物業，クリーニング業，仕立業，酒造業が該当する。このうち，クリーニング業が加工業の典型例であり，元の物と性質を変えないで手を加えること，すなわち，洗濯（＝クリーニング）をすることである。また，酒造業は，米と水という酒の原材料に手を加えて，別のものとして「酒」を作り出すことである。

(3) 電気またはガスの供給業（商502条3号）

　電気またはガスの供給業であるから，いわゆる電力会社やガス会社が該当する。もっとも，水や電波などは除かれる。

(4) 運送に関する行為（商502条4号）

　運送とは，人または物を一定の場所から他の場所へ移動させることをいい，これを業として行うことで商行為となる。商行為法では，運送営業（商569条以下）として，すでに物品運送と旅客運送が定められている。鉄道会社，バス会社，運送会社が該当する。運送営業（商569条以下）に関しては，第6講において説明するが，とくに物品運送（商570条以下）については，第6講Ⅰ第2節以下において，旅客運送（商589条以下）については，第6講Ⅰ第5節において，それぞれ説明する。

(5) 作業または労務の請負（商502条5号）

　作業の請負とは，道路・鉄道等の工事を請け負うことをいい，土建業や建設業がこれに該当する。これに対し，労務の請負とは，労務者の供給を引き受けることをいい，労働者派遣業がこれに該当する。もっとも，後者の労働者を供給する事業は，一定の場合を除いて行うことができず（職業安定法〔昭22年法141号〕44条・45条），さらに，労働者派遣事業等について

は，労働者派遣法（労働者派遣事業の適正な運営の確保及び派遣労働者の保護等に関する法律〔昭60年法88号〕），および港湾労働法（昭63年法40号）ならびに建設労働法（建設労働者の雇用の改善等に関する法律〔昭51年法33号〕）の定めるところによるとされる（職業安定法47条の2）。

(6) 出版・印刷・撮影に関する行為（商502条6号）

出版とは，書籍を作製して販売すること，印刷とは，文書・図画等を印刷すること，また撮影とは，写真撮影を行うことをいう。これらの行為を業として行う場合がこれに該当する。出版社，新聞社，印刷会社，写真業（写真スタジオ，プロカメラマン）等がその一例である。出版の場合は，販売頒布が重要な要素になる。

(7) 客の来集を目的とする場屋取引（商502条7号）

場屋取引とは，公衆の来集に適した物的または人的設備をなし，来集した者にこれを利用させる行為をいう。ホテル・旅館，飲食店，浴場，遊園地，野球場等がこれに該当する。ただし，理髪店については争われている（裁判所の見解では，理髪業を場屋取引に含めない〔大判昭和12年11月26日民集16巻1681頁，東京地判平成2年6月14日判時1378号85頁〕）。場屋営業（商596条以下）は，第6講Ⅱ第2節において説明する。

(8) 両替その他の銀行取引（商502条8号）

銀行取引とは，例示された両替のように，金銭・有価証券の流通を媒介する行為をいう。銀行がこれに該当するが，銀行については銀行法（昭56年法59号）によって規制される。銀行業とは，「預金又は定期積金の受入れと資金の貸付け又は手形の割引とを併せ行うこと」，「為替取引を行うこと」のいずれかを行う営業をいうと定められる（銀行法2条2項1号・2号。営業の免許については同法4条参照）。なお，質屋は銀行ではないので，質屋の貸付行為は本号いう取引にはあたらない（最判昭和50年6月27日判時785号100頁）。

⑼　保険業（商502条9号）

　ここでの保険は，対価を得た保険の引受けとしてのいわゆる営利保険を意味する。したがって，社会保険も相互保険も，本号には含まれない。従前では，保険に関する定めは，商法の規定として設けられていたが，現在では，商法から独立した保険法（平20年法56号）に詳細な定めがある。

⑽　寄託の引受け（商502条10号）

　寄託は，当事者の一方がある物を保管することを相手方に委託し，相手方がこれを承諾することによって，その効力を生じる（民657条）。他人の物品の保管を業とする典型例は，倉庫業者であるが，その他にも自動車駐車場や貸しロッカーの経営も，ここに含まれる。倉庫営業（商599条以下）の詳細は，第6講Ⅱ第1節において説明する。

⑾　仲立ちまたは取次ぎに関する行為（商502条11号）

　仲立ちとは，他人間の法律行為の媒介・斡旋をすることをいい，たとえば宅地建物取引業がこれに該当する。仲立営業（商543条以下）は，第5講第2節において説明する。これに対し，取次ぎとは，自己の名をもって他人の計算で法律行為をなすことをいい，典型的には証券会社がこれに該当する。取次業に関して，問屋（商551条）は，第5講第3節において，また運送取扱営業（商559条以下）は，第6講Ⅰ第7節において説明する。

⑿　商行為の代理の引受け（商502条12号）

　商行為の代理の引受けとは，委託者である本人のために商行為となる行為の代理を引き受ける行為をいう。代理の目的である行為は，本人にとって商行為である。締約代理商（商27条）がこれに該当する。

⒀　信託の引受け（商502条13号）

　信託法（平18年法108号）では，信託について，信託契約（信託3条1号），遺言（信託3条2号）または自己信託（信託3条3号）のいずれかにより，特定の者が一定の目的（専らその者の利益を図る目的を除く）に従い，財産

の管理または処分およびその他の当該目的の達成のために必要な行為をすべきものと定義される（信託2条）。いずれの方法にせよ，信託を引き受けることを業とすること（信託業）を意味する。信託業とは，原則として「信託の引受けを行う営業」のことをいい（信託業法2条1項），この場合の信託の引受けが，営業的商行為である。信託業法の定めに従う者，または「金融機関の信託業務の兼営等に関する法律（昭18年法43号。一般に兼営法といわれる）」1条に該当するものに限り，営業的商行為として信託の引受けを行うことができる（なお，平成18年改正前信託法6条では，「信託ノ引受ハ営業トシテ之ヲ為ストキハ之ヲ商行為トス」と定められていた）。

確認事項■営業的商行為（商502条）

→行為自体の客観的性質からは商行為とはならないが，これを営業として行うことで商行為となるもの

① 投機賃借とその実行行為　　　⑧ 両替その他の銀行取引
② 他人のための製造業または加工業　⑨ 保険業
③ 電気またはガスの供給業　　　⑩ 寄託の引受
④ 運送に関する行為　　　　　　⑪ 仲立ちまたは取次ぎに関する行為
⑤ 作業または労務の請負　　　　⑫ 商行為の代理の引受け
⑥ 出版・印刷・撮影に関する行為　⑬ 信託の引受け
⑦ 客の来集を目的とする場屋取引

3　附属的商行為

　商人が行う行為には，その営業のために行われる行為と，それ以外の行為とに分けることができる。しかしながら，商人の行う行為を外見上から，それが商人の営業のための行為なのか，それともそれ以外の行為なのかについて判別することが困難な場合が少なくない。そうであれば，ある行為が，商行為に該当して商法が適用されるのか，それとも民法が適用されるのかが重要になる。そこで，商法では，まず営業のための行為は，商行為であるとし（商503条1項），次に商人の行為は，その営業のためにするものと推定するものとした（同条2項）。これによって，商人が営業のため

にする行為とは，営業に付随する，営業に必要な行為としての商行為であることを意味するが，もし商人が行った行為がその営業のための行為であるか否かが不明である場合，すなわち，客観的にみて判別できない場合（相手方から商人の主観的な判断がわからない場合）には，その行為は，商人が営業のために行っている行為であると推定される。これによって，相手方も，商行為であると考えて行動できるのである。もっとも，推定されるにすぎないので，商人は，この推定に対し，商行為でないとの反対の証明をすることで，その推定を覆すことができる。たとえば商人が行う雇用契約・労務契約は，その営業のためにするものと推定される（最判昭和30年9月29日民集9巻10号1484頁）。

会社の行う事業としてする行為およびその事業のためにする行為は，商行為とされるが（会社5条），判例では，会社は商人に該当し（商4条1項），会社の行為は事業のためにするものと推定されると判示している（最判平成20年2月22日民集62巻2号576頁）。

> 争点 会社の行為についての商行為性の推定
>
> 前掲の最判平成20年2月22日は，「Xが，Yに対して，所有権に基づき，X所有の不動産に設定された抵当権設定登記の抹消登記手続を求める本訴を提起したところ，Yが，当該抵当権の被担保債権として，Xに対する貸付金債権を有している，または，Yに対する第三者の借入金債務をXが連帯保証しており，Xに対する連帯保証債務履行請求権を有していると主張して，Xの請求を争うとともに，Xに対して，貸付金残元本等の支払を求めた」という事案であった。Yは，会社であるところ，YがXに対して有する債権が商事債権に当たるとすれば，すでに弁済期から5年が経過していることから，本件では，商事時効の成否等が争点となったが，原審では，まず，Yの代表取締役Aは，小中学校の同窓であり，親交のあったXからの依頼を受け，「男らしくバンと貸してやるという気持ち」で，YにおいてXの依頼に応じることとし，Xが竹馬の友であることを強調して，Yの経理担当者をして，Yがその取引銀行から融資を受けるための手続をさせ，融資を受けた金銭をYがX等に貸し付けたものであると認定した。その上で，原審は，本件貸付けについて，Yの営業とは無関係にXに対する情宜に基づいてされたものと

みる余地があるなどとして，本件貸付けに係る債権の商事債権性を否定し，商事時効の成立を否定した。

これに対して，裁判所は，「会社の行為は商行為と推定され，これを争う者において当該行為が当該会社の事業のためにするものでないこと，すなわち当該会社の事業と無関係であることの主張立証責任を負うと解するのが相当である。なぜなら，会社がその事業としてする行為及びその事業のためにする行為は，商行為とされているので（会社法5条），会社は，自己の名をもって商行為をすることを業とする者として，商法上の商人に該当し（商法4条1項），その行為は，その事業のためにするものと推定されるからである（商法503条2項。同項にいう『営業』は，会社については『事業』と同義と解される。）。前記事実関係によれば，本件貸付けは会社であるYがしたものであるから，本件貸付けはYの商行為と推定されるところ，原審の説示するとおり，本件貸付けがAのXに対する情宜に基づいてされたものとみる余地があるとしても，それだけでは，1億円の本件貸付けがYの事業と無関係であることの立証がされたということはできず，他にこれをうかがわせるような事情が存しないことは明らかである。そうすると，本件貸付けに係る債権は，商行為によって生じた債権に当たり，同債権には商法522条（平成30年改正商法では削除）の適用があるというべきである。これと異なる原審の判断には，判決に影響を及ぼすことが明らかな法令の違反がある」と判示し，Xの請求を棄却した。

4　商行為の効果

(1)　商行為の効果

ある行為が商行為であるということになると，これによって，どのような効果が生じるのであろうか。ある行為が絶対的商行為，営業的商行為または附属的商行為のいずれかに該当する場合には，その行為について商法の規定に従うことは容易に理解できよう。すなわち，その場合の法律関係には商法が適用されることになるのである（公法人が行う商行為もまた，法令に別段の定めがある場合を除き，商法の定めるところによる〔商2条〕）。

(2) 一方的商行為

　ある行為が商行為であるか否かは，その取引から判断することになる。たとえば商人の間で常日頃から商品の売買を行っている場合のように，商人の間での問題として行為をとらえることで（双方的商行為），双方の取引に商法が適用される場合がある一方，ある取引が商行為に該当する場合において，売主は商人であるが，買主の方が商人でない一般の消費者（非商人）である場合もある。その場合には，売主である商人の取引が商行為（たとえば安く仕入れて高く売る）に該当するという理由から，商法が適用されると解するのか。それとも，買主である，商人でない者の側からみれば，当該商品を購入し，使用・消費するとなると，この取引に商法が適用されるのか，あるいは民法が適用されるのかという問題が生じる。反対に，商人でない者が，ある物を商人に売却した場合にも，商法が適用されるのか，それとも民法が適用されるのか。そこで，商法は「当事者の一方のために商行為となる行為については，この法律（＝商法）をその双方に適用する」と定め（商3条1項），これによって取引が商行為に該当するのであれば，商法を双方の当事者に適用することで，法的安定性を確保している。これは，一方的商行為についての定めである（最判昭和48年10月5日判時726号92頁）。

(3) 双方的商行為

　次に，商法の規定によれば，当事者双方ともに商人である場合に限り，適用される規定があり（商513条1項・521条・524～528条），ここではその対象が商人であるとされているので，一方の当事者が商人でない場合には本規定（商3条1項）は適用されない。さらに，多数当事者間の債務の連帯（商511条1項・2項）の場合には，債務者にとって商行為であるか否かによって判断され，債権者にとって商行為であるか否かは重要ではない（これらの詳細は，第3講第1節および第2節を参照）。なお，当事者の一方が2人以上ある場合において，その1人のために商行為となる行為には，その全員に対し商法が適用される（商3条2項）。

> **確認事項▎一方的商行為**
> A（商人：小売り）←（取引）→　B（非商人：一般の顧客〔消費者〕）
> ⇒一方当事者であるAのみが商人。取引行為は商行為である。
> ⇒一方当事者のみが商人の場合，すなわち，商人と非商人との間の取引であっても，商法が適用される（商3条1項）。
>
> **確認事項▎双方的商行為**
> A（商人：卸売り）←（取引）→　B（商人：小売り）
> ⇒商人には商法が適用。取引行為は商行為である。
> ⇒当事者双方が商人である場合に限り，両当事者の間での取引に適用される規定がある。

第2節　商行為の営利性

　本節では，商行為の営利性が重視された規定として，主として報酬請求権（商512条）ならびに利息請求権（商513条）を説明する。以下では，いずれも私人の間での取引を規制している民法と対比して説明し，併せて法定利息と消滅時効についても取り上げる。

1　報酬請求権（商512条）

　民法の原則によれば，他人のために法律行為（契約）を行ったり，ある物を保管したりしても，その契約では，とくに報酬について定めていない限り，報酬を請求できない（民648条1項・648条の2・656条・665条）。これに対し，商法では，商人が営業の範囲内で他人のために行為をしたときは，商人はその者から相当の報酬を請求できる（商512条）。商人が行う行為は，法律行為であっても事実行為であっても，さらに結果的に本人の利益にならない場合でも，またはその行為が営業行為そのものでない場合でも，商人がその営業の範囲内で行った行為であれば，本条が適用される。報酬を請求する相手方は，商人であるか否かを問わない。これは，そもそも商人は営利目的で行為を行うからにほかならないからであり，他人のために営

業活動のための時間を費やすこと，あるいは自己の商品等の保管場所を利用して物品を保管することは，営利活動であると考えられるからである。

2　利息請求権（商513条）

たとえば商人でない私人の間において，金銭消費貸借契約に従って金銭の貸し借りを行うときは，この貸し借りは原則として無償で行われる（民589条参照。特約がなければ，借主に対して利息を請求できない）。また，委任契約が締結された場合において，立替え金については，受任者が委任事務を処理するのに必要であると認められる費用を支出したときに，受任者は，この立替え費用および支出日以後の利息の償還を請求できる（民650条1項・656条・665条）。

これに対し，商人間において金銭の消費貸借をしたときは，貸主は，法定利息を請求することができ（商513条1項），さらに，商人がその営業の範囲内で他人のために金銭を立て替えた場合には，その立替えの日以後の法定利息を請求することができる（商513条2項）。これは，商人である貸主は営利目的で活動しているので，もし貸付けがなければ，貸主としては当該貸付金を別に有利に運用できたからである。そのため，この場合には，特約がない場合であっても，商人である貸主は利息を請求できることになる。また，他人のために営業の範囲内で金銭を立て替えたことは，もともと営業の範囲内で当該立替え金を別の営業活動に使用できたのであるから，当然，立替日以後の利息を請求できると考えられる。

3　法定利率（民404条）

これまで利息を生ずべき債権について民事法定利率については年5％（平成29年改正前民404条）であったのに対し，商行為によって生じた債務の商事法定利率については年6％であった（平成30年改正前商514条・民法整備法3条）。しかし，民法および商法の法定利率の規定が一本化されると同時に，利率の定め方も固定方式から変動方式に移行した結果，法定利

率は年3％とする規定を設けてはいるが（民404条2項），この規定にかかわらず，3年を1期として，1期ごとに次のような割合で，各期の法定利率が変動することが規定されている（民404条3項）。その割合とは，法定利率に変動があった期のうち直近のもの（直近変動期）における基準割合と，当期における基準割合との差に相当する割合を，直近変動期における法定利率に加算し，または減算した割合のことである（同条4項）。利息を生ずべき債権の法定利率は，別段の意思表示がないときは，その利息が生じた最初の時点における法定利率による（民404条1項）。

4　消滅時効（民166条）

消滅時効の期間も，これまで商行為によって生じた債権の消滅時効期間は原則として5年であったのに対し（平成30年改正前商522条），民法上の消滅時効期間は10年となっていた（平成29年改正前民167条1項）。しかし，消滅時効に係る規定も統合された結果，債権者が権利を行使することができることを知った時から5年間行使しないとき，または権利を行使することができる時から10年間行使しないときに，債権は時効によって消滅することになった（民166条1項1号・2号）。

> 確認事項▍商行為の営利性
> ① 報酬請求権（商512条⇔民648条1項・656条・665条）
> ② 利息請求権（商513条⇔民587条）

第3節　商行為の代理

1　商行為の代理

(1) 商行為の代理と民法上の代理

代理とは，本人に代わって法律行為を行い，その法的効果が相手方と本人との間に生ずることであり，民法の原則では，たとえばA（本人）がB（代理人）に代理権を付与し，C（相手方）との間で，Bが「A代理人B」として取引をすると，AとCとの間にその法的効果が生ずることになる（民99条1項）。「A代理人B」というように，Bが本人（A）の代理人であることを示して行うことを顕名という。

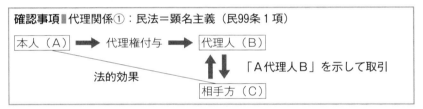

このような顕名行為をすることで，取引を行った者が本人（A）ではなく，代理人（B）であったとしても，相手方（C）は誰と取引をして，その効果がどこに生ずるのかがわかる。この場合，法的効果は，本人（A）と相手方（C）との間に生じる。しかし，代理人（B）が顕名行為として「A代理人B」であることを示さずに取引を行った場合（顕名行為を行っていない場合）には，相手方（C）は，直接の当事者であるBを代理人と思わずに，取引当事者であると考えるであろう。そこで，このような場合，民法では，代理人（B）が行った意思表示をB自身のためにした意思表示とみなすことにより，相手方（C）を保護している（民100条本文）。もっとも，この場合であっても，相手方（C）が，代理人（B）の意思表示が本人（A）のためであることを知り，または知ることができたときは，民法の原則（民99条1項）が準用されることになる（民100条但書）。

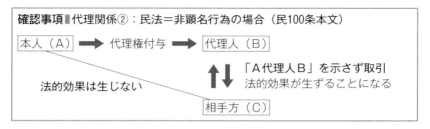

　民法と異なり，商法の代理に関する考え方は，取引の迅速性の確保が要請されるので，非顕名主義を採っている。したがって，代理人（B）が本人（A）のためにすることを示すことなく，相手方（C）と取引をした場合であっても，その法的効果は本人（A）と相手方（C）との間に生ずる（商504条本文）。

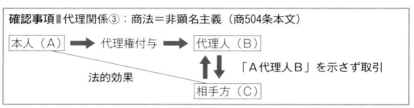

　もっとも，相手方（C）が，代理人（B）が本人（A）のために行うことを知らなかったときは，相手方（C）は，代理人（B）に対してもその履行を請求することができる（商504条但書）。この扱いは，民法の場合（民100条）とは異なる。

(2) 代理における本人死亡の場合（商506条）

　民法の原則では，代理において本人が死亡した場合，その代理権は消滅する（民111条1項1号）。委任による代理権の場合も同様である（民111条2項）。これに対し，商法によれば，商行為の委任による代理権は，本人が死亡しても消滅しない（商506条）。これは，商人が代理人に対し営業行為を行わせている場合には，その営業活動を中断させるよりも，そのまま営業活動をさせることにより，取引の安全を確保することが目的である。もっとも，本条は，支配人の選任により生じた代理権のように，代理権を付与する行為である委任自体が商行為である場合（商行為である授権行為

により生じた代理権）の意味である（大判昭和13年8月1日民集17巻1597頁）。

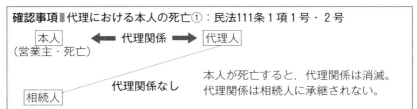

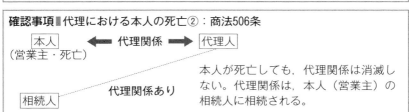

> 争点　商法504条の法理

　最判昭和43年4月24日判時515号27頁は，「金融業者であるX会社は，A会社に対する債権の担保として，A会社が所有していたラムアンゴラの毛糸（約824キログラム）を譲渡担保に取っていた。このA会社が倒産したため，X会社はこの担保に取った毛糸の換価処分を，倒産したA会社の代表者であったBに依頼し，このBはさらに，同じくA会社の代表者であったCに依頼した。その後，このA会社の代表者であるCとY会社の代表者Dとの間で，この毛糸を40万円余でY会社に売却する契約が締結された（なお，第1審では，Y会社が負担した本件売買契約に基づく代金支払債務と，別途Y会社がA会社に対して有していた売掛債権とが相殺されている旨を，Y会社が主張している）。この売買契約の締結当時，BとCは，この毛糸がX会社へ譲渡担保に供せられていたことを知っており，A会社の代表者のCは，X会社の委託に基づいて，X会社のためにする意思をもって，この売買契約を締結していた。しかし，このCは，X会社の代理人であることをY会社に対して表示しておらず，また，このCの代理行為が本人であるX会社のためになされていたことをY会社が知りまたは知ることができた，と言えるような事情もなかった。第1審は，X会社のY会社に対する代金支払請求を認容したが，控訴審は，『商法第504条本文が適用されるのは相手方において代理人が本人のために行為したことを知りうべかりし場合に

かぎる』と判示して、第1審判決を取り消し、X会社の請求を棄却した。X会社は、代理人が本人のためにすることを示さずに代理行為をした場合にも、商法504条によって本件の売買契約が『本人に対し其効力を生ずる』と主張して、上告した」という事案であった。

　これに対して、裁判所は、「民法は、法律行為の代理について、代理人が本人のためにすることを示して意思表示をしなければ、本人に対しその効力を生じないものとして、いわゆる顕名主義を採用している（民99条1項）が、商法は、本人のための商行為の代理については、代理人が本人のためにすることを示さなくても、その行為は本人に対して効力を生ずるものとして、顕名主義に対する例外を認めている（商504条本文）のである。これは、営業主が商業使用人を使用して大量的、継続的取引をするのを通常とする商取引において、いちいち、本人の名を示すことは煩雑であり、取引の敏活を害する虞がある一方、相手方においても、その取引が営業主のためされたものであることを知っている場合が多い等の事由により、簡易、迅速を期する便宜のために、とくに商行為の代理について認められた例外であると解される。

　しかし、この非顕名主義を徹底させるときは、相手方が本人のためにすることを知らなかった場合に代理人を本人と信じて取引をした相手方に不測の損害を及ぼす虞がないとはいえず、かような場合の相手方を保護するため、同条但書は、相手方は代理人に対して履行の請求をすることを妨げないと規定して、相手方の救済を図り、もって関係当事者間の利害を妥当に調和させているのである。そして、右但書は善意の相手方を保護しようとする趣旨であるが、自らの過失により本人のためにすることを知らなかった相手方までも保護する必要はないものというべく、したがって、かような過失ある相手方は、右但書の相手方に包含しないものと解するのが相当である。

　かように、代理人に対して履行の請求をすることを妨げないとしている趣旨は、本人と相手方との間には、すでに同条本文の規定によって、代理に基づく法律関係が生じているのであるが、相手方において、代理人が本人のためにすることを知らなかったとき（過失により知らなかったときを除く）は、相手方保護のため、相手方と代理人との間にも右と同一の法律関係が生ずるものとし、相手方は、その選択に従い、本人との法律関係を否

定し，代理人との法律関係を主張することを許容したものと解するのが相当であり，相手方が代理人との法律関係を主張したときは，本人は，もはや相手方に対し，右本人相手方間の法律関係の存在を主張することはできないものと解すべきである。もとより，相手方が代理人に対し同人との法律関係を主張するについては，相手方において，本人のためにすることを知らなかったことを主張し，立証する責任があり，また，代理人において，相手方が本人のためにすることを過失により知らなかったことを主張し，立証したときは，代理人はその責任を免れるものと解するのが相当である。Xは，Yに対し，右A会社代表者Cの代理行為に基づいて生じたYとの間の法律関係を主張することはできない」と判示した。

2　商行為の委任

委任とは，委任者（A）が受任者（B）に法律行為をすることを委託し，受任者がこれを承諾することにより効力が生じる（民643条）。この場合，受任者は，委任の本旨に従って委任事務を処理する善管注意義務を負う（民644条）。このことは，受任者（B）は，委任者（A）から委託された法律行為を，善良なる管理者の注意をもって委任された事項について行為をなすことを意味する。したがって，受任者（B）は，委任者（A）から委任されていない行為については，行う必要がない。

これに対し，商行為の委任の場合には，民法の委任の原則とは異なり，委任の本旨に反しない範囲では，受任者（B）は委任を受けていない行為を行うことができる（商505条）。たとえば商品の買い入れを委任された受任者（B）が，当該商品を購入したものの，経済情勢その他の理由に基づく値崩れによって，商品の価値が下落した場合には，あくまでも委任された事項が当該商品の購入だけであれば，本人（委任者A）がそのリスク（値崩れによる商品価値の下落）を負うことになる。しかしながら，この場合において値崩れが始まった時点で，本人（委任者A）の転売価格が仕入値と同等もしくはそれ以下になることが判明した場合，受任者（B）が，買い入れた商品を直ちに売却し，あるいは継続的取引の場合にはいったん

中止するなどの行為によって，本人（委任者Ａ）の損害を最小限に抑えることもできよう。商法では，このような考え方によって，委任の本旨に反しない範囲では，委任されていない行為も行うことができるようになる。もっとも，委任者と受任者との関係の問題であるので，民法の場合にも，商法505条のように解する考え方があることに注意が必要である。

> **確認事項** 商行為の代理
> ① 商行為の代理と民法上の代理の違い（←顕名主義）
> ② 代理における本人死亡の場合（←代理権は消滅するか）

チェックポイント

(1) 絶対的商行為，営業的商行為および附属的商行為について，例をあげて説明しなさい。
(2) 商行為の営利性を，民法と比較しながら論じなさい。
(3) 商行為の代理と民法上の代理について，その異同を論じなさい。

■ 第3講

商事売買と消費者取引

　この講では，企業取引においてもっとも基本的な商事売買の制度を取り上げる。商行為法では，商事売買についてわずか5条の規定（商524条〜528条）しか設けられていないが，その理由としては民法に詳細な規定（民555条以下）が設けられていること，契約自由の原則（民521条）のもと慣習や当事者の私的自治にゆだねられる部分が多いことなどがあげられる。詳細な規定がかえって取引の自由を阻害することもあろう。

　以下では，商事売買契約につき，民法の規定も参照しながら，その意義や成立などの基本問題を検討する。

第1節　商事売買

1　商事売買契約の意義

　売買は歴史的に最初に出現した企業活動であり，もっとも基本的なものである。現代における商品（動産）の流通を考えても，製造業者から最終的に消費者に販売されるまでの間に，製造業者と卸売業者や小売業者という商人間での商品の売買が行われており，実際，わが国の商品の国内売買のうち契約金額ベースでは商人間の売買が全体の90％程度を占めるともいわれる。このような商人間の売買の特徴としては，小売業者の仕入先としてすでに特定の卸業者が決まっている帳合取引の形態のように，非常に多様化していること，1回限りよりも固定された相手方との継続的取引が中心となっていること，業界の取引慣行が存在することがあげられる。

　このような特徴があるとはいえ，商法では，企業取引の安全・迅速性と売主保護の必要からわずか5か条の特則しか設けていない。そのために，

商事売買の基本枠組みの理解には民法の理解が要求されるとともに，民法の規定を修正する商行為の総則部分（商501条以下）の理解も要求される。たとえば民法につき売買契約の当事者の能力や代理の制度は総則の部分，売買契約の目的物の所有権移転や債務に付される担保については物権・担保物権の部分，売買契約の成立等については契約の部分というように，その根底に民法を意識する必要がある。とりわけ売買契約は当事者の合意（申込みと承諾）だけで成立する諾成契約であり（民522条1項），両当事者（売主と買主）が財産権の移転と代金支払いを合意することで売買契約が成立することは（民555条），原則として商事売買の場合でも同様である。しかし，商人間の売買では，継続的取引の性質から実状として取引全体に及ぶ基本契約が締結されることが多く，この基本契約に契約の成立，商品の引渡し，品質保証，受領および代金支払いに関する事項などが定められるのが一般的である。

2　商事売買契約の成立

売買契約は申込みと承諾の意思表示の合致によって成立するが（民522条1項），原則として契約書そのものの作成は契約の成立要件ではない（同条2項）。しかし，契約書は事後的な紛争を未然に防止する機能を有するために作成しておくことが望ましく，実務でも基本契約書において契約条件が取り決められることが多い。一例として，当事者に紛争が生じた場合を想定し，基本契約書に契約条件としての合意管轄条項が定められるが，これは，法律上書面でしなければ効力が生じないためである（民訴11条2項）。申込みと承諾以前では，商品目録やカタログ等の交付，他の業者の契約条件の調査などに続き，交渉を通じて契約条件が形成されていく（申込みの誘因）。

(1)　申込みと承諾

隔地者間の場合において承諾期間を定めずに契約の申込みを受けた者が，相当の期間内に承諾通知を発しないときは，申込みはその効力を失うのが

原則である（商508条1項）。申込者の側でも，承諾の通知を受けるのに相当な期間を経過するまでは原則として撤回できない（民525条）。この場合の相当の期間につき，関東大震災の混乱した交通状況においてサツマイモ一車の買受申込みに対し，20日後に承諾通知が発せられた場合において，これを相当の期間内の承諾と認めた判例があるが（大判昭和2年2月21日大審院裁判例2巻民24頁），相当な期間の判断に際しては，具体的な状況が考慮されることになろう。遅延した承諾については，申込者の側でこれを新たな申込みとみなすことができる（商508条2項→民524条）。もっとも，承諾の通知が申込者の意思表示または取引上の慣習によって必要とされない場合においても，契約は，承諾の意思表示と認めるべき事実があった時に成立するものとされる（民527条）。

(2) 諾否通知義務

前述のように，売買契約は両当事者の申込みと，明示または黙示の承諾の意思表示の合致によって成立するのが原則であって（民522条1項），申込みを承諾するか否かは，承諾する者の自由である。しかし，商法では，商人が平常取引をなす者からその営業の部類に属する契約の申込みを受けたときは，遅滞なく，諾否の通知を発することを要し，これを怠れば，申込みを承諾したものとみなされる（承諾擬制。商509条1項・2項）。承諾期間の定めのない商事契約の申込みについて，商取引の迅速性の要請をみたすとともに，申込者の信頼の保護を図る趣旨の規定として理解される（銀行に対する保証人変更の申込みにつき，商法509条の適用ないし類推適用はないとされた東京高判昭和58年12月21日判時1104号136頁も参照）。申込みを受けた者は商人でなければならないが，申込者が商人である必要はない。ただし，継続的取引関係にあるという意味において平常取引をしていることが必要であって，従前に1～2回の売買取引があっただけでは足りないが（大判昭和6年9月22日法学1巻上233頁），必ずしも申込み事項について過去に取引があったことまで要求されるものではない（札幌高判昭和33年4月15日判時150号30頁）。

申込みは「営業の部類に属する契約」を内容とするが，この契約はどの

ような取引を意味するのか。商人が営業とする基本的商行為（商501条・502条）に限るのか，付属的商行為（商503条）であっても，商人が営業上，集団的・反復的に行う行為であれば足りるのかが問題となる。基本的商行為に属する契約に限ると解するのが通説であり，これによれば，相手方である商人が自己の営業として行う基本的商行為に属するもので，諾否を容易に決しうる，日常，集団的・反復的に行われる契約の申込みを指称するものと解される（最判昭和59年11月16日金法1088号80頁［前掲東京高判昭和58年12月21日の上告審判決]）。したがって，営業所の敷地について借地権の放棄を求める申込みや，契約解除・代物弁済の申込みなどには商法509条の適用はない。

> 争点　**営業の部類に属する契約**
> 　もっとも「営業の部類に属する契約」とは，商人が営業上集団的・反復的に行う契約のことであり，必ずしも営業として行う基本的商行為に限らず，営業のために行う付属的商行為でもよいが，資金の借入れのように日常の業務として行わないものは除かれるという学説も有力である。とりわけ取次ぎの委託を受けた問屋がその実行行為として行う販売買入などの付属的商行為が，商法509条の適用対象から外れることの不合理性を説く。さらに，近時，承諾擬制の範囲が広すぎるため，同条の適用は申込みに対する沈黙が承諾を意味すると当然に予想される類型の取引に限定されるべきであるとの見解も主張される。

(3) 送付物品保管義務

　商人がその営業の部類に属する契約の申込みを受けた場合において，その申込みとともに受け取った物品（商品のサンプル等）があるときは，その申込みを拒絶したときであっても，申込者の費用をもってその物品を保管しなければならない（商510条）。民法には存在しないこのような義務を商人に課すことで，企業取引の円滑な発展が促進される。すなわち，たとえ物品が放置されたとしても，物品の送り主は受領者を責められないであろうが，商取引では相手方の承諾を予期して，契約の申込みと同時に物品を送付することも少なくないので，商法510条は，商取引を迅速かつ円滑

に進めるとともに，当該商人に対する相手方の信頼を保護するため，商人がその営業の部類に属する契約の申込みを受けた場合には，当該商人に申込みとともに受取った物品の保管を命じるという特別の義務を法定したのである（大阪地判昭和63年3月24日判時1320号146頁）。ただし，物品の価額が保管費用を償うのに足りない場合には，このような保管義務を課すのは商人に酷であり，商人が物品の保管によって損害を受けることが予想される場合に，商人に保管義務を課すのは妥当でないので，これらの場合は除かれる（商510条但書）。

　申込みを受ける者は商人に限られるが，申込者は商人であることを要しないし，相手方である商人と平常取引をするものであることも要しない。しかし，申込者自身が送付物品について適切な措置を講じることができる場合にまで保管義務を負わせる理由はないので，保管義務が認められるのは，隔地取引の場合に限られる。保管費用は申込者の負担となる。

確認事項■商事売買契約の成立
① 申込みと承諾：売買契約は申込みと承諾の意思表示の合致によって成立（民522条1項）
② 諾否通知義務：平常取引をなす者からの営業の部類に属する契約の申込み（商509条1項・2項）
③ 送付物品保管義務：契約の申込みとともに，受け取った物品がある場合（商510条）

3　商事売買契約の効力

　売買契約である以上，売主が買主に対して商品の引渡しとして，占有移転を行うことは（民555条），売主の基本的義務に属する。ここで商品移転のプロセスを整理すれば，売買の目的物である商品の占有移転の事実としての引渡し，次に，買主の側が当該商品を自己の占有下に置く受取り，その後，受け取った商品が契約条件に合致するかどうかを検査した後でそれを受け入れる意思的行為としての受領というプロセスを経て商品の移転が完了する。もちろん，商品の引渡し時期や引渡しの方法，その場所は，売

買契約に定められるが，これらの事項が重要な条件となることは当然である。

(1) 商品の引渡し
① **引渡しの期日，方法，場所**　まず，具体的な引渡し時期の定め方としては，引渡しの期日，期限，期間を任意に定めることによって確定されることが考えられるが，法令や慣習によって商人の取引時間の定めがある場合には，特約がある場合を除き，その取引時間内での引渡しまたは引渡しの請求が可能である（民484条2項参照）。取引時間外になされた弁済の提供であっても，債権者が任意に弁済を受領し，それが弁済期日内であれば，債務者は遅滞の責任を負うことはない（最判昭和35年5月6日判時222号27頁）。

次に，引渡しの方法であるが，売主が商品を買主に引き渡す場合，その引渡しは「債務の本旨に従った」ものでなければならないので（民493条本文），売主は現実に商品の提供を行うことになるのが原則である（現実の提供）。他方，倉庫営業者など第三者に商品を寄託したまま，倉荷証券等の物品証券を買主に提供する場合や，買主が売主を発行者とする受寄者宛の荷渡指図書の交付を受けた後，買主が当該受寄者から商品を受け取る場合もあろう。しかし，何が現実の提供となるかは，当事者の合意または商慣習によって定まる。もっとも，買主があらかじめ商品の受領を拒んでいる場合または買主の行為が必要とされる場合は，引渡しの準備ができたことを買主に通知してその受取りの催告をすれば足りる（民493条但書）。

引渡し場所につき，当事者間の特約によって売主工場渡し，買主工場渡し，倉庫渡しなどが定められることがあるが，その場所が行為の性質または当事者の合意によって特定できない場合もある。その場合，不動産のように当事者が目的物の個性に着眼した特定物の引渡しについては，契約時にその商品が存在した場所であるのに対し，ササニシキの米30kgのように当事者がたんに種類・品質・数量等に着眼し個性を問わず取引される不特定物の引渡しについては，履行時における債権者の営業所または住所となる（商516条）。これに対し，民法では，特定物の引渡しは債権発生当時

の物の存在場所において，その他の弁済は債権者の現在の住所で行われることを原則とする（民484条1項）。商取引とまったく関係のない交通事故に基づく損害賠償債務の履行場所については，商法516条を類推適用する余地はない（浦和地決平成5年6月14日判時1486号107頁）。

② **引渡しの遅延による損害賠償・契約の解除**　売主が売買契約で定められた引渡し時期に目的物を引き渡さない場合，売主の履行遅滞（民412条1項）となるため，買主の損害賠償および契約の解除の効果が発生する（民415条1項・541条）。しかし，損害賠償の場合にはその損害額につき，賠償額の予定があらかじめなされることも多く（民420条1項），また契約の解除についても，買主は目的物の引渡しを催告することなく（民541条参照），代金を提供しないで契約を解除できる特約が定められることがある。

③ **確定期売買の場合**　確定期売買とは，中元用のうちわやクリスマス用品の売買のように，売買の性質または当事者の意思表示により，一定の日時または一定の期間内に履行をなすのでなければ，契約をなした目的を達成できないような売買をいう（民542条1項4号，商525条参照）。民法では，このような履行期を定めた売買の場合において，売主が目的物を引き渡さないでその時期を経過したときは，買主は，相当の期間を定めた催告をすることなく，直ちにその契約を解除できるとする（民542条）。しかし，民法では，買主が催告なく解除できる旨だけを定めているため，買主としては通知などの解除の意思表示を行う必要があり，もし解除の意思表示がなければ契約が存続することになる。そうであれば，市場価格が上昇傾向にあれば買主は履行請求を行い，反対に下降傾向にあれば買主は解除を求めることができ，売主の地位は不安定になる。

そこで，商法では，確定期売買の場合において，売主が履行せずにその時期を経過したときは，買主が直ちにその履行の請求をした場合を除き，契約は解除されたものとみなされる（商525条）。この場合，不履行が債務者の責に帰すべき事由に基づくか否か，すなわち履行遅滞の有無に関係なく，所定時期の経過という客観的事実によって売買契約は解除されたとみなされる（最判昭和44年8月29日判時570号49頁）。したがって，商法ではわざわざ意思表示をしなくても，契約は解除によって消滅することになる。

④ **不可抗力免責条項**　遅延が，契約その他の債務の発生原因および取引上の社会通念に照らして売主の責めに帰すことのできない事由によって生じた場合，売主は，損害賠償責任を負わず（民415条1項但書），このことを理由に解除されないが，売主の帰責事由の明確化の一環として，取引基本契約上，不可抗力免責条項が設けられる。すなわち，天災地変，戦争，内乱，暴動等のような不可抗力免責条項に該当する事態が生じた場合，そのことを立証しさえすれば，売主は責任を免れる旨が定められるのである。重要なのは，不可抗力の実質的内容である。

> **Point**　不可抗力免責条項（Force Majeure Clause）
>
> あまり意識しない場合が多いかもしれないが，売買基本契約書では，使用されることが多い条項である。たとえば「天災地変，戦争，暴動，内乱，法令の改廃制定，公権力による命令処分，同盟罷業その他の労働争議，輸送機関の事故，その他不可抗力により，契約の全部若しくは一部の履行の遅延又は引渡の不能を生じた場合には，甲はその責に任じない。この場合に，本契約は引渡不能となった部分については，消滅するものとする」との旨が定められる。平成23年3月11日の東日本大震災やこれを原因とする大津波によって未曾有の被害が発生したが，どのように不可抗力を扱われるべきかが現実問題として生起している。

⑤ **危険負担の問題**　売買契約の締結後に売買の目的物が滅失・損傷して，引渡債務の履行が不可能になった場合，その滅失・損傷の危険について当事者である買主または売主のどちらに負担させるのかという問題が生じる。この場合，目的物の引渡債務の債務者である売主の側に帰責事由があるときは，債務不履行の問題になることは明らかであるが，もし買主（債権者）および売主（債務者）双方に帰責事由がないにもかかわらず，債務を履行できなくなった場合は，どうであろうか。このような危険負担の問題につき，民法では，買主である債権者は反対給付の履行を拒むことができると規定するので（民536条1項），もし拒むのであれば，この場合の滅失・損傷の危険は債務者である売主に負わされ，かつその範囲で買主の売買代金債権も消滅することになる。もっとも，買主である債権者の帰責

事由に基づき債務を履行できなくなったときは，債権者は，反対給付の履行を拒むことはできないし，もし債務者の側で自己の債務を免れることによって利益を得たときは，これを債権者に償還する必要がある（民536条2項）。

(2) 買主の受取り
① 受取りの遅滞および拒絶　買主が提供された商品の受取りを拒み，または受け取ることができない場合の問題である。その場合，買主は，売買の目的物が引渡しのために提供された時から遅滞の責任を負う（受領遅滞。民413条1項）。遅滞が原因で引渡し費用や保管費用が増加した場合には，売主はその増加分を買主の負担にすることができる（民413条2項）。売主の保存に係る善管注意義務も，自己の物に対するのと同一の注意義務に軽減される（民413条1項）。しかし，このような買主側の商品の受取り（受領）は，義務なのかどうか。民法の通説からすれば，この義務は売主の履行に協力する信義則上の義務であり，その違反の効果は一般の債務不履行とは異なると理解される。そのため，受領遅滞に基づき，損害賠償請求権または契約の解除権までは発生しないと解されるが，もっとも一定の契約類型では受領義務を認める余地はある。採掘された硫黄鉱石を継続的に買い取る継続的供給契約の事例では，買主に引取義務があり，売主が履行準備に相当の努力を費やした場合には信義則上も引取義務が肯定されるので，この場合の引取拒絶は受領遅滞ではなく，債務不履行であることを認め，買主の損害賠償が認められた（最判昭和46年12月16日民集25巻9号1472頁）。

② 売主の供託権および自助売却権　商人間の売買において，売主が給付義務を免れるため，買主がその目的物の受領を拒み，またはこれを受領することができないときは，売主は，目的物を供託し（供託権），または相当の期間を定めて催告をした後に競売すること（自助売却権）ができる（商524条）。両権利に共通して，遅滞なく買主に供託または競売通知を発する必要がある。供託権は民法の原則からも認められるが（民494条），民・商法の間で違いが生じるのは，買主に対する供託通知につき，民法では到

達主義（民495条3項および97条1項）がとられるのに対し，商法では発信主義（商524条1項後段）がとられている点である。この意味において売主側にとって有利な規定となっている。また，自助売却権に基づき，売主が相当な期間を定めて買主に催告（損傷その他の事由による価格の低落のおそれがある物は，催告の対象から除かれる。商524条2項）した後は，商取引の簡易迅速性から，競売の前提である裁判所の許可を要せず，売主は目的物を競売することができる（民法497条）。ただし，売主が競売をした場合，遅滞なく買主に競売通知をしなければならない。商法では，売主は供託の方法か競売の方法かどちらかを選択できる点で有利であるが，必ず供託または競売をする必要はない。

(3) 商品の受領

① 目的物の検査・通知義務　買主が，受け取った商品が契約条件に合致するかどうかを検査した後，それを受け入れる意思的行為を受領（「受取り」）というが，商法では，その場合の検査によって，買主が売買の目的物につき種類，品質または数量に関して契約の内容に適合しないことを発見したときは，直ちに売主に対してその旨の通知を発しなければならないと規定する（商526条1項・2項）。そうでなければ，買主はその不適合を理由とする履行の追完請求，代金減額請求，損害賠償請求および契約の解除をすることができなくなる（商526条2項）。

　民法の原則によれば，このような担保責任の追及は，買主がその不適合を知った時から1年以内に限られるが（民566条），商法では，1年という長期にわたる売主の不安定な地位から解放するため，商取引の迅速性から買主に対する検査通知義務を通じて，転売や仕入先との交渉など，売主にその不適合への速やかな善後策を講じる機会が提供されている。1年も瑕疵担保責任を追及できるのであれば，買主は自己に最も有利な時点で当該責任を追及でき，買主が売主の危険で投機することが可能であるので，これを防止する必要もあろう。買主が履行の追完請求や代金減額請求等をすることができないという法律効果に結びつけることで，商品の受取り後，速やかに検査・通知義務を果たすよう要請されているのである。買主が専

門的知識を有する商人であれば，おそらくこのような義務を課しても負担ではない。ただし，売主が商品の瑕疵または数量不足を認識していたような場合（悪意の場合）には，商法526条2項の適用はない（商526条3項）。

目的物の受取りに際しては特定物であっても，あるいは石炭330ｔのような不特定物であっても（最判昭和35年12月2日民集14巻13号2893頁），現実に目的物を受け取ったことが必要である。検査通知義務との関係では，買主側において目的物の検査が事実上可能となることをいう。しかし，たとえば売主Ａと買主Ｂとの間で商品が売買されたが，引き続きＡがＢから商品を賃借して使用するような占有改定（民183条）の場合であっても，ＡがＢのために商品を占有保管するようになった時点をもって，Ｂが商品を受け取ったものと解される（東京地判平成3年3月22日判時1402号113頁）。

また，買主が受取り時に取引上通常の注意と方法で検査したにもかかわらず，売買の目的物が種類または品質に関して契約の内容に適合しないことを直ちに発見できない場合もあるが，もしその後に，その不適合を発見したときは，受取り後6か月以内である限り，例外的にその不適合を発見した後，遅滞なく，通知しなければならない（商526条2項後段）。もし6か月内にその不適合を発見できなければ，商取引の迅速性から，過失の有無を問わず，売主に対して履行の追完請求等の権利を行使できなくなる（暖房器具の販売に関する最判昭和47年1月25日判時662号85頁）。もっとも，どのような場合に「直ちに発見できない」のかが問題となるが，これは，その業種の商人が通常用いるべき注意を基準に定められる。

具体的なケースでは，直ちに発見できた不適合の例としては，大量の物品であるが，等質のものであり，その2〜3について検査すれば発見できた場合（大阪地判大正6年6月18日新聞1284号24頁），容易に計量できる程度の木材の寸法不足・数量不足の場合（大判昭和16年6月14日判決全集8巻22号7頁），試運転により直ちに発見できる発動機の性能不良の場合（大阪地判昭和26年1月30日下民集2巻1号100頁）などがあるのに対し，製氷機械の能力（1日4ｔの製氷能力ありとして売買したものが2ｔの製氷能力しかなかった）の不良の場合（東京高判大正2年10月30日評論2商367頁），外見上容易に認識できる場合でも，多数の物件であってひとつひとつ点検しては

じめて不適合を発見できる場合（大判昭和3年12月12日民集7巻1071頁），重量91 t，枚数11,500枚余の薄鉄板の取引において全部を計量しないと数量不足が発見できない場合（東京地判昭和30年11月15日下民集6巻11号2386頁），宅地の売買契約において地中に隠れていた旧建物の土間コンクリート・建物基礎および大量のプラスチック等の産業廃棄物が存在していた場合において，これらを除去しなければ建物建築のための基礎工事ができない場合（東京地判平成4年10月28日判時1467号124頁）などが，直ちに発見できない不適合の例としてあげられる。

> **Point** アローアンス条項
>
> 　売買の目的物の内容としての数量や品質等は，契約締結時に確定的に定められるが，数量につき目的物の性質上，厳格な数字をもって定められた目的物の引渡しをすることが困難な場合，一定の基準数量が約定されるとともに，それに対する一定の過不足を認容する条項が定められることがある。これをアローアンス条項といい，これによって許容される過不足の範囲内での数量の目的物の提供は，債務の本旨に従ったものと判断される。

　買主に対して通知義務を課したのは（通知については発信主義がとられている），売主に適切な善後策を講ずる機会を速やかに与えるためであるから，通知の内容としては，種類，品質または数量に関して，その不適合の大体の範囲を明らかにすることで足り，詳細かつ正確な内容の通知であることを要しない（東京地判昭和56年8月19日判時1035号123頁）。もっとも，たんに「数量不足」のような抽象的表現だけでは不十分であろう。

② **買主の目的物の保管・供託義務**　買主が検査および通知の結果，契約を解除した場合，受け取った目的物の処置について，民法の原則では，買主はその目的物を返還する義務（原状回復義務）を負うにすぎない（民545条1項）。しかし，商人間の売買に民法の原則の適用があれば，売主は返送費用や運送費を負担する必要があるだけでなく，商品を返還してもらうとしても，時間を要するのであれば，その間に転売機会を失うおそれもある。商品の返送よりも直接に転売先への転送を望む場合もあろう。商品によっては腐敗しやすい場合もあり，商品の返還が適当でないこともある。

そのため、買主が契約を解除した場合でも、買主に対して売主の費用で売買の目的物を保管または供託する義務が課されている（商527条）。保管するか供託するかは買主の自由であり、保管する場合、保管費用が目的物の価額より高くても保管義務を負う。たとえ目的物に滅失または損傷のおそれがあるような場合であっても、裁判所の許可を得て目的物を競売し、その代価を保管または供託する必要がある（商527条1項但書）。買主にこのような特別の義務を課すのは、売主の保護と取引の円滑化を図るためにほかならない。

　もっとも、保管は一時的なものであり、無限に保管義務を負うものではない。買主が目的物の種類、品質または数量に関して契約の内容に適合しないために契約を解除した場合、あるいは売主から買主に引き渡された目的物が注文品と異なるかもしくは注文数量を超過した場合も、同様である（商528条）。買主は、費用のほか、相当の報酬を請求することもできる（商512条）。ただし、買主の保管または供託義務は、売主および買主の営業所（営業所がない場合は住所）が同一の市町村の区域内にない場合にのみ課されている（商527条4項）。売主と買主が同一市町村内にいる場合、売主はみずから必要な措置を講じることができるからである。

(4) 代金の支払い

　売買代金の支払いは買主の基本的義務（民555条）である。売買の目的物の引渡しに期限がある場合、買主の代金の支払いについても同一の期限を付したものと推定されるが（民573条）、実際上、商人間の売買の場合、売主が先に義務を履行し、その後に買主による支払いが行われる契約が多い。もっとも、売主が契約上、先履行義務を負っていたとしても、売買契約の締結後、買主の信用状態が著しく悪化し、代金の支払義務が危ぶまれるような場合において、履行を拒絶できる抗弁権（不安の抗弁権）が売主に認められるかどうかが問題となる。代金の支払方法としては、目的物の引渡しを受けた買主が、代金の支払いのために売主を受取人とする約束手形（商業手形）が振り出されることもある（なお、電子記録債権法〔平19法102号〕によって、手形に類似した機能を有する電子記録債権も認められる）。

また，交互計算（商529条～534条）という特殊な決済方法もある。

> [争点] **不安の抗弁権**（東京地判平成9年8月29日判時1634号99頁）
>
> 　不安の抗弁権を，一種の事情変更の原則の適用として解釈上認める見解が有力である。裁判例でも，「XはYに対し，建物の一部の仕上げ工事を請け負わせたが，Yが一方的に工事を中止したので，Xは契約を解除した上，Yの債務不履行による損害賠償を請求したのに対し，Yは，Yの工事中止はXの別件工事代金，ひいては本件工事代金の支払いに不安があったこと（不安の抗弁）を理由とするものであり，Yに債務不履行はなかったと主張した」事実関係において，裁判所は，「Xからの支払条件の変更の申入れに対して，Yが代金支払いの確実性に疑念を抱いて工事を中止したことは，当該申入れをYが受け入れなければならない義務はなく，これを拒否する自由があることから正当である」として，Yの債務不履行はないとした。

確認事項 商事売買契約の効力

①商品の引渡し ➡	②買主の受取り ➡	③商品の受領 ➡	④代金の支払い
・引渡しの期日，方法，場所 ・引渡しの遅延による損害賠償，契約の解除 ・確定期売買 ・不可抗力免責条項 ・危険負担	・受取りの遅滞拒絶 ・売主の供託権および自助売却権	・目的物の検査，通知義務 ・買主の目的物の保管・供託義務	・約束手形 ・不安の抗弁権

第2節　商事債権の担保手段

　債権の弁済を確保する手段としての担保は，一般的に人的担保と物的担保に分類される。本節では，商事債権の人的・物的担保として，多数当事者間の債務の連帯（商511条），流質契約（商515条），商人間の留置権（商521条）に続き，これら以外の他の債権担保手段について説明する。

1　多数当事者間の債務の連帯

(1)　債務者の連帯

　民法の原則では，数人の債務者がいる場合において別段の意思表示がないときは，各債務者は，それぞれ等しい割合で義務を負う（民427条）。そのため，債務者であるAとBが共同でCから100万円を借り入れた場合，原則としてAとBはそれぞれ50万円（分割債務の原則）で義務を負う。しかし商法では，信用の強化のため債務者の責任を重くして連帯債務とされたことから（商511条1項），たとえばAとBが共同経営する商店の営業資金のためCから100万円を借り入れた場合，AとBは連帯してCに100万円を返済すべき義務を負うのである。連帯債務を負うという関係は，債権者であるCとの関係では，AとBの各自が100万円の支払いにつきその全額を弁済すべき義務を負い，しかもどちらかが弁済すれば，全員の債務が消滅するという関係を意味する。もっとも，このような連帯債務は，債務者にとって商行為となる場合に限られるので（大判大正10年12月7日民録27輯2095頁），たとえば子供の入学資金等のために夫婦が金融機関から金銭を借り入れる場合，つまり，債権者である金融機関にとって商行為になるにすぎない場合には，商法511条1項は適用されない。

(2)　保証人の連帯

　民法の原則では，特約がない限り，連帯保証にはならないため，保証は単純な保証となる。そのため，保証人には，まず主たる債務者に催告すべき旨の催告の抗弁権（民452条）と，まず主たる債務者の財産に執行すべき旨の検索の抗弁権（民453条），さらに保証人が数人の場合，各保証人が債務額（100万円）を全保証人の間で均分した部分（保証人が2人の場合は各自50万円）だけを保証する分別の利益（民456条→427条）が生じる。これに対して，商法では，保証人がある場合において①債務が主たる債務者の商行為によって生じたとき，または②保証が商行為であるときは，主たる債務者および保証人が各別の行為によって債務を負担したときであっても，

その債務は各自が連帯して負担することになる（商511条2項）。したがって，連帯保証になれば，前述の催告・検索の抗弁権ならびに分別の利益は生じず，債権者の人的担保が強化され，債権の回収が容易になる。人的担保の強化は，①および②の場合に図られるが，とくに②の「保証が商行為であるとき」の意味については争いがある。商人でない者が会社の使用人の身元保証をし，その使用人が会社の金銭を着服し会社に損害を与えた場合のように，商人でない者の保証が債権者（会社）にとってのみ商行為である場合にも商法511条2項の適用があるかどうかにつき，判例は保証が債権者にとって商行為である場合も含むとするが（大判昭和14年12月27日民集18巻24号1681頁），学説では，保証が商行為である場合（保証人として保証すること自体が商行為となる場合）に限ると解されている。

(3) 流質契約

債務者Aが金銭の借入れのため骨董品などの担保目的物の占有を債権者Bに移転し，BはAの借入金の弁済があるまで，この目的物を留置して，間接的にAに弁済を強制するとともに，Aの弁済がなければ，この目的物につき，Bが競売や目的物の所有権の取得によって他の債権者に優先して弁済を受けることができる約定担保物権を質権という（民342条）。この場合に，質権設定者であるAが弁済期に借入金を返さなかったら，質権者であるBが法律に定めた方法によらずに適宜にこれを売却したり，評価したりして弁済にあてる旨を約束する契約のことを，流質契約という。しかし，民法では，このような契約を自由に認めると，BがAの経済的窮状に乗じて，Bが暴利をあげ，不当な利益を得るおそれがある。これを防止する必要があるため，民法では，このような契約による質物の処分を禁止している（民349条）。これに対して，商法では，商人であれば冷静に利害計算を行う能力（自衛能力）を有するので，保護の必要はないと考えられるし，また，このような規定があれば商人の金融の道を閉ざす結果にもつながりかねないため，商行為によって生じた債権を担保するために設定した質権については，流質契約の禁止が解かれている（商515条。なお，質屋営業法19条参照）。

(4) 商人間の留置権

　民法の原則によれば，留置権とは，他人の物の占有者が，物を修繕した場合の修繕代金のように，その物に関して生じた債権（被担保債権）を有する場合において，修繕代金の弁済を受けるまでその物を留置できる権利のことをいう（民295条1項）。もっとも，商人間の取引の場合には通常は継続的であるので，商人間で個別に担保権を設定しなければならないとすれば，商取引の迅速性を無視する結果となるので，商法では，特別の留置権が規定された（商521条）。すなわち，民法の原則と異なり，その物に関して生じた債権である必要はなく，商人間においてその双方のために商行為となる行為によって生じた債権であれば足りるのである。商法では，このような商人間での一般留置権（狭義の商事留置権）のほか，特定の取引類型（代理商〔商31条〕，問屋〔商557条〕，運送取扱人〔商562条〕，陸上物品運送人〔商574条〕，海上物品運送人〔商741条2項・国際海運15条〕）ごとに，留置権の規定（広義の商事留置権）が置かれている。

　商事留置権が成立するには，被担保債権と目的物につき，次の要件を備える必要がある。まず，被担保債権については，①当事者双方が商人であること，②被担保債権が商行為によって発生した債権であること，③被担保債権の弁済期が到来したものであることである。被担保債権と目的物との牽連性が不要とされている点が民法の留置権と決定的に異なる。次に，目的物については，①それが債務者の所有する物または有価証券であること，②目的物が債務者との商行為を原因として債権者の占有に属したことである。もっとも，目的物に不動産が含まれるかどうかで争いがあり，物には動産だけでなく，不動産も含まれるとするのが通説である。たとえば建物の建設会社が，その建築請負代金の担保として，建物と敷地に商人間の留置権を行使する場合に，金融機関がその敷地に抵当権を設定していた結果，当該敷地からの優先弁済をめぐって建設会社と金融機関との間で争われることがある（不動産を含むとする裁判例として，東京高決平成10年11月27日判時1666号143頁，最判平成29年12月4日金融・商事判例1533号8頁等。不動産を含まないとする裁判例として，東京高判平成8年5月28日判時1570号118頁等）。

また，債務者が破産した場合には，民事留置権と異なり，商事留置権は特別の先取特権とみなされ，別除権になる（破66条1項・65条2項）。別除権になるということは，破産手続によらずに，商人間の留置権を，他の債権から除外される別除権として行使できることを意味する。しかし，債務者の破産手続の開始決定後は，民事留置権では効力を失うところ（破66条3項），商事留置権の場合にも同様に効力を失うのかどうかが争われる。

　たとえばA銀行が，手形を預かっていた取引先B社が破産し，B社の破産管財人CがA銀行に手形の返還を求めたところ，A銀行が商事留置権を主張して手形の返還を拒み，満期に手形交換により取り立てたうえ，この取立金をB社に対する貸付金の返済に充当したため，破産管財人CがA銀行の返済の充当は不法行為にあたるとして，A銀行に損害賠償を請求するという形で問題となる。判例では，破産財団に属する手形の上に存在する商事留置権を有する者は，破産開始決定後においても，この手形を留置する権能を有し，破産管財人からの手形の返還請求を拒むことができるとし，A銀行の行為は不法行為にならないと判示された（最判平成10年7月14日民集52巻5号1261頁）。

2　他の債権担保手段──解除特約，所有権留保，動産売買の先取特権

　商人間の取引のうち商事売買の場合には，買主の倒産から生じる売主の損害を防止する手段として，解除特約が基本契約等で設けられることがある。たとえば銀行取引停止処分（たとえば買主が，振り出した約束手形につき，6か月以内に2度，資金不足などの信用に係る不渡り処分を受けた場合，買主は銀行取引停止処分を受ける），破産手続・会社更生手続の開始申立て等の事由が買主に生じたことをもって，売買契約の解除権の発生原因または売買契約の当然解除原因とする旨の特約である。

　また，商事売買だけでなく，動産の割賦販売などの消費者売買にも広く利用されるが，たとえば買主が倒産し売買代金債務を履行しなかった場合に，売主は留保した所有権に基づき目的物を取り戻し，そこから優先弁済を受けようとする。このように，売買代金債権の担保のために，売主が売

買代金完済まで目的物の所有権を留保することを約定することを，所有権留保という。

さらに，約定担保権を有しない売主の優先弁済権を確保する手段として，動産売買の先取特権がある。すなわち，動産の売主は，買主に引き渡した動産につき，その動産の代価および利息に関して先取特権を有する（民311条5号・321条）。

> **争点** 所有権留保（最判昭和50年2月28日民集29巻2号193頁）
>
> 売主Xが，自動車を販売業者（サブディーラー）Aに所有権留保特約を付して自動車を売り渡し，Aがその自動車を第三者（ユーザー）Yに転売した場合において，Aによる売買代金債務の不履行を理由としてYに対して自動車の引渡しを請求した事案では，Xの請求は，権利の濫用として許されないと判示された。

> **確認事項** 商事債権の担保手段
> ① 債務者または保証人の連帯（商511条1項・2項）
> ② 契約による質物の処分（流質契約）（商515条）
> ③ 商人間の留置権（商521条）
> ④ 解除特約，所有権留保，動産売買の先取特権など

チェックポイント

(1) 商人の諾否通知義務（商509条）について，その意義および目的を論じなさい。
(2) 「不可抗力免責条項」とは何か，論じなさい。
(3) 売主の供託権および自助売却権（商524条）について，どのような場合に売主は当該権利を行使できるか，論じなさい。
(4) 買主の目的物検査・通知義務（商526条）は，どのような場合に認められるか。民法上の担保責任ならびに判例・裁判例も踏まえて論じなさい。
(5) 商人間の留置権（商521条）につき，民事留置権（民295条1項）と比較して，その異同を論じなさい。

資料：売買契約書の例（出所：大村多聞・佐瀬正俊・良永和隆編『契約書式実務全書・第1巻（第2版)』（ぎょうせい・2014）298〜300頁）

商品売買契約書

　買主株式会社○○○○（以下「甲」という。）と売主株式会社○○○○（以下「乙」という。）とは，商品の売買に関し，以下のとおり契約を締結したため，本書を2通作成し，甲乙各1通宛保管する。

（基本合意）
第1条　乙は甲に対し，別紙目録に記載する音響機器及びその周辺機器（以下「本件商品」という。）を別紙目録記載の価格にて甲に売り渡すことを約し，甲はこれを買い受けることを約する。

（引渡し）
第2条　乙は甲に対し，次のとおりの引渡場所及び納入日にて，本件商品を引き渡す。
　　　　（納入日）
　　　　平成○年○月○日　　　別紙目録1ないし3
　　　　平成○年○月○日　　　別紙目録4ないし6
　　　　（引渡場所）
　　　　すべて甲の本店所在地
　　2　甲又は乙が納入日又は引渡場所の変更を申し出た場合には，その相手方の了承を得て，新たな納入日又は新たな引渡場所に変更することができる。ただし，その変更により費用が増額した場合には，その増額の部分は変更を申し出た者の負担とする。

（代金の支払条件）
第3条　代金の支払条件は，次のとおりとし，甲は乙に対し，次の代金を持参又は乙の指定する口座に振込みの上，支払わなくてはならない。
　　　　本契約締結日　　　　　　金○○○万円
　　　　平成○年○月○日　　　中間金○○○万円
　　　　平成○年○月○日　　　残金金○○○万円

（所有権移転時期等）
第4条　本契約に基づく本件商品の所有権移転時期は，乙が甲にその商品を納入した時とする。
　　2　本契約に基づく本件商品を納入した後の危険は甲においてこれを負担する。

（検査）
第5条　甲は，第2条記載の方法により本件商品を受領したときは，受領後○日以内に本件商品の検査をしなければならない。

（不合格品処理）
第6条　第5条の検査において，不良又は数量不足があったときには，甲は乙に対し，直ちに通知をしなければならない。この場合乙は，乙の費用にて，不良品の回収及び代替品又は不足分の商品を直ちに第2条記載の納入場所に納入しなければならない。

（遅延損害金）
第7条　甲が，第3条記載の代金の支払を怠ったときは，乙に対し，支払期日の翌日から完済の日まで，日歩5銭の割合による遅延損害金を付加して支払わなければならない。

（期限の利益の喪失）
第8条　甲について次のいずれかの事由が生じたときは，乙は，何等の通知，催告なくして，甲の期限の利益を喪失させ，残金全額について支払請求をすることができる。
　(1)　甲が乙に対する債務の支払を怠ったとき。
　(2)　甲がほかの債権者に対する債務の支払を怠り，又は，約束手形若しくは小切手について不渡事故を起こしたとき。
　(3)　破産，民事再生，会社更生等の法的手続又はこれに準ずる手続がなされたとき。
　(4)　甲が合併によらないで解散したとき。
　(5)　その他甲が本件契約条項に違反したとき。

（解除）
第9条　乙は，甲に第8条のいずれかの条項に該当する事由があるときは，何らの催告なしに本契約を解除することができる。

（協議事項）
第10条　本契約の解釈に疑義が生じた場合及び本契約に定めのない事項については，甲乙ともに信義誠実の原則に基づき協議の上円満に解決するものとする。

（合意管轄）
第11条　本契約上の乙の甲に対する取引代金請求，約束手形金請求及び小切手金請求並びにその他の甲乙間の本契約上直接又は間接的に生じた一切の紛争に付いては，乙の本店所在地を管轄する○○地方裁判所を以て第一審裁判所とすることを合意する。

　　　平成○年○月○日
　　　　　　　　　　　　甲
　　　　　　　　　　　　　住　所
　　　　　　　　　　　　　　　　株式会社○○○○

```
                              代表取締役 ○ ○ ○ ○ 印
                       乙
                         住　所
                              株式会社○○○○
                              代表取締役 ○ ○ ○ ○ 印
       商 品 目 録
     1  スピーカー（品番○○○○）      単価○○○○円      ○○○個
     2  スピーカー（品番○○○○）      単価○○○○円      ○○○個
     3  スピーカーボックス（品番○○○○）  単価○万円         ○○○個
     4  AVアンプ（品番○○○）         単価○○○○円      ○○個
     5  DVDレコーダー（品番○○○）     単価○○○○円      ○○個
     6  ケーブル（品番○○○）          単価○○○○円      ○○○m

    以上合計金○○○○○円
```

第3節　消費者取引

1　消費者取引の意義

　企業の取引相手方は，つねに企業であるとは限らない。商品の流通過程では，まず，製造業者と卸売業者や小売業者という商人間での商品の売買が行われるが，最終地点の段階ではもっぱら商品やサービスを消費する者としての消費者が存在する。今日のような大衆消費社会では，消費者はスーパー，コンビニ，ディスカウント・ストアなどの小売業者と取引し，商品やサービスの提供を受け，代金の支払いも場合によっては割賦販売やローン提携販売など，その利便性が高められた手段が利用されることがある。

　しかし，企業と消費者との間では，情報の量や質の格差が明白であり，交渉力の面においても，企業が消費者よりも圧倒的に優位な立場にあるので，消費者にとっては不利な契約が締結される可能性がある。そのため，

企業と消費者の間で結ばれる契約（消費者契約）では，消費者が十分な知識や情報を持たないで契約し，あるいは言葉巧みな勧誘によって，よく考えないで契約をしてしまうといったことが生じやすい状況にある。このような背景から，企業と消費者との間の契約を適正化するためのルールが要請される。

2　消費者保護の法規制

　消費者取引は，専門性や経済力等を有する対等な当事者を前提とした商人間の売買とは異なる。そのため，商法典に特別な規定が設けられているわけではないので，消費者の保護を目的とした特別法が要請された。まず，1955年以降の高度経済成長の時代，消費者に対する信用販売が増加してきたことを背景に，1961年に割賦販売法（昭36法159号）が制定されたほか，消費者運動の本格的展開に基づき消費者保護の施策の推進が必要であるとの認識から，1968年には消費者保護基本法（昭43法78号）が制定された。本法は，消費者の利益の擁護および増進に関する対策の総合的推進を図り，もって国民の消費生活の安定および向上を確保することを目的としている（なお，消費者保護基本法は，平成16年の改正により消費者基本法として名称が改められた）。

　さらに，訪問販売のような無店舗販売から生じる紛争への対応の必要も生じたため，1976年には訪問販売等に関する法律（昭51法57号）が制定された（なお，同法は2000年の改正によって特定商取引に関する法律として名称を改めている）。しかし，これらの法律は，基本的に行政規制法としての性格を有し，消費者の救済手段とはなりにくかったことなどから，2000年には消費者契約につき，その契約締結の過程および契約の内容に関して消費者の利益を擁護する包括的な民事立法として，消費者契約法（平12法61号）が成立している。同時期には，消費者取引でも，とくに商品や取引に高度な専門知識と理解が要求される金融商品の販売の側面での金融商品の販売等に関する法律（金融商品販売法。平12法101号）も成立した。本法は，販売事業者に対し，重要な取引事実の説明義務を負わせ，当該義務に違反し，

顧客である消費者に損害を与えた場合には損害賠償義務を負わせるためのものである。

　なお，消費者被害の観点から，同種の被害が拡散的に多発する現状を踏まえ，このような被害を未然に防止するため，近年では一定の要件をみたす消費者団体が，消費者に代わって事業者等に対し差止請求を行うことが認められた（いわゆる適格消費者団体による差止請求。消費契約12条以下）。さらに，消費者被害の集団的な回復の実効性を図るため，２段階型の訴訟制度も導入されている（消費者裁判手続特例法〔平25法96号〕）。すなわち，この制度によれば，第１段階の手続では，特定適格消費者団体が原告となり，相当多数の消費者と事業者との間の共通義務の存否について裁判所が判断し（共通義務確認訴訟），第１段階の手続で消費者側が勝訴したならば，次に第２段階の手続として，個々の消費者が，第２段階の手続としての対象債権の確定手続に加入して，簡易な手続によってそれぞれの債権の有無や金額が迅速に決定されるというものである。

3　消費者契約法

(1)　適用範囲

　消費者契約法は，その１条において，消費者の利益の擁護を図ることで，国民生活の安定向上と国民経済の健全な発展に寄与することを目的として掲げ（消費契約１条），労働契約を除く（消費契約48条），消費者と事業者との間で締結されるあらゆる契約（消費契約２条３項参照）に適用される。消費者とは，事業としてまたは事業のために契約の当事者となる場合におけるものを除く，すべての個人をいうのに対し（消費契約２条１項），事業者とは，法人その他の団体および事業としてまたは事業のために契約の当事者となる場合における個人をいう（消費契約２条２項）。この意味では，事業者は，商人よりも広い概念である。消費者契約法では，４条で消費者の取消権を規定すると同時に，８条ないし10条で一定の契約（約款）条項の全部または一部を無効とする場合が定められる。

(2) 消費者による取消権の行使

　取消権の行使は，追認をすることができる時から6か月以内に，または消費者契約の締結の時から5年以内にする必要があるが（消費契約7条1項），まず，取消権については，事業者が消費者契約の締結を勧誘する場合において，消費者が事業者の以下に掲げる行為から誤認（消費契約4条1項・2項）または困惑（同条3項）したことに基づき締結した契約の申込み・承諾の意思表示が対象となる。

　誤認の場合には，次の3つの類型がある。第1に，重要事項について事実と異なることを告げる不実告知である（消費契約4条1項1号）。たとえば消費者が10万kmの走行距離を重視して，中古車販売業者からそのホームページでも店舗内のプライスボードでも8万1,500kmと表示されていた中古自動車を購入したが，実際は約12万kmの走行距離であった場合が想定される。第2に，物品，権利，役務その他の当該消費者契約の目的となるものに関し，将来における変動が不確実な事項についての断定的判断の提供である（同項2号）。たとえば，金融商品の価格は，将来，さまざまな不確実な事項に基づき変動するにもかかわらず，「近日中にA国の通貨の価値が必ず値上がりする」という不確実な説明によって勧誘する場合が想定される。第3に，ある重要事項または当該重要事項に関連する事項について当該消費者の利益となる旨を告げ，かつ当該重要事項について消費者の不利益となる事実を故意に告げなかった場合の不利益事実の不告知である（消費契約4条2項）。たとえば第2の例で，A国の通貨が必ず値上がりするなど消費者にとって有利な事実を告げるだけで，通貨価値が下がる可能性や通貨の本当の価値について説明を受けない場合が想定される（さいたま地判平成22年10月12日証券取引被害判例セレクト39巻238頁参照）。

　これに対して，戸惑いやどうしてよいかわからなくなるような精神的に自由な判断ができない困惑の場合があり，もし事業者が消費者契約の締結を勧誘する場合において，次に掲げる事業者の行為によって消費者が困惑に陥ったことで，消費者が消費者契約の申込みまたは承諾の意思表示をした場合には，消費者はこれを取り消すことができる（消費契約4条3項）。この場合の困惑に係る事業者の行為としては，次の2つの類型が想定され

ている。第1に，消費者が事業者に対し，その住居またはその業務を行っている場所から退去すべき旨の意思を示したにもかかわらず，それらの場所から退去しない不退去の場合である（消費契約4条3項1号）。たとえば自宅の床下に拡散送風機等を設置する請負契約を締結する前に，消費者が「そのようなものは入れんでいい，必要ない」，「帰ってくれ」などと退去すべき旨の意思を表示したにもかかわらず，業者の従業員が午前11時ころから午後6時30分ころまで勧誘したことで困惑し，それによって契約を締結した場合が想定される。第2に，事業者が消費者契約の締結につき，消費者が勧誘をしている場所から退去する旨の意思を示したにもかかわらず，その場所から当該消費者を退去させない退去妨害の場合である（消費契約4条3項2号）。たとえば定職もない無収入の消費者が，何度も断ったものの町中で販売店の店員から絵画の展示場に連れて行かれ，展示場にて再度断ったにもかかわらず，契約書にサインの記入を求められ，記入しなければ帰してもらえないような気がしたため，店員に言われるまま契約書の契約者欄に署名押印をした場合が想定される。

(3) 消費者契約条項の無効

消費者契約法1条では，事業者の損害賠償の責任を免除する条項その他の消費者の利益を不当に害することとなる条項の全部または一部を無効とすると定め，これを受けて同法8条以下において具体的な規定が設けられている。第1に，「いかなる場合も一切損害賠償責任を負いません」というような損害賠償責任免責条項（消費契約8条1項各号）である。事業者が消費者契約において，消費者が損害を受けた場合に正当な額の損害賠償を請求できるための，民法，商法等の任意規定に基づき負担することになる損害賠償責任を，特約によって免除または制限している場合には，その特約の効力は否定される。第2に，高額なキャンセル料の定めなど，不当な損害賠償の額を予定する条項等（消費契約9条）である。解除に伴う損害賠償の予定ないし違約金条項につき，消費者契約と同種の消費者契約の解除に伴い事業者に生ずべき平均的損害を超えるものは，その超える部分につき無効となる（消費契約9条1号）。第3に，進学塾の受講契約の中途

解約を一切許さず，支払済みの受講料の返還を認めない特約のような消費者の利益を一方的に害する条項（消費契約10条）である。民法，商法その他の法律の公の秩序に関しない規定の適用による場合と比べ，消費者の権利を制限し，または消費者の義務を加重する消費者契約の条項であって，民法１条２項（信義誠実の原則）に規定する基本原則に反して消費者の利益を一方的に害するものは，無効とされる。

> **確認事項▎消費者による取消権行使および無効**
> (1) 取消権の行使（消費契約４条１項・２項・３項）
>   ① 誤認の場合→不実告知，断定的判断の提供，不利益事実の不告知
>   ② 困惑の場合→不退去，退去妨害
> (2) 無効（消費契約８条・９条・10条）
>   ① 損害賠償責任免責条項
>   ② 不当な損害賠償の額を予定する条項等
>   ③ 消費者の利益を一方的に害する条項

4　割賦販売法

　割賦販売とは，売買代金の全部または一部を一定期（一般的には月賦払い）ごとに分割して支払う特約が付された売買のことをいう。このような取引では，通常は，代金の全部または一部の支払いに先立ち，売主は目的物を買主に交付するが，買主の代金完済までは目的物の所有権は売主に留保される。割賦販売法では，次に掲げる取引形態を割賦販売として掲げる。第１に，購入者等から商品の代金等を２か月以上の期間にわたり，かつ３回以上に分割して受領することを条件として指定商品（割賦２条５項，割賦令１条１項別表第一）等を販売する場合（割賦２条１項１号），あるいは販売業者が利用者に対しあらかじめクレジットカード等やID，パスワード等の記号を交付・付与して，所定の期間ごとにクレジットカード等の呈示・通知を受ける方法で指定商品を販売し，その代金の合計額をあらかじめ定められた方法により支払いを受領することを条件として販売する場合（リボルビング方式）である（同項２号）。第２に，販売業者が商品を引き渡

す前にあらかじめ購入者から2回以上にわたり代金の全部または一部を受領する販売方法の場合（前払式割賦販売）である（割賦11条）。

その他，購入者が，販売会社から購入する指定商品（権利または役務）の購入代金を提携金融機関から借り入れ，分割（2か月以上の期間かつ3回以上）して返済することを条件として販売業者が購入者の借入債務の保証をする場合（ローン提携販売〔割賦2条2項〕。なお，リボルビングも含む），さらに購入者が，販売会社で商品等を購入する場合において，割賦購入あっせん業者（信販会社等）が購入者に代わって販売会社に代金を支払い，その後，購入者が分割で（2か月以上および3回以上）販売代金を当該あっせん業者に支払う場合（信用購入あっせん。リボルビングも含む）がある。信用購入あっせんには，あっせん業者がその利用者に交付される証票等（クレジットカードなど）が利用される包括信用購入あっせん（割賦2条3項1号）の場合と，クレジットカード等が利用されず，売買契約ごとに購入者の信用調査がなされる個別信用購入あっせん（割賦2条4項）の場合の2つに区分される。

購入者が条件等を十分に認識できるようにするために，販売業者には契約締結前の開示（割賦3条1項〜3項・29条の2・30条・35条の3の2等），契約書面の交付（割賦4条・29条の3・30条の2の3・35条の3の8等），広告による開示（割賦3条4項・29条の2第3項・30条3項・35条の3の2第2項等）が課されるとともに，契約内容にも一定の規制が課せられる。すなわち，契約の解除・期限の利益喪失の制限（割賦5条），契約の解除等に伴う損害賠償・違約金の額の制限（割賦6条）などである。

確認事項■割賦販売の形態

① 購入者等から商品の代金等を2か月以上の期間にわたり，かつ3回以上に分割して受領することを条件として指定商品等を販売する場合（割賦2条1項1号）
② リボルビング方式（割賦2条1項2号）
③ 前払式割賦販売（割賦11条）
④ ローン提携販売（割賦2条2項）
⑤ 信用購入あっせん（包括信用購入あっせん〔割賦2条3項1号〕・個別信用購入あっせん〔割賦2条4項〕）

5 特定商取引法

　特定商取引法では，①訪問販売，②通信販売，③電話勧誘販売，④連鎖販売取引，⑤特定継続的役務提供，⑥業務提供誘引販売および⑦訪問購入に係る取引が対象となる（特定商取引1条参照）。

　①訪問販売とは，典型的にはキャッチセールスや，セールスマンが消費者の住居や勤務先を訪問して商品を販売するように，販売業者等が，営業所等以外の場所において売買契約の申込みを受けもしくは売買契約を締結して行うか，あるいは営業所等以外の場所において呼び止めて営業所等に同行させた者から売買契約の申込みを受けもしくは特定顧客と売買契約を締結して行う商品等の販売等をいう（特定商取引2条1項）。消費者は営業所等以外の場所で，突然，販売の勧誘を受けた場合に，契約内容を十分に確認せず，軽率に契約を締結するおそれがある。このおそれから消費者を保護しようとするものである。販売業者等には書面の交付義務（特定商取引4条・5条）等が課されるのに対し，消費者にはいわゆるクーリングオフが認められる（特定商取引9条）。すなわち，訪問販売において契約の申込みまたは契約の締結をした者は，書面により，その申込みまたは契約の解除を行うことができる。その期間は，原則として契約書面の受領から8日である。

　②通信販売とは，消費者がインターネットのホームページ等の広告を見て購入の申込みを行うように，販売業者等が，郵便・電話，ファクシミリやパソコンなどを利用する方法によって売買契約の申込みを受けて行う商品等の販売等をいう（特定商取引2条2項）。ここでは電話勧誘販売に該当するものは除かれる。訪問販売等と比べて不意打ち的な要素は少ないとはいえ，迷惑メールなどのインターネット販売をめぐるトラブルの急増を背景に，特約を表示していた場合を除き，通信販売の場合にも売買契約に係る商品の引渡しを受けた日から8日間以内であれば，クーリングオフが可能である（特定商取引15条の2）。承諾をしていない者に対するファクシミリ広告の提供も禁止される（特定商取引12条の5）。

③電話勧誘販売とは，販売業者等が消費者に電話をかけ，または特定の方法により（特定商取引令2条）電話をかけさせて，契約を勧誘し締結する場合をいう（特定商取引2条3項）。この販売形態も訪問販売と異ならないので，8日間のクーリングオフ（特定商取引24条），氏名や勧誘目的の明示義務（特定商取引16条），再勧誘の禁止（特定商取引17条），書面交付義務（特定商取引18条），不実表示・不告知および威迫行為の禁止（特定商取引21条1項～3項）等の規制があるほか，通常必要とされる分量を著しく超える商品の売買契約等の申込みについては，申込者等は原則として撤回もしくは解除することができる（特定商取引24条の2）。

④連鎖販売取引（いわゆるマルチ商法）とは，加入者がさらに他人を取引に加入させて大きな利益を得られるものと誤解させて，取引の連鎖を拡大させるものである（特定商取引33条1項参照）。商品を販売することが主要な目的ではなく，その目的は組織の爆発的な拡大にある。契約の勧誘に際しては，重要事項の不告知または不実告知が禁止されるので（特定商取引34条1項・2項），実質的には当該取引が禁止されている。広告規制（特定商取引35条・36条）および書面交付義務（特定商取引37条），20日間のクーリングオフ（特定商取引40条）等が規定されるとともに，連鎖販売契約を将来に向かって解除できるし，解除にともなう損害賠償額の上限も定められている（特定商取引40条の2）。

⑤特定継続的役務提供とは，エステティックサロンや語学・パソコン教室のように，役務の提供を受ける者の身体の美化または知識もしくは技能の向上，その他のその者の心身または身上に関する目的を実現させることをもって誘引が行われるもので，役務の性質上，当該目的が実現するかどうかが確実でない特定継続的役務を一定期間有償で提供することをいう（特定商取引41条2項1号・2号）。書面交付義務（特定商取引42条），誇大広告等の禁止（特定商取引43条），禁止行為（特定商取引44条）のほか，8日間のクーリングオフ（特定商取引48条）等の規制がある。

⑥業務提供誘引販売とは，内職やモニター等の仕事の紹介によって誘引し，そのために必要な物品等の販売を行う取引をいう（特定商取引51条1項参照）。高収入が得られると称し，内職やモニター等の仕事を紹介し，

その仕事に必要であるとする高価な商品を売りつける場合である。氏名・勧誘目的明示義務（特定商取引51条の2），禁止行為（特定商取引52条），広告規制（特定商取引53条）のほか，20日間のクーリングオフ（特定商取引58条）等の規制がある。

⑦訪問購入取引（いわゆる押し買い）とは，購入業者が，消費者の自宅など店舗等以外の場所で行う物品の購入のことをいう（特定商取引58条の4参照）。氏名・勧誘目的明示義務（特定商取引58条の5），不招請勧誘の禁止（特定商取引58条の6），書面交付義務（特定商取引58条の7）のほか，8日間のクーリングオフ（特定商取引58条の14）の規制がある。

確認事項■特定商取引法の対象

① 訪問販売（特定商取引2条1項）→キャッチセールスなど
② 通信販売（特定商取引2条2項）
　→インターネットのホームページの広告をみて購入の申込みを行う場合
③ 電話勧誘販売（特定商取引2条3項）
　→消費者に電話をかけるなどして，契約を勧誘し締結する場合
④ 連鎖販売取引（特定商取引33条1項）→いわゆるマルチ商法
⑤ 特定継続的役務提供（特定商取引41条2項1号・2号）
　→エステティックサロンや語学・パソコン教室など
⑥ 業務提供誘引販売（特定商取引51条1項）→内職やモニターなど
⑦ 訪問購入取引（特定商取引58条の4）→いわゆる押し買い

Point　美容医療に潜むワナ（日本経済新聞2015年1月19日朝刊39頁）

美容医療をめぐるトラブルにつき，全国の消費生活センターへの相談が増加傾向にある。たとえば側頭部などから顔の皮膚の内側に特殊な糸を挿入し，ほおを引き上げる「フェースリフト」といわれる美容外科施術を受けた結果，予想外の後遺症が残った事例が報告されている。この消費者は，医師から「今なら半額の約30万円にする」といわれ，面談当日に施術を受けたが，施術後，顔のひきつり感や頭痛に悩み続ける日々を送っているという。また，相談内容には，ホームページなどで低料金を掲げる一方，実際には高額の施術を強引に受けさせるトラブルもあり，このような美容医療をめぐるトラブルが顕在化している状況にあった。しかし，エステとは異なる美容医療は，

特定商取引法の対象外であったことから，平成28年改正特定商取引法では，政令において美容医療も，特定継続的役務として指定され，規制対象に含まれることになった。

チェックポイント

(1) 消費者が消費者契約法に基づき取消権を行使できる場合には，どのような場合があるか，説明しなさい。
(2) 割賦販売には，どのような形態があるか，論じなさい。
(3) 特定商取引法では，どのような取引が対象となるか，論じなさい。

■ 第4講

企業取引の決済方法

　この講では，企業取引の決済方法を取り上げる。前講でもみたように，企業取引の特徴として，特定の取引先との間の継続的取引があげられるが，このような継続的取引関係にある企業においては，いったいどのような決済方法がとられているのであろうか。一般的には現金による決済が考えられるが，それ以外にもさまざまな方法が考えられる。以下では，特殊な制度として，交互計算を取り上げるとともに，さらに，企業間取引の決済手段でもある約束手形等を利用した有価証券制度にも言及することにしよう。

第1節　交互計算制度

1　交互計算の意義

　交互計算とは，鉄道会社間や銀行間などの商人間，または銀行と顧客との間のように，商人と商人でない者との間で平常取引をする場合において，一定の期間内の取引から生ずる債権および債務の総額について相殺をし，その残額の支払いをすることを約する契約をいう（商529条）。たとえば鉄道会社間において，ある乗客が東京のJR三鷹駅で切符を購入し，中野駅で東京メトロ東西線に乗り換えて日本橋駅に向かう場合，その切符代金は410円であるが，その収入の内訳はJR東日本が170円，東京メトロが240円となる。しかし，このような決済を1件ごとに両鉄道会社に配分するとなると，コストもかさむ。そのため，JR東日本および東京メトロは，それぞれ券売機を通じてどの区間の切符がどれだけ売られたのかをコンピューターに記録し，1か月分の相手方への支払額を翌月に計算して，翌々月に実際に清算し，支払いが行われているとされる。このように相互

に金銭債権・金銭債務が発生する関係にある場合において，その債権債務を相殺（差引計算）して，その差額を支払うところに交互計算の特徴（決済コストの節約，資金の効率的利用）がみられるとともに，契約当事者が相互に相手方に対して負担するか，または将来的に負担する債務につき，担保的機能も期待できる。もともとは13世紀の初頭，イタリア諸都市の銀行取引における慣習法として発達した制度であり，その起源は古い。

> **Point** 相殺
>
> 民法上，相殺とは，2人が互いに同種の目的を有する債務を負担する場合において，双方の債務が弁済期にある場合，各債務者は，その対当額について相殺によってその債務を免れることができる制度をいう（民505条1項）。Aが，Bに対して5万円の金銭債権を有し，反対にBが，Aに対して10万円の金銭債権を有する場合，たとえAがBに5万円の支払いを求めたとしても，Bが相殺を主張したならば，双方の債権は5万円の対当額の範囲で消滅することになる。実務上，とくに銀行などの金融機関が自行の定期預金者にその預金を見返りとして融資する事例がきわめて多いが，その場合に相殺を通じて，事実上債権質を設定した場合と同じ効果をあげることができることから，相殺は重要な担保的機能を果たしている。双方の債権が対立し，同種の目的を有し，弁済期にあり，有効に存在しかつ相殺を許す債務であれば（相殺適状），意思表示をなすことによって相殺は有効に成立する。

2 交互計算の要件

交互計算では，その当事者は，少なくとも一方が商人であることが必要であるため，商人でない者同士が交互計算に類似する内容の契約を締結しても，商法所定の交互計算にはあたらない。交互計算は，当該商人にとっては，自己の営業のためになすものであるので，附属的商行為（商503条）になる。その性質上，交互計算の当事者は，相互に債権債務を発生することが予定された継続的取引関係（平常取引関係）にある者でなければならない。

交互計算の場合，一定の期間内の取引から発生する債権債務の総額が期末に一括して相殺される。この一定の期間は，交互計算期間といわれ，当事者は原則として自由にその期間を定めることができるが，相殺をすべき期間を定めなかったときは，その期間は6か月とされる（商531条）。一定の期間内の取引から生じる一切の債権債務が対象となるので，その債権債務は，総額につき一括相殺に適したものでなければならない。もっとも，金銭債権であっても，取引からではなく第三者から譲り受けた債権や，不法行為，不当利得，事務管理のように取引自体から生じない債権，手形などの有価証券上の債権のように特殊な権利行使を必要とするものは，交互計算に組み入れられない。

> **Point** 段階交互計算
>
> 交互計算の期間中に発生した債権債務の決済は，期末に一括して相殺して，その残額を支払うことで行われるが（古典的交互計算），残額算出の手続として期末に累積させる方法ではなく，一定の期間中に発生する債権債務を，その発生のごとに差引計算する段階方式で行われる場合を，段階交互計算という。債権債務が発生すると，その都度，自動的に相殺されるので，古典的交互計算の場合のように担保的機能を有しない方式である。

3 交互計算の効力

(1) 交互計算不可分の原則―消極的効力

交互計算は，一定期間の継続的取引から生じた債権債務を一括して決済することを目的とする。そのため，交互計算の期間内に生じた債権債務は，その独立性および個性を喪失し，1つの不可分な全体に融合することで，当事者は，任意に譲渡や質入れなどの個別的な処分に付すことができなくなる。時効の進行や債務者の履行遅滞も生じない。このように個々の債権が機能を喪失し，一体化されることを交互計算不可分の原則という。もっとも，売買代金債権のように，交互計算に組み入れられた債権の同一性まで喪失するものではないため，交互計算に組み入れられた後も，当該債権

は売買代金債権であるので，当該債権の存在の確認を求める訴訟を提起することは可能である。

交互計算不可分の原則から，交互計算に組み入れられた個々の債権は，譲渡や質入れなどの処分を行うことができなくなる。そのため，この制限に違反した譲渡等については，第三者に対して，どのような効力が生じるのかが問題となる。つまり，交互計算不可分の原則は，交互計算の当事者の間でのみ妥当するのであって，善意の第三者には対抗できないのではないかという問題である。考え方としては，このような立場に基づき，当事者が任意に交互計算に組み入れられた債権を処分した場合であっても，交互計算に基づく制限は，当事者間の契約関係を基礎に善意の第三者に対してその制限を対抗できず，当事者間で損害賠償を生じるにすぎないという見解がある。

これに対し，交互計算は商法上１つの「制度」であることを前提に，当事者が交互計算不可分の原則に違反して，交互計算に組み入れられた債権を譲渡等した場合であっても，交互計算の期間中は，当該債権は性質上譲渡等できないものであり（民466条１項但書），第三者の善意・悪意を問わず，譲渡等は無効であり，各債権の差押えもできないと解する立場もある。判例では，後者の見解のように，交互計算に組み入れられた債権に対する差押えの場合につき，これを無効であると解している（大判昭和11年３月11日民集15巻４号320頁）。もっとも，そうであれば事実上，対抗要件を備えることなく，当事者間の合意のみで差押禁止財産の創設を認めることになるのではないかとの批判もある。

> **争点** 交互計算に組み入れられた債権の差押え
>
> 前掲の大判昭和11年３月11日民集15巻４号320頁は，「Ｙ会社は，Ａ所有の店舗においてＡと共同事業を営んでおり，両者の間で洋服部門の売上高の分配などについて約定し，前月26日から当月10日までを交互計算期間として，その間の債権債務を相殺する交互計算契約を締結していたところ，Ａの債権者Ｘは，Ｙ・Ａ間の取引によるＡのＹに対する債権を差し押さえて，転付命令を受けたため，ＸがＹに対して支払いを求めて訴えを提起した」

という事案であった。

　これに対して，裁判所は，「交互計算契約が存続する限り，当事者間での その後の取引から生じる債権債務は，当事者間での相殺の方法によっての み決済されるべき運命にあり，当事者が交互計算に組み入れられた債権の うち，ある債権だけを取立てのために任意に交互計算から除去したり，譲 渡することはできないので，交互計算に組み入れられた各個の債権につい ては，その譲渡性がない以上は当該債権を差し押さえることはできない」 と判示した。

(2) 積極的効力

　交互計算の期間が満了すると，組み入れられた債権債務の総額について 一括相殺が行われ，その差額が残額債権に更改される。残額債権は，当事 者が個々の債権債務の項目を記載した計算書を作成して相互に承認した場 合に確定し，承認後は当該記載に錯誤または脱漏があった場合を除き，各 項目について異議を述べることができない（商532条）。計算間違いがあっ ても，承認した以上は残額債権を争えない。もっとも，錯誤または脱漏が ある場合に異議を述べることができることの効果については，残額債権の 確定を争えることを意味するのではなく，交互計算の外で不当利得返還請 求権（民703条）が認められることを意味すると解するのが通説である。 計算書の承認行為自体に錯誤，詐欺，強迫があれば，民法の一般原則に従 い当該承認行為の取消しを主張することは可能である。このように，計算 書の承認によって内容の更改的効力を発生させるのが，積極的効力である。

　次に，交互計算では，残額債権が新たに更改（民513条）によって生じ るので，個々の債権について付着していた担保や保証は，原則として引き 継がれず，残額債権に移転しない（民518条参照）。消滅時効も新たに進行 する。相殺によって生じた残額債権の法定利息は，計算の閉鎖の日以後に 請求できるが（商533条1項），組み入れられた個々の債権について利息が 付されていた場合は，組入れの日から利息を付すことが認められる（商 533条2項）。このように，更改的効力からさまざまな効果が認められる。

4　交互計算の終了

　交互計算契約は，その存続期間の満了，その他の契約の一般終了原因によって終了するほか，当該契約は，当事者相互の信用を基礎とするので，各当事者は，いつでも交互計算を解除でき，解除した場合は，直ちに計算を閉鎖して，残額の支払いを請求することができる（商534条）。信用状態の変化に基づき，当事者の一方が破産手続（破59条1項），民事再生手続（民事再生51条）あるいは会社更生手続（会社更生63条）を開始した場合も，交互計算は終了する。

　交互計算契約の終了と交互計算の期間満了とは意味合いが異なる。終了の場合は，交互計算契約自体の終了を意味するのに対し，期間満了の場合は，債権債務の総額を一括相殺するための相殺期間が到来し，これによって残額が確定することを意味するにすぎず，当然に交互計算契約自体が終了するものではない。交互計算契約が終了すれば，計算は閉鎖され，計算書の承認を経ることなく，残額債権が成立する。

5　ネッティング（差額決済）

　債権・債務を差引計算し，その差額を決済する方法として，実務上いわゆるネッティング（netting）という制度も利用される。ネッティングには，①A銀行とB銀行とが履行期を同じくする複数の債権債務を有する場合に，履行期が到来して履行を行う際に，互いの債権債務を差し引きして，その差額のみの履行を行うことを取り決める場合（ペイメント・ネッティング），②AとBとの間に履行期を同じくする複数の債権債務が発生するような場合に，新たな債権の発生のたびごとに，履行期の到来を待たずに，債権債務の差引きを行い，当該履行期に履行すべき債権を一本としておくことを取り決める場合（ノベーション・ネッティング，またはオブリゲーション・ネッティング），③AまたはBのいずれかに一定の事由（破産や会社更生手続の申立て等，信用力の悪化に関係する事由であるのが通常）が発生した場合

に，一定範囲の取引から生ずる債権債務について，履行期や通貨等を異にするすべての債権債務について差引きを行い，一本の債権とすることを取り決める場合（クローズアウト・ネッティング）がある。

確認事項▮交互計算
(1) 交互計算の意義
(2) 交互計算の要件
(3) 交互計算の効力
　① 交互計算不可分の原則―消極的効力
　② 積極的効力
(4) 交互計算の終了

チェックポイント――――――――――――――――――――
(1) 交互計算とは何か，論じなさい。
(2) 交互計算にはどのような効力があるか，論じなさい。
(3) ネッティングとはどのような制度か，論じなさい。

第2節　有価証券制度

1　有価証券の制度

　有価証券とは，財産的価値がある権利または法律上の地位を表象する証券のことをいい，権利を譲渡する場合にはこの証券の移転を必要とし，権利を行使する場合にも，この証券の呈示を必要とすることで，無形の権利関係を有形化しかつ換価と譲渡を容易にするものである。権利を証券に結合させることで，権利の流通ならびに行使が円滑に処理される利点がある。もっとも，有価証券の定義を議論することに，現在，それほど大きな実益があるわけではない。有価証券には，後述する手形・小切手のほか，倉荷証券（商600条以下）や船荷証券（商757条以下），株券（会社214条以下）等がある。民法にも，有価証券につき，指図証券，記名式所持人払証券，そ

の他の記名証券，無記名証券に関する規定があるが（民520条の2～520条の20），これらは権利そのものを中心とする考え方に立っている。

2 有価証券の分類

(1) 記名証券・指図証券

記名証券とは，証券上に特定の者が権利者として指定され，債務者がこの権利者に対して給付し，裏書交付による譲渡ができない証券をいうのに対し，指図証券とは，証券上に記載された特定の者が権利者として裏書によって譲渡できる証券（手形，小切手，倉荷証券，船荷証券）のことをいう。権利の指定方法上の分類である。記名証券は，民法上の譲渡方法および債権譲渡の効力をもって譲渡でき（民467条），証券上の権利の譲渡に際しては，証券自体の交付が必要である。指図証券の典型例は手形であり，手形は法律上当然の指図証券である（手11条1項）。指図証券の譲渡は，譲渡人が裏書署名して譲受人に証券を交付するだけで足り，裏書の連続する証券の所持人は，適法な所持人と推定される（民520条の4。もっとも，手16条1項では，適法な所持人とみなされる）。

(2) 無記名証券

証券上に特定の権利者の指定がなく，証券の所持人が権利を行使でき，証券の交付だけで譲渡できる証券をいう。持参人払証券などともいい，持参人払式の小切手（小5条1項3号）が典型である。株券は記名式であるとはいえ，株券の交付によって譲渡できるので（会社128条1項本文），株券には無記名証券の性質がある。

(3) 有因（要因）証券・無因証券

証券に表章された権利が当該証券の作成の原因となった法律関係から切り離され，当該原因となった法律関係の有無や消長の影響を受けるものを有因証券といい，反対にその影響を受けないものを無因証券という。有因証券の典型例は株券であり，無因証券の典型例が手形・小切手である。無

因証券性については，具体的には，買主Aと売主Bとの間で売買契約が締結され，AかBに約束手形が振り出された場合，たとえA・B間での売買契約がBの債務不履行などによって解除されたとしても，振り出された手形は無効にならないというように説明される。それゆえ，無因証券を取得する者は，いわば証券自体の有効性にだけ着目すればよいことになる。

(4) **文言証券・非文言証券**

文言証券とは，証券上の権利の内容が証券上の記載によって定まる場合をいい，反対に非文言証券とは，その内容が証券外の法律関係によって実質的に定まる場合をいう。手形・小切手は，無因証券であると同時に，文言証券でもある。

(5) **設権証券・非設権証券**

証券を作成してはじめて証券に表章された権利が発生するものを設権証券といい，そうではなく，証券の作成に関係なく権利が存在し，既存の権利を証券に表章させるにすぎないものを非設権証券という。手形・小切手は設権証券であり，手形・小切手の作成によってはじめて手形・小切手上の権利が発生する。非設権証券の典型例は株券であり，株主としての権利は株券作成前にすでに存在し，その株主の権利が株券に表章されるにすぎない。

(6) **受戻証券・非受戻証券**

債務者が証券と引換えでなければ，債務が履行されない場合が受戻証券であり，そうでない場合が非受戻証券である。受戻証券性は，債務者の二重弁済の危険性を除去することが目的である。

確認事項■有価証券の分類
① 記名証券・指図証券
② 無記名証券
③ 有因（要因）証券・無因証券
④ 文言証券・非文言証券

⑤ 設権証券・非設権証券
⑥ 受戻証券・非受戻証券

3　有価証券の譲渡方法と権利行使

(1)　譲渡方法

　持参人払式小切手のように，証券に特定人が権利者として記載されず，その所持人が権利者となる無記名証券の場合には，その譲渡は，当事者間での譲渡の合意と，たんなる証券の交付で行われる。しかし，記名証券の場合における譲渡は，前述のように，民法上の債権の譲渡方法（当事者間の意思表示）と債権譲渡の効力（対抗要件である債務者に対する通知または債務者の承諾）をもって行われる（民467条1項）。証券は交付される必要がある。これに対して，手形・小切手のような指図証券の譲渡は，裏書の方法による（手11条1項・77条1項1号，小14条1項，民520条の2）。裏書は，通常の場合，証券の裏面で行われ，裏書をして証券を譲受人に交付することで証券上の権利が移転する。

(2)　権利行使

　債務は，民法上，持参債務が原則であるが（民484条後段），指図証券の弁済は，債務者の現在の住所でする取立債務である（民520条の8）。指図証券は，債務者が関知せずに譲渡されるので，債務者が，誰が債権者であるかを知るのが困難であるからである。

　また，指図証券の債務者は，その債務の履行について期限の定めがあるときであっても，その期限が到来した後に所持人がその証券を提示して，その履行の請求をした時から遅滞の責任を負う（民520条の9）。前述のように，指図証券の債務者は，債務者が知らない間に譲渡されるので，誰が当該証券の履行期に所持人であるかを知るのは困難である。そのため，所持人には債務者に証券を呈示して履行を請求させたほうがよい（取立債務）。したがって，証券の呈示がなければ債務を履行しなくてもよい（呈示証

性)，証券の呈示があってはじめて証券と引換えに債務が履行される（受戻証券性)。

4　有価証券の喪失

　有価証券の喪失者は，証券に表示された義務の履行地（手形・小切手の場合はその支払地）を管轄する簡易裁判所において公示催告を申し立てることができる（非訟114条・115条)。これを有価証券無効宣言公示催告制度という。除権決定によって，当該有価証券は無効と宣言されるので（非訟118条1項)，その後は善意取得のおそれも生じなくなり，公示催告を申し立てた所持人は，当該証券を有しなくても，証券上の権利を主張することができる（非訟118条2項)。

　もっとも，金銭その他の物または有価証券の給付を目的とする有価証券の所持人が，その有価証券を喪失した場合において公示催告の申立（非訟114条）をしたときは，その債務者に対し，債務の目的物を供託させるか，または相当の担保を供して，その有価証券の趣旨に従い履行をさせることができる（民520条の12)。公示催告から除権判決まで，その期間は相当の長さに及ぶので（最低2か月。非訟103条)，その間に債務者の資力が悪化する可能性や目的物が滅失・損傷のおそれがあるためである。ただし，株券の場合は，このような公示催告制度の適用はない（会社233条)。会社法上，株券喪失登録制度が用意されているからである（会社221条～232条)。

5　各種の有価証券

(1)　約束手形・為替手形

　買主が売買の目的物の引渡しを受けた場合，買主は，代金の支払いのため，売主に対し約束手形を振り出すことがある。約束手形とは，振出人自身が一定の金額の支払いを約束する支払約束証券のことをいう（手75条2号参照)。このような目的物の売買の場合に振り出される手形を，実際の商取引の裏づけがあることから商業手形といい，反対に商取引の裏づけが

なく，金融を受けさせるために振り出される手形のことを，融通手形という。また，為替手形とは，振出人が支払人に宛てて一定の金額の支払いを委託する支払委託証券のことをいい（手1条2号参照），とくに現金の輸送に伴う不便を取り除くために国際間の送金に利用されるが，実際はほとんど利用されていない。

　手形は，(a)手形に記載された者またはその者が指図する者を権利者とし，その指図は裏書によって行われるので，法律上当然の指図証券である（手77条1項1号→11条1項）。また，手形には，(b)手形の記載事項が法定され，その記載を欠けば手形としての効力が生じないという要式証券性（手1条・2条・75条・76条），(c)手形に表章される権利は手形の作成によってはじめて発生するという設権証券性，(d)売買契約のような原因債務とは別個の債務が成立する，すなわち，原因債務の不存在，無効・取消しは手形債務に影響しないという無因証券性（手1条2号・75条2号・17条参照），(e)所持人が手形に記載されている権利を行使するには，債務者に手形を呈示する必要があるという呈示証券性（手77条1項3号→38条），(f)手形上の債務は手形と引換えによってのみ履行されるという受戻証券性（手77条1項3号→39条）の各性質を有するほか，(g)手形上の法律関係は，もっぱら手形上の記載によって決まり，手形に記載されている内容が手形外の実質関係と異なる場合でも，手形上の法律関係はその実質関係によって修正されることがないという文言証券性もある。

(2) 小切手

　小切手は，振出人が第三者である銀行を支払人とし，この支払銀行に宛てて証券の適法な所持人に対し，証券に記載された一定の金額の支払いを委託するものである。したがって，為替手形と同様に，支払委託証券の性質を有する（小1条2号）。小切手も，手形と同様に，(a)法律上当然の指図証券であるほか（小14条1項），(b)小切手の記載事項が法定されているので，要式証券性を有し（小1条），(c)小切手に表章される権利は小切手の作成によってはじめて発生し（設権証券性），(d)小切手上の権利は，原因関係の無効・取消しによってその効力に影響を受けず（無因証券性〔小1条2号・

22条〕），(e)債務者に小切手を呈示する必要があるほか（呈示証券性〔小29条1項〕），(f)小切手と引換えによってのみ，小切手上の債務が履行され（受戻証券性〔小46条〕），(g)小切手上の法律関係も，もっぱら小切手上の記載によって決まる（文言証券性）。

(3) 株 券

　株式会社は，その株式に係る株券を発行する旨を定款で定めることができる（会社214条）。この場合の株券は，会社に対する株主の地位を表象する有価証券である。株主は，その有する株式につき，剰余金の配当を受ける権利，残余財産の分配を受ける権利および株主総会における議決権のほか，会社法上認められた権利を有するが（会社105条1項），そのすべての株主の権利が一体として株券に表章される。もっとも，このような株券の発行は，定款で定めた場合に限られることから，株券が発行されないのが原則である。上場会社のように，発行する株式に対し高度な流通性が認められる必要がある会社は，社債等振替法の適用を受ける振替制度が利用されるので，株券のペーパーレス化が実現されている。これにより，上場株式等については株券が発行されず，株式に関する権利の帰属も，振替機関・口座管理機関によって作成される振替口座の記載・記録によって定められる。

　株券に記載すべき事項は，株券発行会社の商号等が法定されているので（会社216条），要式証券であるが，その1つでも欠ければ効力が生じないほど厳格ではない。また，すでに成立している権利（株式）が結合されたにすぎず，その発行によって権利が創設されるものではないので，非設権証券である。たとえ事実と異なる記載がなされても，当然に記載どおりの効力が生じるわけではない（有因証券性を有するが，文言証券性を有しない）。さらに，権利内容が有価証券に記載されるものではないので，株券は文言証券性を有しない。

(4) 社債券

　社債とは，会社が行う割当てにより発生する当該会社を債務者とする金

銭債権であって，募集社債に関する事項（会社676条各号）の定めに従い償還されるものをいい（会社 2 条23号），社債券は，その社債契約上の権利が表章される有価証券である。社債券も，株券と同様に，社債発行会社の商号等，記載すべき事項が法定されているので（会社697条），要式証券である。いわゆる利札（クーポン）も付すことができる（同条 2 項）。社債券には，記名式（会社681条 4 号）および無記名式（同号括弧書き）があるが，わが国で発行される社債のほとんどは無記名式である。社債も社債券として発行される場合には，株式の場合と同様，振替社債として発行することができない（社債振替67条 1 項）。なお，株式会社に対して行使することにより当該株式会社の株式の交付を受けることができる権利を新株予約権というが（会社 2 条21号），社債にこの新株予約権を付した新株予約権付社債（会社 2 条22号）が発行されることもある。

　社債券は，会社の商号など記載事項が法定された要式証券であるとともに（会社697条 1 項。なお，976条15号参照），すでに成立した社債契約上の権利を表象する有因証券であるので，社債契約が無効であれば，社債券も無効になり，その発行によって権利が創設されるものではないので，非設権証券である。

(5)　倉荷証券

　倉庫営業者が寄託物の保管を証明するとともに，証券の所持人に対して証券と引換えに寄託物を返還する債務を表章する有価証券である（商613条参照）。倉荷証券は，(a)指図証券性を有し（商606条），(b)寄託物の種類や品質等の記載が必要であるので，要因証券性および要式証券性を有し（商601条），かつ(c)倉荷証券と引換えに寄託物の返還を請求できるので，受戻証券性も有する（商613条）。さらに，(d)倉荷証券の記載が事実と異なることを善意の所持人に対抗できないことから，文言証券性を有するとともに（商604条），(e)寄託物の処分は倉荷証券をもって行われ，かつ倉荷証券の引渡しは寄託物の引渡しと同一の効力を有するので，処分証券性・引渡証券性（商605条・607条）を有する。実際上は倉荷証券の利用よりも，寄託物の引渡しを指図するために荷渡指図書が利用される場合が多い。

(6) 船荷証券

　船荷証券は，運送人に対する運送品の返還請求権を表象する有価証券である。証券上の権利の行使および移転には，この証券の交付が必要になる。船荷証券は，(a)指図証券性を有するほか（商762条），船荷証券には，(b)運送品の種類等，船荷証券の記載事項が法定されていること（要式証券性〔商758条〕），(c)運送品引渡請求権は，運送品が運送契約に基づき荷送人から運送人に交付されたときに発生し，証券外で発生した既存の運送契約を原因関係とする証券であること（非設権証券性・要因証券性），(d)船荷証券と引換えでなければ運送品の引渡しを請求できないこと（受戻証券性〔商764条〕），(e)船荷証券の記載が事実と異なることを善意の所持人に対抗できないことから，文言証券性を有すること（文言証券性〔商760条〕），(f)運送品に関する処分は船荷証券をもって行われること（処分証券性〔商761条〕），(g)船荷証券を引き渡した場合は，その引渡しは，運送品の上に行使する権利の取得につき運送品の引渡しと同一の効力を有すること（引渡証券性〔商763条〕）という各性質がある。

チェックポイント ―――――――――――――――――

　(1)　商法上，有価証券にはどのようなものがあるか，論じなさい。
　(2)　商法上の各有価証券につき，どのような性質があるか，論じなさい。

■ 第5講

企業取引を補助する者

　物品を安く仕入れて高く売るという商業の原初的形態（商501条1号）は，経済の発達に伴って分業を進展させつつ，他方で，この形態（いわゆる「固有の商」）を補助する者を必要とさせた。このような補助者には，商人に従属して企業内部で補助する者（支配人や使用人の商業使用人）と，商人の補助をみずからの営業とし，企業外部で商人を補助する者（代理商，仲立人，運送取扱人の補助商）があげられるが，本講では，このような企業取引の補助者のうち，後者の企業外補助者を取り上げて，その意義を検討する。

第1節　代理商

1　代理商制度

　代理商とは，一定の商人（以下，会社も含めて商人とする）のために平常その営業の部類に属する取引の代理または媒介をなす者で，その商人の使用人でないものをいう（商27条，会社16条）。もともと代理商は，行商に出た商業使用人がその場所に定住し，独立の商人になったことに始まるとされる。商人が広範な地域にわたり，新たな商路を拡大する場合，その地方の事情に通じた信用ある者を代理商として利用すれば，取引ごとに一定の手数料を支払って，業績をあげるほうが簡便であろう。もちろん，その結果の成否につき危険を負わずに済むという利点もある。19世紀後半に経済上非常に利用されるようになった。

　代理商は，一般に商品の販売の代理または媒介を継続的に行う独立した商人であり，商品やサービスの供給者と代理商との間の契約は，締約代理

としての委任契約か、あるいは媒介代理としての準委任契約によって行われるのが通例である。この場合に締約を行う代理商が「締約代理商」であり、媒介を行う代理商が「媒介代理商」である。締約代理商には、損害保険会社のために損害保険契約の締結の代理を行う損害保険代理店、旅行業者のために旅行者と契約の締結を代理する旅行業代理店などがあり、媒介代理商の例としては、損害保険会社のために海上保険契約の媒介を行う保険代理店などがある。もっとも、代理店の名称を付した者が必ずしも商法や会社法上の代理商を意味するとは限らないため、代理商であるかどうかの判断は、その実質に着目して行われる。代理商は代理または媒介を引き受けることを業とする者であるので、それ自体独立の商人である（商502条11号・12号・4条1項）。

【締約代理商と媒介代理商】

	締約代理商	媒介代理商
行為の種類	取引の代理（本人の代理人として第三者と契約を締結）	取引の媒介（本人と第三者との間で契約が成立するように仲介・斡旋・勧誘などを行う）
その例	・損害保険代理店（損害保険会社のために損害保険契約の締結の代理をなす場合） ・旅行業代理店業者（他の旅行業者のために旅行者との契約の締結を代理） ・海運代理店（船舶運航事業を営む運送人のために物品海上運送契約の締結を代理） ・航空運送代理店（航空運送事業者のために航空運送契約の締結を代理）	・保険代理店（損害保険会社のために海上保険契約の媒介をする） ・金融商品仲介業者（証券会社と顧客との間における有価証券の売買の媒介〔金商2条11号〕）

　代理商は、一定の商人のために平常その営業を補助する者である。そのため、代理商は、問屋や仲立人のように不特定多数の者を補助する者とは異なり、一定の商人のために営業を補助する。本人は独立の商人である必要があり、企業内部の補助者である商業使用人とも異なる。本人が商人でない場合の代理商は、民事代理商である。

【商業使用人と代理商との相違】

	商業使用人	代理商
主体	自然人に限定	法人でもよい
報酬の性質	定額の俸給	手数料
本人との契約	1人の商人のために営業を補助	数人の商人と代理商契約の締結が可能
本人との法律関係	雇用契約（本人たる商人に従属）	委任または準委任契約（商行為の媒介または代理の引受けを業とする独立の商人）
営業所の所有関係	営業主の営業所において活動する	自己の営業所を有する
営業費用の分担関係	自ら営業費用を負担しない	自ら営業費用を負担
独立の商号・商業帳簿の有無	なし	あり

2 代理商の権利義務関係（代理商と本人との内部関係：代理商契約）

　本人と代理商との間では，代理商契約が締結されるので，権利義務関係は，基本的に代理商契約に従う。もっとも，代理商契約は締約代理商の場合には委任契約（法律行為の委託），媒介代理商の場合には準委任契約（法律行為でない事務の委託）であるので，民法・商法の一般規定（民643条以下，商505条）の適用・準用を受ける。そのため，代理商が善良なる管理者の注意をもって事務を処理する義務（善管注意義務）を負う（民644条・656条）。それ以外に商法は，次の特別な規定を定めている。

(1) 通知義務
　民法上も受任者による報告義務の定めがあるが（民645条），この義務は委任者の請求があるときに生じるものにすぎないので，当該義務を強化するため，代理商が取引の代理または媒介をしたときは，遅滞なく，本人に

対してその旨の通知を発しなければならないと規定する（商27条，会社16条）。通知義務を怠ったために，本人に損害が生じた場合には，代理商はその損害に対して賠償責任を負う（大判昭和10年2月28日判決全集2輯15号31頁）。

(2)　競業避止義務

　代理商は，本人の許可を受けなければ，自己または第三者のために本人の営業・事業の部類に属する取引をすること，その本人の営業・事業と同種の営業・事業を行う会社の取締役，執行役または業務を執行する社員となることができない（商28条1項，会社17条1項）。これは，本人の営業・事業を継続的に補助する代理商が，本人の営業・事業に関して知ることができた知識を利用し，自己または第三者の利益を図ることを防止するためにほかならない。もっとも，禁止の範囲は競業行為に限定されるため，職務への専念も要求される支配人の場合の競業避止義務と比較すると，その範囲は狭い。代理商がこの義務に違反した場合には，当該行為によって代理商または第三者が得た利益の額が本人に生じた損害の額と推定される（商28条2項，会社17条2項）。

(3)　留置権

　留置権とは，他人の物の占有者がその物に関して生じた債権を有する場合に，その債権の弁済を受けるまで，その物を留置できる権利のことをいう（民295条1項）。代理商は，このような民事留置権や商事留置権（商521条）のほか，さらに固有の留置権も有している（商31条，会社20条）。すなわち，当事者が別段の意思表示をした場合を除き，代理商は，手数料やその他の報酬請求権のように，取引の代理または媒介をしたことによって生じた債権の弁済期が到来している場合には，その弁済を受けるまで，会社のために当該代理商が占有する物または有価証券を留置できるのである。これを代理商の留置権という。代理商の留置権は，本人と継続的な関係にある代理商の保護のために認められたものである。そのため，本人との継続的関係から留置の目的物に関して生じた債権（牽連性）である必要はな

い。さらに，代理商の業務の実情から，留置の目的物が債務者所有の物または有価証券であることも必要ないし，それらが債務者との商行為によって自己の占有に帰したことも必要ではない。

3　代理商と第三者との関係（対外関係）

　代理商の代理権の有無およびその範囲は，本人と代理商との間での代理商契約によって定まる。媒介代理商とは異なり，締約代理商の場合には，委託を受けた取引について第三者との間で契約締結の代理権を有するが，締約代理商が代理権を超えて行為をした場合において，表見代理（民110条等）が成立するのであれば，本人は第三者に対して責任を負うことになる。これに対し，媒介代理商は，第三者との間では取引を媒介する権限しか有しないので，代理権を有するものではない。もっとも，物品の販売またはその媒介の委託を受けた代理商については，代理権の授与がなくても，売買の目的物が種類，品質または数量に関して契約の内容に適合しないことまたはその他売買の履行に関して，通知を受ける権限を有する（商29条，会社18条，商526条2項）。これは，商人間の売買の場合，もともと買主に対し目的物の検査・通知義務が課せられるが（商526条），売主である代理商に通知の受領権限を付与することで，買主の便宜を図ったためである。

4　代理商関係の終了

　代理商契約は，委任または準委任の性質を有するので，委任者または受任者の死亡等，委任の一般的な終了原因（民653条・656条）によって終了する。ただし，商行為の委任に基づく代理権は本人（商人・会社）の死亡によって消滅しないことから（商506条），本人の死亡は代理商契約の終了原因にはならないとはいえ，代理商契約は本人の営業が存在することが前提であるので，本人の営業が解散や廃業などによって終了する場合には代理商契約も終了する。

　もっとも，民法では委任はいつでも解除できると規定するが（民651条

1項），代理商契約は継続的関係を有するので，当事者の一方的解除（解約告知）に関する特則が設けられている。すなわち，代理商契約の当事者が契約期間を定めなかった場合には，各当事者は2か月前に予告してその契約を解除できるとされるのである（商30条1項，会社19条1項）。民法のように，即時解除を認めるのは適切でないためである。もちろん，特約があれば，予告期間を短縮したり，排除することは可能である（横浜地判昭和50年5月28日判タ327号313頁）。ただし，「やむを得ない事由」があるときは，契約期間の定めの有無を問わず，各当事者はいつでも代理商契約を解除できる（商30条2項，会社19条2項）。たとえば代理商の競業避止義務違反や本人の手数料債務の不履行など，代理商契約を継続することが困難であると考えられる場合である。

確認事項 ■ 代理商
① 締約代理商と媒介代理商
② 代理商の権利義務関係（代理商と本人との内部関係：代理商契約）
　・通知義務（商27条，会社16条），競業避止義務（商28条1項，会社17条1項），留置権（商31条，会社20条）
③ 代理商と第三者との関係（対外関係）
④ 代理商関係の終了

チェックポイント
(1) 代理商とは，どのような商人をいうか，論じなさい。
(2) 代理商は，本人との間では，どのような権利義務関係にあるか，論じなさい。

第2節　仲立人

1　仲立人の制度・仲立契約

　仲立営業とは，他人間の商行為の媒介を引き受けることを目的とする営

業のことをいうが（商502条11号も参照），この営業を行う者のことを仲立人という（商543条）。仲立人は，もともと中世ヨーロッパの諸都市において公的地位の色彩が強い公職的独占的営業として著しい発展を見せたとされ，19世紀後半以降，次第に自由営業に推移し，今日では，具体的には外国為替取引を媒介する外国為替ブローカー，海上物品運送契約等の締結を媒介する海運仲立業者，旅行運送契約・宿泊契約の締結を媒介する旅行業者，商行為である不動産取引を媒介する不動産仲介業者（宅地建物取引業者）等が存在する。

　仲立契約とは，仲立人が，商行為の媒介を委託者から引き受けることによって成立する仲立人と委託者との間の契約をいう。仲立人は，あくまで商行為の媒介を行うので，商行為でない行為を媒介する場合については，講学上，民事仲立人として区別される。仲立契約は，特別の事情のない限り，双方的仲立契約と解されるので，委託者と仲立人との間の法律関係については準委任契約（民656条）として，民法の委任に関する規定が適用される。したがって，受託者である仲立人は，委託者のために契約の成立に尽力する義務を負い，委託者は，契約が成立した場合には，仲立人に報酬を支払う義務を負う。これに対し，委託者のために契約の成立に尽力する義務を負わないけれども，もしその尽力によって契約が成立した場合には，委託者は仲立人に報酬を支払う義務を負うことになるが，この場合の契約のことを一方的仲立契約という。前述のように，双方的仲立契約の性質は準委任であるのに対し，一方的仲立契約は，請負（民632条）に近い特殊の契約であると解されている。実際にわが国で行われている仲立契約は，一般的には双方的仲立契約である。

2　仲立人の義務

　仲立人は，一般的義務として善管注意義務を負うだけでなく，商法上紛争防止のための種々の義務が課されている。

(1) 一般的義務

　双方的仲立契約の場合，仲立人は委託者と準委任の関係に立つので，受託者としての仲立人は，委託者に対して，委任の本旨に従い善良な管理者の注意をもって媒介を行い，取引の成立に尽力すべき一般的義務を負う（民656条→644条）。したがって，仲立人は，成立する契約が支障なく履行され，委託者が契約の目的を達成できるものとなるよう注意を尽くさなければならない。これに対し，一方的仲立契約の場合には，その性質が準委任ではないので，仲立人が委託者に対して善良な管理者の注意をもって取引の成立に尽力すべき義務を負わない。しかし，仲立人が委託者のために媒介を行う以上は，一定の注意を尽くすことは当然であるので，その注意の程度は善良な管理者の注意と解される。

　また，仲立人は，両当事者の間に立ち媒介を行うという性質にかんがみ，仲立人は媒介を委託した一方当事者だけでなく，契約関係に立たない相手方である他方当事者にも公平誠実にその利益をはかる義務を負い，当事者間の後日の紛争の防止に努めなければならない。このような義務について商法上の明文規定はないが，仲立人がこのような義務を負うことを前提にするのは，委託関係に立たない相手方当事者に対しても，仲立人は報酬を請求できるからである（商550条2項）。

> **確認事項┃宅建業者の場合の特則**
> ① 取引の関係者に対して，信義・誠実に業務を行う義務（宅建業31条1項）。
> ② 媒介しようとする不動産の現況，権利関係や法令上の利用制限等について調査し委託者が損害を被らないように注意を尽くす義務（たとえば物件の権利関係の調査につき，東京地判昭和30年12月21日下民集6巻12号2645頁）。
> ③ 委託者に媒介しようとする不動産及び媒介契約に関する重要事項を記載した書面を交付する義務（宅建業34条の2）。
> ④ 媒介により成立する売買契約等の両当事者に対して契約成立までに不動産及び契約に関する重要事項の説明をする義務（宅建業35条）等。

(2) 当事者間の紛争防止のための義務

① 見本保管義務　仲立人がその媒介に係る行為について見本を受け取ったときは，その行為が完了するまで，見本を保管しなければならない

（商545条）。この義務は，目的物が見本と同一の品質を有することを担保する見本売買の仲立人に課せられるものであり，後日，当事者間に目的物の品質について紛争が生じた場合に証明を容易にするために認められる。したがって，仲立人は，後日の証明に必要な限りで保管すればよく，必ずしも受け取った見本の全部を保管する必要はない。見本を受け取った場合には，仲立人は，みずから見本を保管することも，自己の責任で他人に保管させることもできるが，買主の異議期間の経過，時効の完成，和解の成立など，目的物の品質について紛争が発生しないことが確実になるときまで，保管しなければならない。

② **結約書交付義務**　仲立人は，その媒介により当事者間に契約が成立したときは，遅滞なく「結約書」を作成し，各当事者の氏名または名称，当該行為（契約成立）の年月日およびその要領（目的物の名称・数量・品質，履行の方法・時期・場所など，契約内容の重要事項）を記載した書面を作成し，署名の後，これを各当事者に交付しなければならない（商546条1項）。ただし，各当事者の氏名または名称については，当事者がその氏名または名称を相手方に示さない旨を仲立人に命じた場合は，除かれる（商548条）。結約書により，契約成立の事実および契約内容が明らかにされ，当事者間の紛争の防止が期待されるが，結約書は，契約当事者間で作成される契約書とは異なり（両者を兼ねさせることは可能である），仲立人が作成する証拠書類にすぎず，契約の成立要件でもない。仲立人は，結約書の記載の内容の正確性について担保するとともに，契約当事者が記載の誤りによって損害を被った場合には，損害賠償責任を負う。

　期限付行為または条件付行為のように仲立人の媒介によって成立した契約が，直ちに履行をなすべきものでなければ，仲立人は，各当事者に交付した結約書に署名させた後に，これをその相手方に交付して，結約書の交換を行わなければならない（商546条2項）。当事者の一方が結約書を受領または結約書に署名しない場合には，仲立人は，遅滞なくその旨の通知を相手方当事者に発する必要がある（商546条3項）。なぜなら，この場合には，当事者の一方にその記載に異議があると考えられるので，相手方当事者に必要な措置を迅速にとる機会を与える必要があるからである。

③　帳簿（仲立人日記帳）作成・謄本交付義務　　仲立人は，後日の証拠のために他人間の取引を記載した帳簿を作成する必要がある。この帳簿には自己の媒介によって成立した契約の各当事者，その他結約書に記載すべき事項が記載され，かつ保存される（商547条1項）。結約書と異なり，当事者がその氏名または商号の黙秘を命じた場合であっても，仲立人は各当事者の氏名または名称を帳簿に記載しなければならない。各当事者は，帳簿そのものの閲覧請求権を有しないが，いつでもその帳簿中の関係部分の謄本の交付を請求することができる（商547条2項）。特別法上，帳簿の記載事項が法定されている場合もある（宅建業49条）。

④　当事者の氏名黙秘・介入義務　　当事者がその氏名または商号を相手方に示さないよう仲立人に命じたときは，仲立人は，結約書および帳簿の謄本にその氏名または名称を記載することができない（商548条）。なぜなら，当事者が自己の氏名や商号を隠して自己に有利に契約交渉を進めるという側面も否定できないからである。この義務は，媒介の委託当事者だけでなく，その相手方が黙秘を命じた場合にも発生する。

　また，仲立人は，当事者の一方の氏名または名称を相手方に示さなかったときは，相手方に対して，自ら履行する責任（介入義務）を負う（商549条）。当事者の一方が仲立人に対して，その氏名または名称の黙秘を命じたか否かを問わない。仲立人自身が契約当事者になるわけではないので，当然にその契約の履行の責任を負うものではないが，当事者の一方を匿名にした場合には，その相手方の保護を考慮する必要があるため，とくに仲立人に履行義務が課せられるのである。たとえ仲立人がこの義務を履行した場合であっても，問屋の介入権のように契約の当事者になるわけではないので，仲立人は，相手方に対して反対給付を求める権利を有しない。履行の責任を免れた匿名の当事者に対しては，仲立人は求償権を行使できるにすぎない。

3 仲立人の権利

(1) 報酬請求権

　たとえ特約がなくても，仲立人は，相当な報酬（仲立料）を請求することができる（商512条）。その場合，仲立人は，自己の媒介によって当事者間に契約が成立した場合に限り，仲立料を請求できる（成功報酬制〔商550条1項参照〕）。実際問題としては，たとえば不動産業者から相手方の紹介を受ける一方で，当事者間で契約の不成立を装って，あとで契約を締結する場合が生じうるが，これを後で知った業者には，当然に報酬請求権が付与されると解される（民130条参照）。この仲立料には，特約がない限り，媒介のために支出した費用も含まれるので，仲立人は仲立料とは別に費用の償還を請求することはできない。契約の成立が前提であるので，成立した契約に無効・取消事由があってはならず，また停止条件が付されている場合には，条件が成就しなければならない。成立した契約が仲立契約で定めたものと同一性を有し，かつ成立と媒介との間に因果関係がなければ，仲立人の媒介によって契約が成立したとはいえない。仲立人は，事由のいかんを問わず，契約が不成立の場合には，たとえ尽力したとしても報酬を請求できない。

> **争点　仲介業者を排除した直接取引**
>
> 　不動産の所有者がその売却の斡旋を不動産仲介業者に依頼した場合，特約のない限り，所有者自身も適当な買主を探して売却することを妨げられるものではない。しかし他方，売却の依頼を受けた不動産仲介業者が買主を探し出し，売主と買主との間で売買が成立するように努力している場合において，理由もなく，当事者間で不動産仲介業者を排除して直接売買契約を締結し，不動産仲介業者の仲介による売買の成立ではないとして，不動産仲介業者が報酬請求権を有しないとすれば，当該不動産仲介業者にとってはなはだ不当な結果になろう（最判昭和45年10月22日民集24巻11号1599頁）。それゆえ，学説・判例とも，報酬請求権を認めるべき場合があることについては一致している。しかし，その法的根拠および範囲については理論的な争いがあり，この問題については，業者を故意に除外して直接取引

をなしたことが停止条件の成就の妨害にあたるとし、業者は、民法130条により約定報酬を請求し得るという学説の有力な見解がある。

仲立料は、当事者双方が等しい割合（半額ずつ）で負担する（商550条2項）。これは、当事者間の内部的な負担関係を定めたものではなく、各当事者が仲立人の媒介の効果を平等に受けていることを根拠とするものである。したがって、仲立人は、特約がない限り、当事者双方に対して直接に仲立料を半額ずつ請求できる。相手方は、仲立人との間に委託契約がなくてもこの義務を負担する。なぜなら、仲立人は、委託者でない相手方に対しても公平にその利益を図るだけでなく、各種の紛争防止義務や氏名黙秘・介入義務を負うからにほかならず、商法上認められた特別の効果として発生するからである。他方、海運仲立業者や旅行業者等には、当事者の一方（物品運送業者、旅客運送業者・宿泊業者）から報酬の支払いを受ける慣行がある。

> ［争点］ **宅地建物取引業者の報酬請求権の成否**
>
> 　民事仲立人（とくに宅地建物取引業者）も、商法上の商人であるから（商502条11号・4条1項）、その営業の範囲内において他人のためにある行為をした場合、商法512条の規定により他人に対して相当の報酬を請求できる。しかし、特約がなければ、成立した契約の当事者双方から仲立料の半額ずつを請求できるとする商法550条2項についても、当然に民事仲立人に適用されるかについては、見解が分かれている。判例では、当初、A県がX（宅地建物取引業者）に土地の売買の媒介を委託した後、Xが売主であるYの代理人Bとの間でYの土地の売却を成立させたが、Yは、自らXに媒介を委託していないので、報酬支払義務はないと主張したという事実関係のもとにおいて、最高裁は、「Xは、Yの委託により、または同人のためにする意思をもって、本件売買の媒介をしたものではないのであるから、Yに対し商法512条の規定により右媒介につき報酬請求権を取得できるものではなく、また商法550条の規定の適用をみる余地はないものといわなければならない」と判旨した（最判昭和44年6月26日民集23巻7号1264頁）。また、その後も、不動産の売買取引仲介において、X1はY1（売主）から、X2はY2（買主）から、それぞれ仲介の委託を受けたが、価額の点で両当事

者が歩み寄らないので，X1およびX2とも斡旋を中止する一方，数か月後に，Y1およびY2は直接取引により売買契約を締結したという事実関係のもとにおいて，最高裁は，「宅地建物取引業者が委託を受けない相手方当事者に対し商法512条に基づく報酬請求権を取得するためには，客観的にみて，当該業者が相手方当事者のためにする意思をもって仲介行為をしたものと認められることを要し，単に委託者のためにする意思をもってした仲介行為によって契約が成立し，その仲介行為の反射的利益が相手方当事者にも及ぶというだけでは足りない」と判旨した（最判昭和50年12月26日民集29巻11号1890頁）。このことから，最高裁は，商法550条2項は，民事仲立人には適用されないと解している。

(2) 給付受領権

前述のように，仲立人は，契約当事者になるわけでも，当事者の代理人になるわけでもなく，契約の成立に尽力するという媒介行為を行うにすぎないので，別段の意思表示や慣習がない限り，その媒介により成立させた行為について当事者のために支払いその他の給付を受けることができない（商544条）。それゆえ，当事者は，仲立人に支払いその他の給付をしても免責されることはない。ただし，明示または黙示に別段の意思表示がある場合には，仲立人は，給付を受領する権限を有する。当事者が仲立人に自己の名称の黙秘を指示した場合には，当事者は，黙示的に仲立人に給付受領の権限を付与したものと解される。

確認事項┃仲立人

(1) 仲立人の制度
(2) 仲立人の義務
　① 一般的義務（民656条・644条）
　② 当事者間の紛争防止のための義務
　　・見本保管義務（商545条），結約書交付義務（商546条1項），帳簿（仲立人日記帳）作成・謄本交付義務（商547条），当事者の氏名黙秘・介入義務（商548条・549条）
(3) 仲立人の権利
　　・報酬請求権，給付受領権（商512条・550条・544条）

チェックポイント
(1) 仲立人とは、どのような商人をいうか、論じなさい。
(2) 売却の依頼を受けた不動産仲介業者が、買主を探し出し、売主と買主との間で売買が成立するように努力している場合において、理由もなく当事者間で不動産仲介業者を排除して直接売買契約を締結した場合、不動産仲介業者は報酬請求権を有するかどうか、論じなさい。
(3) 特約がなければ、成立した契約の当事者双方から仲立料の半額ずつを請求できるとする商法550条2項について、民事仲立人に適用されうるかどうか、論じなさい。

第3節　問屋

1　問屋制度

(1)　問屋の意義

　問屋（といや）とは、自己の名をもって他人のために物品の販売または買入れをすること（取次ぎ）を業とする者をいう（商551条）。この場合、「自己の名をもって」とは、問屋がみずから直接の行為の当事者となって、その行為から生じる権利義務の帰属主体となること、また「他人のために」とは、他人の計算（経済的損益の帰属主体）で行為することをいうのに対し、「取次ぎ」とは、自己の名をもって他人のために法律行為をなすことを引き受ける行為をいう（商502条11号参照）。問屋は取次業者の一類型であり、物品の販売または買入れを引き受けることで手数料の取得を業とする商人である。物品には、有価証券が含まれるが（株券に関する最判昭和32年5月30日民集11巻5号854頁）、不動産は含まれない。問屋の典型例が証券会社（金融商品取引法上の金融商品取引業者）であり、証券会社は顧客から売り注文・買い注文を受け、証券会社は自己の名をもって証券取引所等で証券の売買を行い、その場合の売買の経済的損益を顧客に帰属させる。すなわち、証券会社においてトヨタの株を1,000株買いたいと注文を

出す場合，証券会社は，自己（証券会社）の名で，市場で買い注文を出すが，その代金は顧客が支払うのである。このような問屋を利用することで，遠隔地での取引に便利であること，委託者は匿名でいられるので，真の契約当事者が誰であるかを知られずにすむこと，問屋の信用を利用できること，相手方も代理権の有無や資力について調査せずにすむこと，という利点が得られる。もっとも，たとえば広告やホテルの宿泊の取次ぎ等のように，物品の販売または買入れ以外の行為をすることを業とする者のことを，準問屋という（商558条）。

　問屋・準問屋は，自己の名をもって相手方と取引を行う取次ぎを業とする。その意味では，他人の名をもって行われる法律上の代理ではないが，委託者に対し経済的効果が帰属することから，間接代理という場合がある。また，本人の代理人として第三者と契約を締結する（取引の代理）締約代理商や，本人と第三者との間で契約が成立するように仲介・斡旋・勧誘などを行う（取引の媒介）媒介代理商，他人間の商行為の媒介を引き受ける仲立人とも異なる。他人である委託者は，非商人でも不特定人でもかまわない。

> **Point** 金融商品取引法上の証券会社の義務
>
> 　問屋は取次業者の一類型であり，物品の販売または買入れを引き受けることで手数料の取得を業とする商人であり，その典型例が証券会社（金融商品取引法上の金融商品取引業者）であることは，前述のとおりである。しかし，証券会社と投資家との間には，むしろ金融商品取引法や，証券取引所が取引の公正性・委託者保護のために定める受託契約準則（金商133条），業務規程（金商117条）が適用されるのが通常である。それゆえ，たとえば証券会社の義務については，①有価証券の売買等に関する投資家の注文に関して，最良の取引条件で執行するための方針・方法（最良執行方針等）が定められ（金商40条の2），②問屋の通知義務としてではなく，金融商品取引法所定の詳細な書面作成・交付義務（金商37条の4）が負わされる。指値遵守義務の場合の「指値」についても金融商品取引法の規制があり，たとえば③投資家が証券会社に売買注文を出す場合において値段を指示せず，その銘柄や数量等を証券会社に任せて注文を出す「一任勘定取引」の場合は，当該行為が投資

者の保護に欠け，取引の公正を害しまたは金融商品取引業等の信用を失墜させることとなることを防止するため十分な社内管理体制をあらかじめ整備していない状況に，証券会社の業務の運営状況が該当しないようにしなければならない（金商40条2号，金商業123条13号）。さらに，④投資家が指値に際して，指値よりも高ければ買付けを命じ，反対に指値よりも低ければ売付けを命じるところの「逆指値」は，何人も政令で定めるところに違反して，逆指値の委託をしてはならないと規定する（金商162条2号。もっとも，現在のところ当該政令は定められていない）。⑤履行担保義務については，投資家や取引当事者間の履行責任を担保するための信認金制度（金商114条）や，投資家に対する一定の補償を行う投資者保護基金制度（金商79条の20以下）がある。

(2) 問屋契約

① **問屋契約の性質**　問屋と委託者との間の問屋契約は，問屋の名で委託者の計算で物品の販売または買入れをなす旨の一種の委任契約の性質を有する（商552条2項→民643条）。商法では，問屋と委託者との間では，委任および代理に関する規定を準用するとの規定があるが（商552条2項），これは，委任の規定を適用し，代理の規定を準用する趣旨であると解される（最判昭和31年10月12日民集10巻10号1260頁）。代理の規定が準用されるので，問屋と委託者との関係では，売買の効果は当然に委託者に帰属するが，問屋が委託者の指図に従わないで売買した場合（無断売買）には（最判平成4年2月28日判時1417号64頁），委託者は売買の効果の帰属を拒否できると解される。

> 争点　**問屋による再委託**
>
> 前掲の最判昭和31年10月12日は，「青果物販売業者であるXが，青果物の委託販売を業とするA協同組合（商法上の問屋）に対し，西瓜の販売を委託したところ，西瓜はAと同様の問屋を業とする，名称も似通ったY協同組合に誤配されてしまった。Yは誤配されたことに気付いたが，Yはすでに西瓜の一部を販売してしまっていたので，AとY双方の協議の結果，Xから委託を受けたAがYに販売を再委託することにし，その結果，Yは西

> 瓜すべてを販売し終わった。このことから，XがYに対し委託売上代金を請求した」という事案であった。
> 　これに対して，裁判所は，「問屋と委託者との法律関係の本質は委任であり，商法552条2項が両者の間に委任および代理に関する規定を準用すると定めているのは，委任の規定を適用し，代理の規定を準用する趣旨であるところ，代理に関する規定のうち民法107条2項（平成29年改正民法106条2項）は，その本質が単なる委任であって代理権を伴わない問屋の性質に照らし，再委託の場合にはこれを準用すべきでない」と判示し，Xの請求を棄却した。

②　**売買の効果**　　問屋の法律関係は，問屋自身のほか，委託者と売買契約の相手方からなるので，商法上，次のように三者間の法律関係が調整されている。

　（イ）　**問屋と相手方**　　問屋は自己の名をもって相手方と売買契約を締結するので，問屋自身が売買契約の当事者として相手方に対し自ら権利を取得し，義務を負う（商552条1項）。したがって，問屋と相手方との関係は，通常の売買契約の当事者間の関係と同様である。たとえば売買の取消し原因となる錯誤・詐欺・強迫のように，もし売買の成立およびその効力に影響がある事情があれば，これはすべて問屋について決せられる（民101条1項・2項）。委託者の事情は考慮されない。もっとも，問屋が委託者の特別の指図に基づき売買契約を締結した場合には，委託者の悪意は問屋の悪意と同視される（民101条3項参照）。

　（ロ）　**委託者と相手方**　　原則として委託者と相手方には直接の法律関係が存在しないので，委託者は，問屋から相手方に対する権利の譲渡を受けない限り，直接に相手方に対して売買契約に基づく権利を行使できない。反対に，相手方も委託者が問屋の義務を引き受けない限り，直接に委託者に対して権利を行使できない。もし委託者が相手方の債務不履行によって損害を受けた場合には，契約当事者である問屋が自己の名をもって損害賠償を請求できる。

　（ハ）　**問屋と委託者**　　問屋は，自己の名をもって委託の実行として売買を行うので，当該売買契約の法律上の効果は問屋に帰属するが（商

552条1項)，委託者の計算で売買を行うので，その経済的効果は委託者に帰属する（法律的形式と経済的実質の乖離）。したがって，このような関係では，問屋が物品の売買に際して受領した売買代金や相手方から買い入れた売買の目的物は，いずれも委託者に引き渡されるまで，問屋に帰属するが，他方，委託者の計算で取得されたものであるので，経済的効果は委託者に帰属する。そのため，問屋は受け取った金銭その他の物を委託者に引き渡し，自己の名で取得した権利を委託者に移転する必要がある（商552条2項→民646条1項・2項）。

　もっとも，このような法律的形式と経済的実質の乖離から，問屋が破産した場合に委託者をどのように保護すべきかという問題が生じる。たとえば問屋が委託者から物品の買入委託を受けたが，委託者に対する目的物の引渡義務の履行の前に破産したような場合，その物品の所有権は，経済的実質に従えば委託者に帰属するが，法律的形式に従えば問屋に帰属する。したがって，問屋の権利は，破産財団に組み込まれ（商552条1項），売買契約が成立した以上は，委託者は問屋に報酬・立替金の支払義務を負うが，目的物自体について委託者は破産法上の取戻権（破62条）を有しない結果になる。そこで，判例では，「問屋が委託の実行として売買をした場合に，右売買によりその相手方に対して権利を取得するものは，問屋であって委託者ではない。しかし，その権利は委託者の計算において取得されたもので，これにつき実質的利益を有する者は委託者であり，かつ，問屋は，その性質上，自己の名においてではあるが，他人のために物品の販売または買入をなすを業とするものであることにかんがみれば，問屋の債権者は問屋が委託の実行としてした売買により取得した権利についてまでも自己の債権の一般的担保として期待すべきではないといわなければならない。されば，問屋が前記権利を取得した後これを委託者に移転しない間に破産した場合においては，委託者は右権利につき取戻権を行使しうるものと解するのが相当である」と判示された（最判昭和43年7月11日民集22巻7号1462頁）。本件は，証券会社が委託者のために委託者によって預託された金銭で取得した株券を，委託者に引き渡す前に破産宣告（破産手続開始決定）を受けた事案である。

2　問屋の義務

(1) 善管注意義務

　前述のように，問屋契約の性質は委任であるので，問屋は，委任の本旨に従い，善良な管理者の注意をもって売買契約を締結し（民644条），売買によって取得した物品または代金を委託者に引き渡す義務を負う（民646条）。目的物の保管や委託者に帰属する権利の保全などの措置も講じる必要がある。このような一般的義務のほか，次のような義務が問屋に課されている。

(2) 通知義務

　問屋が委託者のために物品の販売または買入れを行ったときは，問屋は遅滞なく委託者に対して，売買の内容等を定めた通知を発しなければならない（商557条→27条）。民法の規定（民645条）の特則として，取引の迅速性から委託者の請求がなくても通知する義務が課されているのである。

(3) 指値遵守義務

　問屋は善管注意義務を負うので，委託者の指図に従わなければならない。そのため，委託者が問屋に対し物品の売買を委託する場合において，一定の価格で売買すべき旨の指図をした場合（指値による売買の委託）には，問屋は当該指図に従い委任事務を処理することになる（指値遵守義務）。もし問屋が指値より安く販売し，逆に指値より高く買い入れた場合には，委託者はその売買の効果を自己に帰属させることを拒否できるが，問屋がみずからその差額を負担する場合，その場合の効力は委託者に対し発生する（商554条）。委託者の側では指値による売買と同等の経済的効果を得られるし，問屋の側でも差額を負担して報酬を得るほうが有利な場合があるからである。もっとも，常に差額を負担する義務まではなく，委託者の側でも問屋に対し差額を負担するよう要求できるものでもない。もし問屋が指値よりも有利な価格で売買した場合には，その利益はすべて委託者に帰属

することになるほか，このような指値遵守義務違反によって問屋が委託者に損害を与えた場合には，委託者に対して賠償義務を負う。

(4) 履行担保義務

委託者と相手方との間には直接の法律関係がないので，相手方が契約上の債務を履行しない場合には，委託者が直接に相手方に損害賠償請求を行うことはできない。そのため，問屋を信頼して物品の売買を委託した委託者を保護し，ひいては問屋制度の信頼を確保する目的から，相手方が問屋に対して負担する債務を履行しない場合には，別段の意思表示（問屋の手数料が低く定められている場合など）または慣習がある場合を除き，問屋は，委託者のためになした物品の売買について委託者に対しみずからその履行をする責任を負うこととされた（商553条）。これを履行担保義務といい，問屋の委託者に対する過失の有無を問わない法定の特別な担保責任である。この義務は，相手方が問屋に対して負担する債務と同一の内容のものであるので，問屋に対して主張できた相手方の抗弁は，問屋もまた委託者に対して主張できる。

> **確認事項 ▌問屋の義務**
> ① 善管注意義務（商552条2項，民644条）
> ② 通知義務（商557条→27条）
> ③ 指値遵守義務（民644条，商554条）
> ④ 履行担保義務（商553条）

3 問屋の権利

(1) 報酬請求権・費用償還請求権

問屋も商人であるので（商4条・502条11号），特約がない場合でも，委託者のためになした物品の売買については相当の報酬を請求できるほか（商512条），たとえば運送賃や関税，倉庫保管料等のように，委任事務の処理に必要であると認められる費用に対して前払い・償還を請求することができる（民649条・650条1項，商513条2項）。

(2) 留置権

このように問屋は委託者に対し報酬請求権・費用償還請求権を有するが，これらの債権を担保するために商法上，問屋に対し留置権が認められている（商557条→31条）。すなわち，問屋は，別段の意思表示がない限り，委託者のために物品の売買をなしたことによって生じた債権が弁済期にあるときは，弁済を受けるまで問屋が委託者のために占有する物または有価証券を留置できるのである。商行為により債権者の占有に帰したものでなくてもよく，留置物が債務者の所有でなくてもよいことから，商人間の留置権（商521条）よりも強力である。

(3) 自助売却権

買入委託を受けた問屋については，委託者がその買入物品の受領を拒み，または受け取ることができないときは，問屋はこれを供託し，または相当の期間を定めて催告した後に競売することができる（商556条→524条）。

(4) 介入権

問屋は委託者から物品の売買を委託されているので，問屋がみずから買主または売主となって契約を成立させることはできない。問屋と委託者との間で利益相反を生じ，問屋が委託者の利益を犠牲にして問屋自身の利益を優先させる危険があるためである。しかし，取引所の相場がある物品の売買の委託を受けた場合には，価格の面で委託者の利益が害されるおそれがないので，問屋はみずから買主または売主になることができる（商555条1項）。このように，問屋がみずから契約の相手方を兼ねることで契約を成立させる権利のことを介入権という。

問屋がこのような介入権を行使するには，前述のように売買の委託を受けた物品に取引所の相場があるほか，委託者が売買について特定の相手方を指定した場合のように，委託者が特約で介入を禁止する旨を示さないことも必要である。さらに，問屋がすでに委託の実行として第三者と売買契約を締結した後は介入の余地もなくなるので，問屋が第三者と売買契約を締結していないことも必要である。契約が締結された後は，当該契約上の

権利義務は，委託者に帰属するからである。

問屋の介入権は，形成権であるので，その行使は問屋が委託者に対し介入する旨の通知（一方的意思表示）によって行われる。この通知が委託者に到達したときに介入権の効果が生じる。介入の時期に関する定めはないが，適切な時期に介入することを要する。売買価格は，通知（介入の意思表示）を発した時の相場による（商555条1項後段）。介入権の行使により，問屋と委託者との間で売買契約が成立し，委託者に対し売主または買主としての権利義務を有するほか，報酬や費用償還を請求することができる（商555条2項）。

> **Point** 形成権
>
> 形成権とは，取消権や解除権，予約完結権等のように，権利者が一方的に法律関係を発生・変更・消滅させることができる，形成的作用を本質とした権利のことをいう。

確認事項■問屋の権利
① 報酬請求権・費用償還請求権（商512条・513条2項，民649条・650条1項）
② 留置権（商557条→31条）
③ 自助売却権（商556条→524条）
④ 介入権（商555条1項）

チェックポイント

(1) 問屋とは，どのような商人をいうか，論じなさい。
(2) 代理商，仲立人，問屋を比較して，その法的異同について論じなさい。
(3) 証券会社が委託者のために委託者によって預託された金銭で取得した株券を，委託者に引き渡す前に破産宣告（破産手続開始決定）を受けた場合，委託者は当該株券を破産法上の取戻権（破62条）に基づき取り戻すことができるか，論じなさい。

■ 第6講

物・人の移動と保管・宿泊

　物（物品）や人（旅客）の流れに運送は欠かせない。物や人を運ぶのが運送（一定の場所から他の場所への移動という事実行為）であり，その対象によって物品運送と旅客運送に分かれる。運送が行われる地域によっては，陸上運送・海上運送・航空運送にも分けられる。また，宅配便のような物品運送の場合には物品を保管するための倉庫が必要となる場合もあるし，人が出張や旅行をする場合には宿泊する施設も必要になる場合がある。

　このように考えると，運送の発達は，すでに経済の発展に不可欠なものとして組み込まれており，個人や企業にとっても，その受ける利益は計り知れない。本講では，このような企業取引形態のうち，まず，物や人の場所的移動である運送営業を取り上げ，次に，物流の担い手である倉庫営業と，旅客の宿泊の担い手である場屋営業に言及し，その意義を検討する。

I　物と人の移動

第1節　運送営業

1　運送取引の意義

　商事売買における売買の目的物は，売主から買主に届けられる必要がある。現代社会では売主である企業が，商品を全国販売していることも多いことを考えると，当該企業自身が小口の顧客にひとつひとつ物品を届けることは非効率であろう。さらに，企業が生産した商品を買主である他のメーカーに移転できなければ，生産の目的を達成できないし，小売業者も商品を消費者に届けることができなければ，販売目的を達成できない。こ

のことから，売主である企業は，自己の営業の補助のために，運送営業を利用する必要が生じてくる。

このような運送契約は，請負契約（民632条）の一種として理解されるが，請負契約における「仕事の完成」が物または人の場所的移動であることに特徴がある。また，運送契約は，運送人が物または人を運送することを約し，契約の相手方（荷送人・旅客）がその対価として運送賃を支払うことを約する諾成・不要式の契約である（商570条・589条）。

運送とは，ある一定の場所から他の一定の場所への物品または人の場所的移動を意味するので，たとえば汚物等の外洋投棄を目的とした搬送のように，たんにある一定の場所から他の広域の不定の場所へ物品を搬送する作業の場合は運送を意味しない。他方，一定の場所から他の一定の場所への場所的移動であれば，物品または人の移動の遠近を問わないし，水平の移動だけでなく，エレベーターによる搬送のような上下の移動も運送である。もっとも，同一室内での物品の移動のように，同一場所内での移動は運送ではない。運送に用いられる動力・用具・方法等も問わない。

2　各運送取引の法規整

(1)　陸上運送

陸上運送とは，陸上における物品または旅客の運送のことをいう（商569条2号）。商法第2編商行為のうち，第8章の運送営業（商569条〜594条）の規定が適用される（物品運送→商570条〜588条。旅客運送→商589条〜594条）。もっとも，現在では，運送に係る各約款（標準貨物自動車運送約款〔以下，「標準貨物約款」とする〕，標準宅配便運送約款，標準引越運送約款等）の普及により，商法の各規定が適用される余地は少ない。また，基本的に専用の通行空間がある鉄道や，鉄道であっても道路上に敷設される軌道による運送の場合は，鉄道事業法やこれに基づく鉄道運輸規程，軌道法などの特別法があり，商法上の各規定よりも，優先的にこれらの特別法が適用される。さらに，運送事業の公共性から，貨物自動車運送事業法，鉄道営業法，軌道法等にも，多数の行政上の取締法規が定められる。運送契約の

附合契約的性質から，一般公衆の利益保護のため，一定の運送事業の場合には，たとえば運送人による運送拒絶の不可（鉄営6条，道運13条等），旅客運賃等の認可（鉄事16条，道運9条等），運送約款の認可（道運11条，貨物自運10条等）等も定められる。

(2) 海上運送

　海上運送とは，商法684条に規定する船舶（商行為をする目的で航海の用に供する船舶〔商法747条の非航海船を含む〕）による物品または旅客の運送のことをいう（商569条3号）。商法第3編海商のうち，第3章の海上物品運送に関する特則（商737条～770条）の規定が適用されるが，商法の規定は，船積港と陸揚港の双方が日本国内である内航船（日本国内での航海に従事する船舶）によるものに適用されるのに対し，船積港と陸揚港の少なくとも一方が日本国外である外航船（国際航海に従事する船舶）には，国際海上物品運送法が適用される。国際海上物品運送法は，1924年の「船荷証券に関するある規則の統一のための国際条約（ハーグ・ルール）」と，その1968年の改正議定書（ヴィスビー・ルール）および1979年の改正議定書（SDR議定書）を批准して国内法化されたものである。運送が国境を越えて行われる場合には，運送に関する法規整の国際的な統一が必要であるからである。もっとも，国際的な海上物品運送契約については，ほかに運送人の責任が強化された1978年の「国際連合海上物品運送条約（ハンブルク・ルール）」も存在し，この条約はすでに発展途上国の支持を得て1992年に発効しているが，主要海運国は参加しておらず，また2008年には「その全部または一部が海上運送である国際物品運送契約に関する国際連合条約（ロッテルダム・ルール）」が成立したが，わが国はいまだ批准にいたっていない。そのほか，わが国の行政上の取締法規としては，たとえば海上運送法および内航海運業法が制定されている。これに対し，海上旅客運送に係る規律は，標準運送約款等に基づき当事者間の契約にゆだねられる。

(3) 航空運送

　航空運送とは，航空法2条1項に規定する航空機（人が乗って航空の用

に供することができる飛行機等）による物品または旅客の運送のことをいう（商569条4号）。商法上の規定は存在しない。たしかに行政上の取締法規である航空法が存在するが，国際航空運送に関する1929年の「国際航空運送についてのある規則の統一に関する国際条約（ワルソー条約）」を除き，私法的な規整があるわけではない。わが国も当該条約に加盟しているので，国際航空運送の場合に出発地と到達地が2つの締約国の領域にある運送，または出発地と到達地が単一の締約国の領域にあり，かつ予定寄航地が他の国の（…）地域にある運送（ワルソー条約1条2項）に対しては，当該条約が適用される。また，ワルソー条約に代わる新たな条約としてモントリオール条約が1999年に成立したが，この条約についてもわが国は2000年に批准しているので，いわゆる自動執行性を有する前述のワルソー条約（および1955年のハーグ改正ワルソー条約）ならびにモントリオール条約等に依拠することになる。実務では，これらの条約に依拠した航空運送約款（国際利用航空運送約款，国際運送約款等）の規制にゆだねられる。

【各運送の法規整】

		陸上運送		海上運送		航空運送
国内運送	物品	商法第2編第8章 第2節（570条〜588条）	物品	商法第3編第3章第1節・第2節（737条〜770条）	物品	なし
	旅客	商法第2編第8章 第3節（589条〜594条）	旅客	標準運送約款	旅客	なし
国際運送	物品	――――	物品	国際海上物品運送法	物品・旅客	ワルソー条約 モントリオール条約
	旅客	――――	旅客	標準運送約款		

3 各運送取引の形態

 前述のように，運送の対象に着目した場合，物品運送と旅客運送に大別され，さらに，その地域によって陸上・海上・航空の各運送に分類される。もっとも，地域によって分類するといっても，厳密な地理的分類に従うものではなく，陸上運送の場合には，地表に近接したロープウェーや地中を走行する地下鉄で運送する場合にも，陸上運送の概念に含まれよう。
 次に，海上運送は，個々の運送品を目的とする個品運送契約と（商737条1項），船舶の全部または一部を目的とする航海傭船契約（商748条1項）に大別される。個品運送契約とは，海上運送人が個々の物品の運送を引き受け，相手方である荷送人がこれに報酬（運送賃）を支払うことを約する契約をいうのに対し，航海傭船契約とは，海上運送人である船主が，船舶の全部または一部を提供し，これに船積みされた物品の運送を約し，相手方である傭船者（荷主）が報酬（傭船料）を支払うことを約する契約をいう。両者とも，典型的な海上物品運送契約である。個品運送契約では，個々の運送品それ自体が運送契約の目的とされるのに対し（商737条1項括弧書き），航海傭船契約では，船腹（船内スペース）の利用が運送契約の目的とされるので，船舶の個性が重視される。
 これに対して，航空運送には，航空法上，航空機を運行して営む事業上の分類として，他人の需要に応じ，航空機を使用して有償で貨物または旅客を運送する航空運送事業（航空2条18号）と，他人の需要に応じ，航空機を使用して有償で貨物または旅客の運送以外の行為の請負を行う航空機使用事業（航空2条21号）がある。さらに，前者の航空運送事業には，本邦内の地点と本邦外の地点との間または本邦外の各地間において行う国際航空運送事業（航空2条19号），および本邦内の各地間に路線を定めて一定の日時により航行する航空機により行う国内定期航空運送事業（航空2条20号）に分けられる。

第2節　物品運送契約―陸上運送

1　物品運送契約の締結

　陸上物品運送契約は，運送人（陸上運送の引受けをすることを業とする者。商569条1号参照）と荷送人（運送の委託者）との間で締結され，その際，運送人は，運送品を自己の保有・管理のもとで運送を行うことを約する。運送という仕事の完成が目的とされるので，請負契約（民632条）の性質を有する。物品運送契約の当事者は，運送人と荷送人であるが，荷送人は必ずしも運送品の所有者（荷主）である必要はない。物品運送の取次ぎがなされる場合には，運送取扱人が荷送人として委託者の計算で運送人との間で物品運送契約を締結する（商559条）。運送の目的地では，当該目的地で運送品の引渡しを受ける荷受人（荷送人と荷受人が同一である場合もある）が存在するが，荷受人は契約当事者ではない。物品運送契約は，運送契約に係る荷送人の申込みとこれに対する運送人の承諾によって成立するので，諾成契約であるとともに，様式が要求されないことから，送り状（商571条）がなくても契約は成立する。その意味では，送り状は契約書でも有価証券でもなく，たんなる証拠証券にすぎない。もっとも，鉄道・軌道による運送の場合は，その独占的性質から消費者保護のため，運送人は原則として運送契約の申込みに対して承諾を拒絶できない（鉄営6条，軌運程5条等）。

2　物品運送人の権利

(1)　運送品引渡請求権
　物品運送契約は諾成契約として，運送人が荷送人からある物品を受け取り，これを運送して荷受人に引き渡すことを約し，荷送人がその結果に対してその運送賃を支払うことを約することによって，その効力を生ずるの

で（商570条），運送人の側では，物品の受取りによってはじめて自己の債務を履行できる。このことから，運送人は物品運送契約に基づき荷送人に対し運送品を引き渡すよう請求できる。荷送人は，運送品の性質，重量，容積等，運送に適する状態で引き渡さなければならない（標準貨物約款11条）。これは，荷送人の義務であり，荷送人が遅滞なく運送品の引渡しをしない場合には，荷送人の債務不履行になる。

(2) **送り状交付請求権**

運送人は物品運送契約の成立後，荷送人に対し送り状の交付を請求できる（商571条1項）。送り状は，身近なところでは，たとえば宅配便を送る場合の記名用紙がこれに相当するものである。その性質は有価証券でも，物品運送契約の成立要件でもなく，証拠証券にすぎない（最判昭和30年1月27日民集9巻1号42頁では，鉄道による貨物の運送契約は荷送人において法定の運送状を提出しなければ成立しない，いわゆる要式契約であると断定できないとする）。運送人が送り状とともに運送品を到達地に送り，荷受人が送り状と照合して運送品を受け取るため，また運送人が運送契約上の債務の内容や範囲を知るために発行される。このことから，送り状には，運送品の種類・容積・重量または包もしくは個数・運送品の記号，荷造りの種類，荷送人および荷受人の氏名または商号，発送地および到達地が記載される（商571条1項1号～5号。なお，標準貨物約款8条1項6号では，送り状の作成地およびその作成の年月日が掲げられる）。送り状の交付を請求するかどうかは，運送人の任意であり，たとえ法定記載事項を欠いたとしても，記載の限度で送り状としての（証拠証券としての）効力を有する。荷送人が故意または過失によって，不実もしくは不備な記載がある送り状を交付した場合には，運送人はこれによって生じた損害の賠償を請求することができる（標準貨物約款43条2項）。荷送人は，送り状の交付に代えて，運送人の承諾を得て，送り状に記載すべき事項を電磁的方法によっても提供でき，この場合，荷送人は送り状を交付したものとみなされる（商571条2項）。

(3) 運送賃請求権・費用償還請求権

運送人は，特約がなくても，当然に運送賃の支払いを請求できる（商512条）。運送契約の請負としての性質上，後払いが原則（運送が完了した時）であるが（民633条，商573条1項），法令や特約によって前払いとされることも多い（標準貨物約款33条）。運送の途中で運送品の全部または一部が不可抗力により滅失したときは，運送人は運送賃を請求できず，すでに収めた運送賃は返還しなければならないが（商573条2項，標準貨物約款35条），運送品の滅失または損傷が荷送人の過失，運送品の性質もしくは瑕疵による場合は，運送人は運送賃の全額を請求できる（商573条3項）。運送賃や費用の支払義務者は，荷送人であるが，荷受人が運送品を受け取った場合は，運送人は荷受人にも運送賃・費用を請求できる（商581条3項。荷送人との不真正連帯債務）。運送人の荷送人または荷受人に対する債権の時効は，これを行使することができる時から1年である（商586条）。

(4) 留置権

運送人がいったん運送品を引き渡したならば，運送賃の請求が事実上不可能になり，必ずしも荷送人等に対する債権を回収できるとは限らない。そのため，運送品に関して受け取るべき運送賃や荷送人のために立て替えた費用など，被担保債権が弁済期にある場合には，運送人に対して運送品への留置権が認められる（商574条，標準貨物約款20条）。もっとも，民法上の留置権（民295条1項）と異なり，被担保債権が留置物と牽連関係のある債権のすべてではなく，運送品に関して発生した運送賃や立替金その他の費用のように一定の債権に限定される。

(5) 運送品の供託権・競売権

運送人は，荷受人の不明等によって確知できない場合，または荷受人が運送品の受取りを拒みまたはこれを受け取ることができない場合には，運送品を供託してその責任を免れることができる（商582条1項・583条前段，標準貨物約款24条）。供託すれば，運送人は，荷受人の不確知の場合は荷送人に対して，その他の場合には荷送人・荷受人に対して遅滞なく，その通

知を発する必要がある（商582条5項・583条後段，標準貨物約款24条2項）。荷受人不確知の場合には，運送人は荷送人に対して相当の期間を定めて運送品の処分に関して指図を求め，催告したにもかかわらず，荷送人が指図をしない場合には，運送品を競売することができる（商582条2項，標準貨物約款25条）。損傷その他の事由による価格の低落のおそれがある運送品については，荷送人に対する催告をしないで，競売に付すことができるが，この場合に運送品を競売に付したときは，運送人は，その代価を供託しなければならない（商582条3項・4項）。競売した場合にも，運送人は遅滞なく荷送人に対し通知を発しなければならない（商582条5項・583条後段，標準貨物約款25条2項）。競売代金は，供託する必要があるが，その全部または一部を運送賃および費用に充当して，債権の満足を受けることができる（商582条4項但書，標準貨物約款25条3項）。

> **確認事項** 標準貨物自動車運送約款（平成2年運輸省告示第575号，最終改正：平成26年国土交通省告示第49号）
> 標準貨物自動車運送約款上の運送人の各権利に係る該当規定も確認しよう。
>
> 　第8条（運送状等）荷送人は，次の事項を記載した運送状を署名又は記名捺印の上，一口ごとに提出しなければなりません。ただし，個人（事業として又は事業のために運送契約の当事者となる場合におけるものを除く。第32条第2項において同じ。）が荷送人である場合であって，当店がその必要がないと認めたときは，この限りではありません。
> 　　1　貨物の品名，品質及び重量又は容積並びにその荷造りの種類及び個数
> 　　2　集貨先及び配達先又は発送地及び到達地（団地，アパートその他高層建築物にあっては，その名称及び電話番号を含む。）
> 　　3　運送の扱種別
> 　　4　運賃，料金，燃料サーチャージ，有料道路利用料，立替金その他の費用（以下「運賃，料金等」という。）の額その他その支払に関する事項
> 　　5　荷送人及び荷受人の氏名又は商号並びに住所及び電話番号
> 　　6　運送状の作成地及びその作成の年月日
> 　　7　高価品については，貨物の種類及び価額
> 　　8　品代金の取立てを委託するときは，その旨
> 　　9　運送保険に付することを委託するときは，その旨
> 　　10　その他その貨物の運送に関し必要な事項
> 　2　荷送人は，当店が前項の運送状の提出の必要がないと認めたときは，当店に前項各号に掲げる事項を明告しなければなりません。

第11条（荷造り）荷送人は，貨物の性質，重量，容積，運送距離及び運送の扱種別等に応じて，運送に適するように荷造りをしなければなりません。
2　当店は，貨物の荷造りが十分でないときは，必要な荷造りを要求します。
3　当店は，荷造りが十分でない貨物であっても，他の貨物に対し損害を与えないと認め，かつ，荷送人が書面により荷造りの不備による損害を負担することを承諾したときは，その運送を引き受けることがあります。

第20条（留置権の行使）　当店は，貨物に関し受け取るべき運賃，料金等又は品代金等の支払を受けなければ，当該貨物の引渡しをしません。
2　商人である荷送人が，その営業のために当店と締結した運送契約について，運賃，料金等を所定期日までに支払わなかったときは，当店は，その支払を受けなければ，当該荷送人との運送契約によって当店が占有する荷送人所有の貨物の引渡しをしないことがあります。

第22条（指図の催告）　当店は，荷受人を確知することができない場合は，遅滞なく，荷送人に対し，相当の期間を定め貨物の処分につき指図すべきことを催告することがあります。
2　当店は，次の場合には，遅滞なく，荷受人に対し，相当の期間を定め，その貨物の受取を催告し，その期間経過の後，さらに，荷送人に対し，前項に規定する指図と同じ内容の催告をすることがあります。
　1　貨物の引渡しについて争いがあるとき。
　2　荷受人が，貨物の受取を怠り，若しくは拒み，又はその他の理由によりこれを受け取ることができないとき。

第23条（引渡不能の貨物の寄託）　当店は，荷受人を確知することができない場合又は前条第2項各号に掲げる場合には，荷受人の費用をもって，その貨物を倉庫営業者に寄託することがあります。
2　当店は，前項の規定により貨物の寄託をしたときは，遅滞なく，その旨を荷送人又は荷受人に対して通知します。
3　当店は，第1項の規定により貨物を寄託した場合において，倉庫証券を作らせたときは，その証券の交付をもって貨物の引渡しに代えることがあります。
4　当店は，第1項の規定により寄託をした貨物の引渡しの請求があった場合において，当該貨物について倉庫証券を作らせたときは，運賃，料金等及び寄託に要した費用の弁済を受けるまで，当該倉庫証券を留置することがあります。

第24条（引渡不能の貨物の供託）　当店は，荷受人を確知することができない場合又は第22条第2項各号に掲げる場合には，その貨物を供託することがあります。
2　当店は，前項の規定により貨物の供託をしたときは，遅滞なく，その旨を

荷送人又は荷受人に対して通知します。

第25条（引渡不能の貨物の競売）　当店は，第22条の規定により荷送人に対して指図すべきことを求めた場合において，荷送人が指図をしないときは，その貨物を競売することがあります。
2　当店は，前項の規定により貨物の競売をしたときは，遅滞なく，その旨を荷送人又は荷受人に対して通知します。
3　当店は，第１項の規定により競売をしたときは，その代価の全部又は一部を運賃，料金等並びに指図の請求及び競売に要した費用に充当し，不足があるときは，荷送人にその支払を請求し，余剰があるときは，これを荷送人に交付し，又は供託します。

第26条（引渡不能の貨物の任意売却）　当店は，荷受人を確知することができない場合又は第22条第２項各号に掲げる場合において，その貨物が腐敗又は変質しやすいものであって，第22条の手続をとるいとまがないときは，その手続によらず，公正な第三者を立ち会わせて，これを売却することがあります。
2　前項の規定による売却には，前条第２項及び第３項の規定を準用します。

第33条（運賃，料金等の収受方法）　当店は，貨物を受け取るときまでに，荷送人から運賃，料金等を収受します。
2　前項の場合において，運賃，料金等の額が確定しないときは，その概算額の前渡しを受け，運賃，料金等の確定後荷送人に対し，その過不足を払い戻し，又は追徴します。
3　当店は，第一項の規定にかかわらず，貨物を引き渡すときまでに，運賃，料金等を荷受人から収受することを認めることがあります。

第35条（運賃請求権）　当店は，貨物の全部又は一部が天災その他やむを得ない事由又は当店が責任を負う事由により滅失したときは，その運賃，料金等を請求しません。この場合において，当店は既に運賃，料金等の全部又は一部を収受しているときは，これを払い戻します。
2　当店は，貨物の全部又は一部がその性質若しくは欠陥又は荷送人の責任による事由によって滅失したときは，運賃，料金等の全額を収受します。

第43条（運送状等の記載の不完全等の責任）　当店は，運送状若しくは外装表示等の記載又は荷送人の申告が不実又は不備であったために生じた損害については，その責任を負いません。
2　前項の場合において，当店が損害を被ったときは，荷送人はその損害を賠償しなければなりません。

> **確認事項▌物品運送人の権利**
> ① 運送品引渡請求権（商570条，標準貨物約款11条）
> ② 送り状交付請求権（商571条1項，標準貨物約款8条）
> ③ 運送賃請求権・費用償還請求権（商512条・573条1項・581条3項，標準貨物約款33条・35条）
> ④ 留置権（商574条，標準貨物約款20条）
> ⑤ 運送品の供託権・競売権（商582条・583条，標準貨物約款24条・25条）

3　物品運送人の義務

(1)　一般的義務

　物品運送契約が成立した場合，運送人は荷送人および荷受人に対してさまざまな義務を負うが，基本的な義務としては，運送人は運送契約の本旨に従って運送する義務を負う。すなわち，運送品の受取りおよび保管，積込み・取卸し（標準貨物約款17条），到達地までの運送，到達地での荷受人への引渡し（標準貨物約款18条）等の義務である。運送そのものは履行補助者や下請運送人に行わせてもかまわない（標準貨物約款16条）。この義務は，もともと荷送人に対するものであるが，運送品が到達地に到着した後は荷受人に対するものにもなる（商581条1項参照）。

(2)　運送品処分義務

　荷送人は，運送人に対し，運送の中止，荷受人の変更その他の処分を請求でき，荷送人が当該請求をしたときは，運送人はその指図に従わなければならない（商580条前段，標準貨物約款27条1項）。市況や買主の信用状態の変化にともなって，荷送人が運送中に運送品の売買契約を解除する場合や，荷受人を変更する場合が考えられるからである。また，その他の処分とは，経路変更などの運送に関する処分のことを意味する。この義務に基づき運送人が処分を行った場合，運送人は，すでに行った運送の割合に応じた運送賃，付随の費用，立替金およびその処分によって生じた費用（保管費用等）の弁済を請求できる（商580条後段。中止の場合の中止手数料につ

き，標準貨物約款37条）。運送品が到達地に到着し，または運送品の全部が滅失したときは，荷受人も，物品運送契約によって生じた荷送人の権利と同一の権利を取得する（商581条1項）。

> **確認事項▪物品運送人の義務**
> ① 一般的義務（標準貨物約款17条・18条）
> ② 運送品処分義務（商580条，標準貨物約款27条1項）

4 荷送人の危険物通知義務

物品運送契約のもとでは，一般に荷送人が運送人に運送品を引き渡す場合，荷送人は原則として当該運送品が危険物であることを通知する義務を負うものと解されることから（最判平成5年3月25日民集47巻4号3079頁参照），運送品が引火性，爆発性その他の危険性を有するものであるときは，荷送人は，その引渡しの前に，運送人に対し，その旨および当該運送品の品名，性質その他の当該運送品の安全な運送に必要な情報を通知する義務を負う（商572条，標準貨物約款15条）。

> **争点　危険物製造業者の運送業者に対する告知義務**
> 前掲の最判平成5年3月25日は，もともと海運業者が問題になった事案であるが，船舶が積荷の化学薬品によって火災爆発した事故に基づき，海運業者Xが製造・販売業者であるYらに対し，不法行為に基づく損害賠償を請求した事案であった。本件に対して，裁判所は，「危険物を製造，販売する者は，その危険が現実化することを避けるために，その危険性の内容，程度及び適切な運搬，保管方法等の取扱上の注意事項をその流通関与者が容易に知り得るようにする義務，すなわち危険性及び取扱上の注意事項を周知させる義務を負うものと解すべきである。もっとも，一般人の知識水準に照らし，流通関与者が当然知っていなくてはならない事項については，周知させる義務の対象とはならないし，また，衡平上，現実に流通関与者が既にその危険性の内容，程度及び取扱上の注意事項を十分に知っている場合には，周知義務違反の責任は問われるべきではない」と判示し，危険

> 物の製造・販売業者は，原則として危険性および取扱上の注意事項を周知させる義務を負うものとされた。

5　荷受人の地位

　荷受人とは，物品運送の到達地において運送品の引渡しを受ける者のことをいう。荷受人も，運送品が到達地に到達し，または運送品の全部が滅失したときは，荷送人の権利と同一の権利を取得するので（商581条1項），重要な地位にある。ここでは，荷受人が運送品の引渡しを請求したときは，荷送人はその権利を行使できないので（同条2項），引渡し請求の前は，荷送人の権利が優先するのに対し，引渡し請求の後は荷受人の権利が優先するものと解される。

確認事項■標準貨物自動車運送約款
　標準貨物自動車運送約款上の運送人等の各義務に関連する該当規定も確認しよう。

　第15条　荷送人は，爆発，発火その他運送上の危険を生ずるおそれのある貨物については，あらかじめ，その旨を当店に明告し，かつ，これらの事項を当該貨物の外部の見やすい箇所に明記しなければなりません。

　第16条（連絡運輸又は利用運送）　当店は，荷送人の利益を害しない限り，引き受けた貨物を他の運送機関と連絡して，又は他の貨物自動車運送事業者の行う運送若しくは他の運送機関を利用して運送することがあります。

　第17条（積込み又は取卸し）　貨物の積込み又は取卸しは，当店の責任においてこれを行います。
　2　シート，ロープ，建木，台木，充てん物その他の積付用品は，通常貨物自動車運送事業者が備えているものを除き，荷送人又は荷受人の負担とします。

　第18条（受取及び引渡しの場所）　当店は，運送状に記載され，又は明告された集貨先又は発送地において荷送人又は荷送人の指定する者から貨物を受取り，運送状に記載され，又は明告された配達先又は到達地において荷受人又は荷

受人の指定する者に貨物を引き渡します。

第27条（貨物の処分権）　荷送人又は貨物引換証の所持人は，当店に対し，貨物の運送の中止，返送，転送その他の処分につき指図をすることができます。
2　前項に規定する荷送人の権利は，貨物が到達地に達した後荷受人がその引渡しを請求したときは，消滅します。
3　第1項の指図をする場合において，当店が要求したときは，指図書を提出しなければなりません。
4　貨物引換証の所持人は，第1項の指図をしようとする場合は，当該貨物引換証を提示しなければなりません。

第37条（中止手数料）　当店は，運送の中止の指図に応じた場合には，荷送人又は貨物引換証の所持人が責任を負わない事由によるときを除いて，中止手数料を請求することがあります。ただし，荷送人又は貨物引換証の所持人が，貨物の積込みの行われるべきであった日の前日までに運送の中止をしたときは，この限りではありません。
2　前項の中止手数料は，次の各号のとおりとします。
　　1　積合せ貨物の運送にあっては，一運送契約につき500円
　　2　貸切り貨物の運送にあっては，使用予定車両が普通車である場合は一両につき3500円，小型車である場合は一両につき2500円

6　物品運送人の責任

　運送人は，運送契約の本旨に従い，自己の債務（運送品の運送）を履行する義務を負い，当該義務に違反すれば，債務不履行に基づく損害賠償責任を負う（民415条）。しかし，以下に掲げるとおり，運送契約の特殊性から特別な規定が設けられている。

(1)　運送品の滅失・損傷・延着に対する責任（責任発生原因）

　運送人は，運送品の受取り，運送，保管および引渡しについて注意を怠らなかったことを証明しない限り，運送品の受取りから引渡しまでの間にその運送品が滅失しもしくは損傷し，もしくはその滅失もしくは損傷の原因が生じ，または運送品が延着したときは，これによって生じた損害を賠

償する責任を負うものとされる（商575条，標準貨物約款39条。なお，コンテナに詰められた場合の同40条も参照）。履行補助者である，運送取扱人（商559条1項）やその使用人（運送人と雇用関係にある運送業務に使用する者），その他運送のために使用した者（雇用関係にない下請運送人）の故意・過失についても，履行補助者の行為が契約その他の債務の発生原因および取引上の社会通念に照らして債務者の帰責事由がある行為として評価できれば，責任を負う（民415条1項但書参照。なお，標準貨物約款39条では「自己又は使用人その他運送のために使用した者」と定める）。債務不履行責任においては，履行補助者の故意・過失は運送人のそれと同視されるからである。もっとも，民法715条のように，選任・監督に過失がなかったことを立証するだけで責任を免れるものではない（大判昭和5年9月13日新聞3182号14頁では，全然過失がなかったことを立証しない限り，損害賠償の責任があるとする）。ここで特徴的なのは，履行補助者を含む，運送人の無過失の立証責任が転換されている点である。これは，運送品の減失・損傷に対し不可抗力以外は責任を負うとされたローマ法に由来するからであるとされるが，沿革的意義を有し，かつ民法の一般原則（民415条）を具体化した以上の意味はない。

> **確認事項■レセプツム責任**
>
> 　ローマ法では，旅店や駅舎の主人・海上運送人である船主は，もともと自己が引き受けた物品につき，これを安全に保管して返還すべき義務を負っているものとされ，もし引き受けた物品を返還できない場合には，不可抗力によることを証明しない限り，無過失の損害賠償責任を負うとされた。これをレセプツム責任という。この責任は，その後，陸上運送人に対しても適用され，次第に地中海沿岸地域以外の地域にも普及したことから，19世紀頃までには1807年のフランス商法や1861年の普通ドイツ商法，さらにわが国の旧商法などのいわゆる大陸法系の国家の法にも継受された。もっとも，現在では，社会の秩序が整い，運送営業等の組織が確立し，運送人に厳格な責任を課す必要がなくなったことから，運送人に対してこのような厳格な責任を課す立法例は存在せず，商法575条のような過失責任主義が採用されている。

　このような債務不履行責任以外にも，他人の財産に対する運送人の侵害行為として考慮する余地もあり，そうであれば，不法行為責任（民709条）

も根拠づけることになるが、これら債務不履行責任と不法行為責任の両責任の競合を認めるべきかどうかが問題になる。すなわち、運送人が故意または過失により運送品を滅失等した場合、荷送人が運送人に対して債務不履行に基づく損害賠償請求権以外に、不法行為に基づく損害賠償請求権も有しうるのかということである。従来の通説・判例は、両請求権は、別個の法律要件で根拠づけられるものであり、競合を認めた方が荷送人にとっても有利なので、そのいずれを選択して行使してもかまわないとする、いわゆる請求権競合説を採用していた（最判昭和38年11月5日民集17巻11号1510頁、最判昭和44年10月17日判時575号71頁）。

> [争点] **請求権競合説・法条競合説**
>
> 　運送人に対する荷送人の債務不履行および不法行為に基づく損害賠償請求権の両請求権が成立する場合において、従来の通説・判例は、前述のように、実定法上、要件や効果が別々に定められていることに基づき、請求権競合説に依拠していた。しかし、請求権の競合を認めるならば、たとえ法律上（損害賠償の額〔商576条〕や高価品の場合〔商577条〕）もしくは約款において契約責任が減免される場合であっても、不法行為責任を免れない場合が生じ、契約責任に関する特則はその存在意義を失うという問題が生じる。具体的には、高価品（運送品）につき荷送人の通知がなければ、運送人はその滅失等について責任を負わないが、この場合に運送人に対し、不法行為に基づく損害賠償請求権を行使できるかという形で現れる。そこで、請求権競合説に依拠しながらも、このような問題を考慮して、従来、契約責任の減免に係る特則は不法行為にも類推適用されると主張する見解もあったが、他方では、契約法と不法行為法は、特別法と一般法の関係に立ち、契約責任が認められる場合には不法行為責任が成立する余地はないという法条競合説も有力に主張された。現在では、運送人の不法行為責任につき、「商法576条（損害賠償の額）、577条（高価品の特則）、584条および585条（運送人の責任の消滅）の規定は、運送品の滅失等についての運送人の荷送人または荷受人に対する不法行為による損害賠償の責任について準用する」という形で明定されたので（商587条本文）、不法行為に基づく請求権も両立することになろう。

次に、運送品の滅失とは、運送品の物理的な滅失のほか、盗難・紛失・

無権利者への引渡しや第三者の善意取得などによって広く運送品の引渡しが不可能になった場合のことをいう。運送人が法律上，運送品の占有を回復できなくなった場合の法律的滅失も含まれる（最判昭和35年3月17日民集14巻3号451頁）。もし法律上運送品の取戻しが可能でも，取戻しが事実上困難であって，運送品の引渡しに著しく長期間を要するような場合には，滅失の概念に含まれる。これに対し，損傷とは，価格の減少を生じさせる物質的損敗をいい，延着とは，運送品が約定の日時または通常到着すべき日時までに到着しないことをいうが，具体的にどの程度遅延すれば，延着に該当するかは，困難な問題である（なお，延着の定めとして，鉄営12条，鉄運程31条，標準貨物約款5条等参照）。

> **争点** 荷受人以外の者に対する運送品の引渡し
>
> 前掲の最判昭和35年3月17日は，「荷送人Xが荷受人を『天草郡本渡町A社』と表示して，ミシン5台の運送をY社に委託したが，その当時，A社は設立中の会社であり，その設立事務所には看板その他A社を表示するものはなかった。Y社本渡営業所の使用人Bは，A社の設立準備委員であったCの指図に従って，当該貨物をCの居所に配達し，Cに引き渡したところ，Cは右貨物を他に転売し，滅失させたので（なお，Cは『A社C』名義のXに対する虚偽の注文書を示してBに右指図をしていた），XがY社の運送契約上の債務不履行に基づく損害賠償を求めた」という事案であった。
>
> これに対して，裁判所は，「本件当事者間の運送契約は本渡市（当時本渡町）所在のA社を荷受人とするものであり，右A社はその頃有限会社として設立準備中の会社であったとはいえ，設立事務所を…に置いていたというのであるから，本件運送契約の趣旨とするところは，本件物品を右A社設立事務所に運送することを内容とするものであったと解するのが相当である。しかるに…Y会社の使用人Bは，本件物品を…Cの許に配達し，同人に引渡した結果その滅失を招いたというのであるから，前記契約の趣旨に鑑み，Y社は債務の本旨に従った履行をしなかったものといわなければならない」と判示した。

(2) 損害賠償額

　運送営業が迅速かつ廉価な運送賃によって大量の運送品を運送する性質上，運送品の滅失・損傷に対する運送人の損害賠償責任については，その賠償額に関して特別な規定が設けられる。すなわち，損害賠償額につき，運送品の滅失または損傷の場合には，その引渡しがされるべき地および時における運送品の市場価格（取引所の相場がある物品の場合はその相場）によって定められるが，もし市場価格がないときは，その地および時における同種類で同一の品質の物品の正常な価格によって定められる（商576条1項。標準貨物約款47条参照）。一般の債務不履行の場合と異なり，算定の基礎が法定されるのは，賠償額を定型化して法律関係を簡明にするためにほかならない。滅失または損傷なく，たんに延着したにすぎない場合の損害は，債務不履行の一般原則に従う（民416条。標準貨物約款47条5項では，その額は運賃，料金等の総額が限度とされる）。

　ただし，商法576条は損害賠償額を定型化したにすぎないものなので，実際の損害額と法定賠償額と間で差があるような場合にどのように考えればよいかは問題である。この問題については実損額が法定賠償額より多い場合でも，運送人は法定賠償額だけを賠償すればよいが，反対に実損額が法定賠償額より少ない場合には，法定賠償額を賠償しなければならないと解されており，運送品が滅失しても荷送人または荷受人に損害がまったく発生していない場合には運送人は法定賠償額を支払う必要はないとされる（最判昭和53年4月20日民集32巻3号670頁）。いずれの場合にも，運送品の滅失または損傷のために支払うことを要しなくなった運送賃その他の費用については，損害賠償額から控除される（商576条2項，標準貨物約款47条3項）。

　本条（576条）は，荷受人があらかじめ荷送人の委託による運送を拒んでいたにもかかわらず，荷送人から運送を引き受けた運送人の荷受人に対する責任の場合を除き，不法行為に基づく運送人の荷送人または荷受人に対する損害賠償の責任についても準用される（商587条→576条）。

[争点]　576条1項の趣旨

　前掲の最判昭和53年4月20日は，運送人が貨物を誤って配送した相手方がたまたまその真の所有者であったので，荷送人にも荷受人にも少なくとも法律上の損害がなかった事案である。具体的には，「運送人Yが，荷送人Xから，自己の支店に保管されていた貨物を荷受人Aに運送することを委託されたが，Yが誤って運送品をBに配送したことから，Bから貨物の返還を受けられなかった。そのため，Yは，自己の従業員の重過失によって運送契約上の債務を履行できなくなったので，Xに対して，貨物の寄託価格とされていた金額について損害に充当すべき保証金として支払うことにしたが，Xは，さらに転売利益の賠償を請求してきたため，Yは，Xは何ら損害を被っていないとして反訴した」という事案であった。

　これに対して，裁判所は，「580条1項（平成30年改正商法576条1項）が運送品の価格による損害賠償責任を定めている趣旨は，運送品の全部滅失により荷送人又は荷受人に損害が生じた場合，これによる運送人の損害賠償責任を一定限度にとどめて大量の物品の運送にあたる運送人を保護し，あわせて賠償すべき損害の範囲を画一化してこれに関する紛争を防止するところにあるものと解される。したがって，実際に生じた損害が右条項所定の運送品の価格を下回る場合にも，原則として運送人は右価格相当の損害賠償責任を負うのであって，運送人に悪意又は重過失がありその損害賠償責任について同法581条（平成30年改正商法576条3項）が適用される場合にも，その責任が右価格より軽減されることがないのは，もちろんである。しかしながら，前記のような立法趣旨からして，右580条1項（平成30年改正商法576条1項）は，運送品が全部滅失したにもかかわらず荷送人又は荷受人に全く損害が生じない場合についてまで運送人に損害賠償責任を負わせるものではなく，このような場合には，運送人はなんら損害賠償責任を負わないものと解するのが相当である」と判示し，Xに損害が生じたか否かを審理させるため，破棄差し戻した。

　もっとも，損害賠償額を法定したのは，運送人の保護によるものであるので，運送人の側の故意または重大な過失によって運送品の滅失または損傷が生じたときは，これら損害賠償額の定型化および控除に係る規定は適用されず（商576条3項。標準貨物約款48条参照），民法の一般原則によって

処理される。その場合の故意または重大な過失の立証責任は，損害賠償を請求する側にある。一般に重大な過失は，ほとんど故意に近似する程度の注意欠如の状態（故意があったと推測できるがその立証が不可能な場合）を指すことがあるが（大判大正2年12月20日民録19輯1036頁），たんに行為者の注意欠如の程度がはなはだしい場合も考えられる。重大な過失が認定された事例としては，自動車運送の場合において貨物を自動車に積み込んだ際に後部扉を下しただけで施錠せず，扉が開かない状態の確認もしないまま，次の集荷先に向って発車したため，貨物が路上に落下して滅失した場合や（最判昭和55年3月25日判時967号61頁），鉄道運送の事案であるが，有価証券を運送品とする運送契約において一般乗客や外部者の立ち入り可能な旧国鉄駅構内で2分前後の間，運送品が監視のない状態に置かれ，係員らが目を離したわずかの隙に窃取された場合などがある（東京高判昭和58年9月20日判時1093号80頁）。

(3)　**高価品に関する特則**

　運送品が貨幣・有価証券その他の高価品である場合には，荷送人が運送を委託するにあたって，その種類および価額を通知するのでなければ，運送人は損害賠償の責任を負わない（商577条，標準貨物約款45条）。通知を要求するのは，高価品はとりわけ盗難等の危険が高く，損害も巨額に上るため，運送人は，委託された運送品が高価品であることを知れば，特別の注意を払い，滅失・損傷の機会を作らず，それに見合う割増運送賃を請求できるからである。この場合の高価品とは，容積または重量の割に著しく高価な物品をいうが（最判昭和45年4月21日判時593号87頁），実際上は約款や規程で具体的に高価品の範囲を定めている場合が多い（標準貨物約款9条）。その具体的な判断は時代によっても変遷するが，たとえば絵画（東京地判平成2年3月28日判時1353号119頁）や宝飾品（場屋営業の場合であるが，最判平成15年2月28日判時1829号151頁），さらには文書を入力したフロッピーディスク（神戸地判平成2年7月24日判時1381号81頁）も高価品として認められている。しかし，パスポートそれ自体は交換価値がないとして，高価品には該当しないとされたものもある（東京地判平成元年4月20日判時1337

号129頁)。この場合,高価品の種類・価額は,遅くても契約成立時までに通知されなければならない。

> **争点** 商法577条の高価品
>
> 前掲の最判昭和45年4月21日は,「Aが,Yに外国製研磨機1台の運送を委託したところ,トラック運送中の運転手の過失による転落事故により,本件研磨機が大破したので,Aとの間で保険契約(保険金額100万円)を締結していたX保険会社が,Aに83万3,000円を支払い,AがYに対して有する損害賠償請求権を代位取得したとして,Yに対し訴えを提起した」という事案であった。
>
> これに対して,裁判所は「商法578条(平成30年改正商法577条)所定の高価品とは,容積または重量の割に著しく高価な物品をいうものと解すべきところ,原審の確定する事実によれば,本件研磨機は容積重量ともに相当巨大であって,その高価なことも一見明瞭な品種であるというのであるから,本件研磨機は同条所定の高価品にはあたらないというべきである。したがって,同条の適用,類推適用をなすべきではないとする原審の説示判断は,すべて正当として支持することができる」と判示した。

通知がない限り,運送人は高価品としても,普通品としても賠償責任を負わないが,これは,普通品としての価額を定めることが困難であるからであり,荷送人に対し通知を促進させようという考えに基づく。もっとも,種類の通知によってその価額を推知できるならば,価額の通知は不要である。また,価額が通知されても,その価額が直接に賠償額になるものではなく,実損額が通知額よりも低い場合には,運送人がその実際の価格と損害を立証し,実損額の賠償をすれば足り,反対に荷送人は通知額に拘束されることから,通知額よりも実損額の方が高ければ,通知額以上の賠償を請求することはできない。他方,商慣習上,価額の通知が運送品の「概算価額の申告」という意味にすぎないならば,通知額以上の損害の賠償を請求できよう。

これまで高価品の通知がない場合において運送人が偶然に高価品であることを知っていたときの賠償責任が問題になった。この問題に関して,大量の物品を扱う運送営業の場合には運送人の主観的事情である偶然の知・

不知は問題にできないし，通知がない限り，運送人は普通品として運送を委託されたことを考慮すると，運送人はまったく賠償責任を負わないと解する余地もあった。しかし，運送契約の締結当時から高価品であることを知っていれば，少なくとも普通品としての運送を引き受けており，当然，それに必要な注意は払うべきであるし，荷送人に通知を促して割増運送賃を請求できたはずである。そのため，運送人が，物品運送契約の締結の当時，運送品が高価品であることを知っていた場合には，運送人は損害賠償責任を負うことになる（商577条2項1号）。ただし，実際上，運送人が高価品であると知っていたことを証明するのは困難であるので，事実上通知があったと評価できる場合に限られよう。また，通知がなくても，運送人の故意または重大な過失によって高価品の滅失，損傷または延着を生じさせたような場合にも，通知があれば発生しなかった損害とはいえないことから，商法577条1項は適用されず，運送人は損害賠償責任を免れない（同条2項2号）。

さらに，通知なく，高価品である運送品が滅失等した場合において，運送人の不法行為責任が成立する場合であっても，商法577条の高価品の特則は不法行為責任に準用される（商587条→577条）。従前では，高価品の通知がない場合において運送契約上の債務不履行と不法行為に基づく両者の損害賠償請求の競合を前提に，運送人の不法行為責任を認めた上で，過失相殺によって損害賠償額を減額する処理を行った裁判例もある（後掲の最判昭和55年3月25日の原審である東京高判昭和54年9月25日判時944号106頁）。

> **争点** 商法577条2項2号の重大な過失
>
> 　最判昭和55年3月25日は，「貴金属の卸売業を営むXが，運送業者Yに対し，宝石等が入ったダンボール箱2個（貨物）の航空運送を委託し，Yの従業員であるAに引き渡したが，Aは当該貨物を自動車に積み込み，次の集荷先に向かって走行中にそのうち1個を路上に落として紛失させてしまった。Xは，この紛失はAが自動車の後部扉の閉鎖と施錠確認を怠った重過失に起因し，不法行為に基づきYに損害賠償を請求したが，Yは，Xから貨物が高価品であることの明告を受けなかったので，商法578条（平成30年改正商法577条）による損害賠償を負わないと主張した」事案であった。

これに対して，原審では，「Aは貨物の運送を業とするYにおいて貨物の集荷，配達の業務を担当していたものであるから，集荷した貨物を自動車に積込んだときは，積込口の扉に施錠をするか，少なくとも扉が完全に嵌合して走行中に開扉することのないことを確認して発車すべき義務があり，このことは積込みを行なう運転手において僅かな注意をしさえすれば容易に実行できることであり，この施錠又は確認を怠れば，貨物の落下紛失という結果を予見することができたにもかかわらず，Aにおいて著しく注意を欠如した結果，これを怠ったものということができる。したがって，本件貨物の滅失はAの重大な過失により生じたものというべきである」と判示され，当裁判所も，「Aに重大な過失があったとした原審の認定判断は，正当として是認することができる」とした。

(4) 責任の消滅

① **特別消滅事由**　運送人の責任は，証拠保全の機会の確保と迅速な法律関係の確定の観点から2つの制限が設けられる。まず，特別消滅事由として，荷受人が異議をとどめないで（損傷または一部滅失を通知せずに）運送品を受け取った場合には，運送人の責任は消滅することである（商584条1項本文，標準貨物約款46条）。このことは，荷受人の側からみれば，運送品を受け取って運送品を検査し，検査の結果，損傷または一部滅失を発見した場合においては，異議をとどめて運送人の責任追及を確保する必要があることになる。そうしなければ，損害賠償請求権を行使することができなくなる。通知の形式は問わない。もっとも，運送品に直ちに発見できない損傷または一部滅失がある場合において，荷受人が運送品の引渡しの日から2週間以内に運送人に対し通知を発したとき（商584条1項但書，標準貨物約款46条但書），ならびに運送人が運送品の引渡しの当時，運送品に損傷または一部滅失があることを知っていたとき（商584条2項，標準貨物約款46条2項）は除かれる。こうすることで，大量の物品を反復して扱う運送人の保護を図っている。一部滅失の場合に制限されるのは，全部滅失の場合にはそもそも運送品の受取りが存在しないからである。

　前述のように，損傷または一部滅失を知っていた場合は除かれるが，こ

の場合の「知っていた」の意義が問題になる。学説では，運送人が運送品に対し故意に損傷または一部滅失を生じさせ，または故意に損傷または一部滅失を隠蔽した場合をいい，運送人がたんに損傷または一部滅失の発生を知って引き渡した場合をいうのではないと解していたが，判例では，運送人が運送品に損傷または一部滅失のあることを知って引き渡した場合をいうと理解する（最判昭和41年12月20日民集20巻10号2106頁）。この問題につき，特別消滅事由は，証拠保全の困難さから運送人を保護することにその主眼があるので，運送人が責任追及の可能性を予測できる場合にまで保護の必要はないことを考慮すると，運送人が運送品の引渡し前に損傷または一部滅失の発生の事実を知っていることは，運送人が損傷または一部滅失の発生原因等について調査の機会を持ちえたことを意味するので，判例と同様に解してもよかろう。

② **短期消滅時効** 次に，短期消滅時効として，運送品の滅失等についての運送人の責任は，運送品の引渡しがされた日（運送品の全部滅失の場合はその引渡しがされるべき日）から1年以内に裁判上の請求がされないときは，消滅することが定められる（商585条1項，標準貨物約款49条1項・3項）。また，運送人がさらに第三者に対して運送を委託した場合においては，運送人に対する第三者の責任に係る1年の期間は，運送人が損害を賠償しまたは裁判上の請求をされた日から3か月を経過する日まで延長される（商585条3項）。その他，運送人の荷送人または荷受人に対する債権は，これを行使できる時から1年間行使しないときは，時効によって消滅する（商586条）。短期消滅時効も，証拠保全の困難さなどから，責任関係の迅速な処理のために設けられているものである。

③ **第三者に運送を委託した場合** 他方，運送人がさらに第三者に対して運送を委託した場合において，荷受人が2週間以内に運送人に対して損傷等の通知を発したときは，運送人に対する第三者の責任に係る2週間の期間は，運送人が当該通知を受けた日から2週間を経過する日まで延長される（商584条3項）。これは，荷送人との間で運送契約を締結した者（元請運送人）が実際の運送を下請運送人に委託した場合，元請運送人は2週間の通知期間が満了する直前に荷受人から通知を受けると，下請運送人に

対する通知期間を遵守してその責任を追及するのが不可能な場合があるからである。

(5) 免責約款

　前述のように，運送人は法律上さまざまな責任を負うが，実務上，運送約款によって，運送人がこのような責任を減免されるための規定が設けられている。これを免責約款という。免責約款については，陸上運送の場合，当該免責約款を制限する規定が存在しないので，その無制限な利用によって弊害が生じることもある。その場合には，公序良俗（民90条）や信義誠実・権利の濫用（民1条2項・3項）のような一般条項の適用，さらに，消費者契約法などの違反に基づく効力の否定等によって処理される。免責約款の一例として，標準貨物自動車運送約款では，コンテナ貨物の責任（同40条），特殊な管理を要する貨物の運送の責任（同41条），荷送人の申告等の責任（同42条），運送状等の記載の不完全等の責任（同43条），運送品の欠陥等による物品の滅失等に係る免責（同44条）が定められている。

> **争点** 宅配便約款の責任制限条項と荷受人に対する不法行為責任
>
> 　最判平成10年4月30日判時1646号162頁は，「X社は，顧客から請け負ったダイヤモンド等の枠加工をAに下請けさせた。加工の後，Aはダイヤモンド等を荷造りしたうえで，この箱をY社の代理人であるB社に引き渡したが，この箱が運送途中で原因不明のまま紛失してしまった。そこで，X社は，顧客にダイヤモンド等の価格相当額を賠償したうえ，Y社に対して当該賠償によって取得した不法行為による損害賠償請求権に基づく金額の支払いを求めて提訴した」という事案であった。
>
> 　これに対して，裁判所は，「宅配便は，低額な運賃によって大量の小口の荷物を迅速に配送することを目的とした貨物運送であって，その利用者に対し多くの利便をもたらしているものである。宅配便を取り扱う貨物運送業者に対し，安全，確実かつ迅速に荷物を運送することが要請されることはいうまでもないが，宅配便が有する右の特質からすると，利用者がその利用について一定の制約を受けることもやむを得ないところであって，貨物運送業者が一定額以上の高価な荷物を引き受けないこととし，仮に引き

受けた荷物が運送途上において滅失又は毀損したとしても，故意又は重過失がない限り，その賠償額をあらかじめ定めた責任限度額に限定することは，運賃を可能な限り低い額にとどめて宅配便を運営していく上で合理的なものであると解される」。

「右の趣旨からすれば，責任限度額の定めは，運送人の荷送人に対する債務不履行に基づく責任についてだけでなく，荷送人に対する不法行為に基づく責任についても適用されるものと解するのが当事者の合理的な意思に合致するというべきである。けだし，そのように解さないと，損害賠償の額を責任限度額の範囲内に限った趣旨が没却されることになるからであり，また，そのように解しても，運送人の故意又は重大な過失によって荷物が滅失又は毀損した場合には運送人はそれによって生じた一切の損害を賠償しなければならないのであって，荷送人に不当な不利益をもたらすことにはならないからである。そして，右の宅配便が有する特質及び責任限度額を定めた趣旨並びに本件約款25条3項において，荷物の滅失又は毀損があったときの運送人の損害賠償の額につき荷受人に生じた事情をも考慮していることに照らせば，荷受人も，少なくとも宅配便によって荷物が運送されることを容認していたなどの事情が存するときは，信義則上，責任限度額を超えて運送人に対して損害の賠償を求めることは許されないと解するのが相当である」と判示した。

> **確認事項▮標準貨物自動車運送約款**
>
> 標準貨物自動車運送約款上の運送人の責任に関連する該当規定も確認しよう。
>
> > 第5条（引渡期間） 当店の貨物の引渡期間は，次の日数を合算した期間とします。
> > 1　発送期間　貨物を受け取った日を含め2日
> > 2　輸送期間　運賃及び料金の計算の基礎となる輸送距離170キロメートルにつき1日。ただし，1日未満の端数は1日とします。
> > 3　集配期間　集貨及び配達をする場合にあっては各1日
> > 2　前項の規定による引渡期間の満了後，貨物の引渡しがあったときは，これをもって延着とします。

第9条（高価品及び貴重品）　この運送約款において高価品とは，次に掲げるものをいいます。
 1　貨幣，紙幣，銀行券，印紙，郵便切手及び公債証書，株券，債権，商品券その他の有価証券並びに金，銀，白金その他の貴金属，イリジウム，タングステンその他の稀金属，金剛石，紅玉，緑柱石，琥珀，真珠その他の宝玉石，象牙，べっ甲，珊瑚及び各その製品
 2　美術品及び骨董品
 3　容器及び荷造りを加え1キログラム当たりの価格が2万円を超える貨物（動物を除く。）
2　前項第3号の1キログラム当たりの価格の計算は，1荷造りごとに，これをします。
3　この運送約款において貴重品とは，第1項第1号及び第2号に掲げるものをいいます。

第38条（責任の始期）　当店の貨物の滅失，き損についての責任は，貨物を荷送人から受け取った時に始まります。

第39条（責任と挙証）　当店は，自己又は使用人その他運送のために使用した者が貨物の受取，引渡し，保管及び運送に関し注意を怠らなかったことを証明しない限り，貨物の滅失，き損又は延着について損害賠償の責任を負います。

第40条（コンテナ貨物の責任）　前条の規定にかかわらず，コンテナに詰められた貨物であって当該貨物の積卸しの方法等が次に掲げる場合に該当するものの滅失又はき損について，当店に対し損害賠償の請求をしようとする者は，その損害が当店又はその使用人その他運送のために使用した者の故意又は過失によるものであることを証明しなければなりません。
 1　荷送人が貨物を詰めたものであること。
 2　コンテナの封印に異常がない状態で到着していること。

第41条（特殊な管理を要する貨物の運送の責任）　当店は，動物その他特殊な管理を要する貨物の運送について，第14条第2号の規定に基づき付添人が付された場合には，当該貨物の特殊な管理について責任を負いません。

第42条（荷送人の申告等の責任）　当店は，貨物の内容を容易に知ることができないものについて，運送状の記載又は荷送人の申告により運送受託書，貨物発送通知書等に品名，品質，重量，容積又は価額を記載したときは，その記

載について責任を負いません。

第43条（運送状等の記載の不完全等の責任）　当店は，運送状若しくは外装表示等の記載又は荷送人の申告が不実又は不備であったために生じた損害については，その責任を負いません。
2　前項の場合において，当店が損害を被ったときは，荷送人はその損害を賠償しなければなりません。

第44条（免責）　当店は，次の事由による貨物の滅失，き損，延着その他の損害については，損害賠償の責任を負いません。
　1　当該貨物の欠陥，自然の消耗，虫害又は鼠害
　2　当該貨物の性質による発火，爆発，むれ，かび，腐敗，変色，さびその他これに類似する事由
　3　同盟罷業，同盟怠業，社会的騒擾その他の事変又は強盗
　4　不可抗力による火災
　5　地震，津波，高潮，大水，暴風雨，地すべり，山崩れ等その他の天災
　6　法令又は公権力の発動による運送の差止め，開封，没収，差押え又は第三者への引渡し
　7　荷送人又は荷受人の故意又は過失

第45条（高価品に対する特則）　高価品については，荷送人が申込みをするに当たり，その種類及び価額を明告しなければ，当店は損害賠償の責任を負いません。

第46条（責任の特別消滅事由）　当店の貨物の一部滅失又はき損についての責任は，荷受人が留保しないで貨物を受け取ったときは，消滅します。ただし，貨物に直ちに発見することのできないき損又は一部滅失があった場合において，貨物の引渡しの日から2週間以内に当店に対してその通知を発したときは，この限りではありません。
2　前項の規定は，当店に悪意があった場合には，これを適用しません。

第47条（損害賠償の額）　貨物に全部滅失があった場合の損害賠償の額は，その貨物の引渡すべきであった日の到達地の価額によって，これを定めます。
2　貨物に一部滅失又はき損があった場合の損害賠償の額は，その引渡しのあった日における引き渡された貨物と一部滅失又はき損がなかったときの貨物との到達地の価額の差額によってこれを定めます。

3 第35条第1項の規定により，貨物の滅失のため荷送人又は荷受人が支払うことを要しない運賃，料金等は，前2項の賠償額よりこれを控除します。
4 第1項及び第2項の場合において，貨物の到達地の価額又は損害額について争いがあるときは，公平な第三者の鑑定又は評価によりその額を決定します。
5 貨物が延着した場合の損害賠償の額は，運賃，料金等の総額を限度とします。

第48条 当店は，前条の規定にかかわらず，当店の悪意又は重大な過失によって貨物の滅失，き損又は延着を生じたときは，それにより生じた一切の損害を賠償します。

第49条（時効）当店の責任は，荷受人が貨物を受け取った日から1年を経過したときは，時効によって消滅します。
2 前項の期間は，貨物の全部滅失の場合においては，その貨物の引渡すべきであった日からこれを起算します。
3 前二項の規定は，当店に悪意があった場合には，これを適用しません。

確認事項▮物品運送人の責任

① 運送品の滅失・損傷・延着に対する責任（商575条，標準貨物約款39条・40条）
　・債務不履行責任と不法行為責任の両責任の競合（請求権の競合。商587条参照）
　・運送品の引渡しの不能の場合（最判昭和35年3月17日民集14巻3号451頁）
② 損害賠償額の定型化（商576条，標準貨物約款47条）
　・商法576条1項の趣旨（最判昭和53年4月20日民集32巻3号670頁）
③ 高価品に関する特則（商577条，標準貨物約款9条・45条）
　・商法577条の高価品（最判昭和45年4月21日判時593号87頁）
　・高価品の通知がない場合において，運送人が高価品であることを知っていたとき（商577条2項1号）
　・高価品の通知がなかった場合において，運送人の故意または重大な過失によって運送品の滅失，損傷または延着が生じたとき（商577条2項2号）
④ 責任の消滅
　・特別消滅事由（商584条1項，標準貨物約款46条）
　　→商法584条2項の「知っていた」の意義（最判昭和41年12月20日民集20巻10号2106頁）

・短期消滅時効（商585条1項・3項，標準貨物約款49条1項・3項）
⑤ 免責約款の効力

チェックポイント
(1) 陸上物品運送人はどのような責任を負うか，論じなさい。
(2) 商法577条所定の高価品の特則に関して，その趣旨を論じなさい。
(3) 荷送人による高価品の通知がなかった場合であっても，運送人はどのような場合に損害賠償責任を負うか，論じなさい。

第3節　物品運送契約─海上運送

1　海上物品運送契約の性質

　海上物品運送契約は，海上運送人（海上運送の引受けをすることを業とする者。商569条1号参照。以下，運送人とする）が荷送人（海上運送の委託者）から自己の保有・管理のもとで運送品の運送を引き受け，これに対して運送賃を支払うことを約する請負契約（民632条）の一種である。もっとも，海商法の分野では，詳細な特別の規定が設けられるので，民法の請負契約に関する規定が適用される余地はほとんどない。運送が海上において船舶によって行われることに特徴があり，通常の陸上運送には存在しない危険を伴う。

2　海上物品運送契約に関する法規整

　商法第3編の海商では，その第3章においてもともと「運送」（旧商737条～776条）に関する規定を定めていた。しかし，これらの規定は，商法が明治32年（1898年）に制定されて以降，実質的な改正を受けておらず，

実際上は運送形態が当時の傭船契約が中心であった運送から定期船による個品運送にシフトしているほか，個品運送の場合にはコンテナによる国際複合運送が発達しているのが現状である。そのため，海商法と海運の実際はその隔たりが大きいといわれており，平成30年改正商法では第3編「海商」が抜本的に改正された。さらに，特別法である船主責任制限法や国際海上物品運送法，さらに船荷証券に記載される運送契約約款等も重要である。

　海上物品運送の場合には，運送が日本国内の港湾の間で行われる場合と，外国の港湾を運送の発着点にする場合で，その適用される法律が異なる。それゆえ，国内航海に従事する内航船については海商法（商法第3編「海商」の第3章）の規定と，海上運送契約の当事者の間で締結された船荷証券の約款が適用されるのに対し，広く国際航海に従事する外航船の場合については国際海上物品運送法が適用される。国際海上物品運送法は，1957年に，運送人と船荷証券所持人の利益の合理的な調整のために成立した1924年の「船荷証券に関するある規則の統一のための国際条約（ハーグ・ルール）」を批准し，当該条約の内容を取り入れた形で制定されたものである。本法は，わずか17か条しか定めがないが，とりわけ運送人が自己に有利な特約をすることを禁止し（国際海運11条），運送人の使用する者等の航海上の過失を免責するほか（国際海運3条2項），損害賠償の額（国際海運8条）・責任限度額（国際海運9条）等の規定を設ける。

> **確認事項■国際海上分野に関する国際条約**
> - 1974年の海上旅客・手荷物運送条約（アテネ条約〔既発効〕）
> - 1978年の国連海上物品運送条約（ハンブルク・ルール〔既発効〕）
> - 1980年の国連国際物品複合運送条約（未発効）
> - 2008年の全部又は一部が海上運送による国際物品運送契約に関する国際連合条約（ロッテルダム・ルール〔未発効〕）
> ＊現在の実質的な世界的統一ルールは，ハーグ・ヴィスビー・ルールズであり，これを批准し，国内法化したのが，国際海上物品運送法である。

3　海上物品運送契約の種類

　商法では、海上物品運送の種類として個品運送と航海傭船の2つの類型が定められる。個品運送契約は、不特定多数の荷主の小口貨物等につき一定の航路を一定のスケジュールで航行する定期船による運送の場合に適した運送契約であるのに対し、航海傭船契約は、石油や木材等の大量貨物の運送のように、荷主の貨物輸送の重要に応じて必要な時期・航路に船舶を提供するために行われる、不定期船による運送の場合に適した運送契約である。もっとも、現在では、航海傭船契約において、いわゆるインダストリアル・キャリアーといわれる自ら船舶を定期傭船して自社製品・原材料を運送する者も少なくなく、従来型の運送類型とは異なる運送形態も登場している。そのため、商法704条以下では、定期傭船の規定が設けられる（商704条～707条）。

(1)　個品運送契約

　個品運送契約とは、個々の運送品を目的とする運送契約をいう（商737条1項）。この契約は、運送人が船舶を借り切ることなく、不特定多数の荷主との間で締結されるものである。そのため、多数の荷主との間で運送契約が画一的に締結されることから、一般に普通契約条項を用いた船荷証券が利用される。船舶の個性は重視されないので、代船約款や積換約款を挿入する場合が多い。外航船に関しては国際海上物品運送法によって商法の規定が補われる。

(2)　航海傭船契約

　航海傭船契約とは、船舶の全部または一部を目的とする運送契約をいい（商748条1項）、船主（運送人）が船舶の全部または一部を貸し切り、これに船積みした運送品を運送することを約し、その相手方である傭船者が報酬として運送賃（傭船料）を支払うことを約することで成立する。航海傭船契約では、船舶の個性が重視されるが、運送品の個性は重視されず、現在では、前述のように原材料等の輸送に関する不定期船に利用されている。

傭船の範囲よって全部傭船と一部傭船，傭船の期間によって航海傭船と定期傭船に分類される。

(3) 定期傭船契約

これに対し，定期傭船契約は，当事者の一方が艤装した船舶に船員を乗り組ませて当該船舶を一定の期間相手の利用に供することを約し，相手方がこれに対してその傭船料を支払うことを約することによって，その効力を生じるものである（商704条）。定期傭船契約の法的性質は，判例上，船舶賃貸借と労務供給契約の混合契約として理解されるので（大判昭和3年6月28日民集7巻519頁。学説では企業の賃貸借と捉える見解もあるほか，海運業界では運送契約の一種と捉える），船舶賃貸借の外部関係を規律する商法703条が定期傭船者にも（類推）適用されるかどうかの問題が生じる。判例はこれを肯定し，船舶の衝突による損害発生の場合において定期傭船者が賠償義務を負うとされた（最判平成4年4月28日判時1421号122頁）。実務上，定期傭船契約では，各種の標準契約書式が利用されるのが一般的である。

> **争点** 定期傭船者の船舶衝突責任
>
> 前掲の最判平成4年4月28日は，「X（国）所有の公用船（海上自衛隊掃海艇）が神戸港の一画に係留されていたが，この公用船に対し，海上運送等を業とするY社が訴外船主AおよびBから傭船していた私船である航海船，および内水船の曳航する無機力運賃船が衝突し，公用船が損傷を受けたので，Xは，右衝突は私船の船長の一方的な過失によるものであるとし，商法704条1項（平成30年改正商法703条1項）の準用に基づく傭船者Y社の衝突責任を主張した」という事案であった。
>
> これに対して，裁判所は，「定期傭船者の衝突責任などの権利義務の範囲については，商法を始めとする海商法の分野での成文法には依拠すべき明文の規定がないので，専ら当該契約の約定及び契約関係の実体的側面に即して検討されなければならないところ，前記の各契約書はそれぞれ本文一枚の極めて簡略なものであって，そこには，『船舶の使用に関する一切の命令指示等の権限はY社に属する。』，『傭船料は1か月50万円（航海船分），

52万円（内水船分）とし，Y社は，航海数に応じ，船長らに対し繁忙手当を支給する。』，『本契約の有効期間は向こう1年とし，契約当事者から解約の申出がない場合は，自動的に更新される。』などの約定の記載があるにとどまっている。次いで，その契約関係の実体についてみるのに，原審の確定したところによると，右約定に係る定額の傭船料は実際には支払われたことがなく，対価はすべて運航時間に応じて算出されており，燃料費は船舶所有者において負担し，Y社には船長の任免権があるともいえず，また，Y社が各船舶を直接自己の占有下に置いてはいなかった，というのである。しかしながら他方，各船舶は，専属的にY社営業の運送に従事し，その煙突には，Y社のマークが表示されており，その運航については，Y社が日常的に具体的な指示命令を発していたのであって，Y社としては，各船舶をY社の企業組織の一部として，右契約の期間中日常的に指揮監督しながら，継続的かつ排他的，独占的に使用して，Y社の事業に従事させていたというのも，また原審の確定した事実である。原審は，これらの事実関係の下において，Y社は，船舶所有者と同様の企業主体としての経済的実体を有していたものであるから，右各船舶の航行の過失によってX所有の掃海艇に与えた損害について，商法704条1項（平成30年改正商法703条1項）の類推適用により，同法690条による船舶所有者と同一の損害賠償義務を負担すべきである…」と判示した。

> **確認事項** ■ 海上物品運送契約の種類
>
> ① 個品運送契約：個々の運送品を目的とする運送契約（商737条1項）。運送人が船舶を借り切ることなく，不特定多数の荷主との間で締結される。
> ② 航海傭船契約：船舶の全部または一部を目的とする運送契約（商748条1項）。船主（運送人）が，船舶の全部または一部を貸し切り，これに船積みした運送品を運送することを約し，その相手方である傭船者が報酬として運送賃（傭船料）を支払うことを約することで成立する。
> ③ 定期傭船契約：当事者の一方が艤装した船舶に船員を乗り組ませて当該船舶を一定の期間相手の利用に供することを約し，相手方がこれに対してその傭船料を支払うことを約することによって，その効力を生じるもの（商704条）。

4 海上物品運送契約の締結

海上物品運送契約は諾成・不要式の契約であり、締結の諾否も当事者にゆだねられる。実際上、航海傭船契約の締結に際しては、当事者双方の署名がある航海傭船契約書・定期傭船契約書が作成・交付されるほか、運送人または船長は、荷送人または傭船者の請求による場合、船荷証券（船積船荷証券・受取船荷証券）の1通または数通を交付する（商757条1項）。

5 船舶の提供・堪航能力担保義務

(1) 船舶の提供義務

運送人は、荷送人または傭船者に対し、運送契約の趣旨に適合する船舶を提供する義務を負う。もっとも、前述のように、個品運送契約の場合は船舶の個性が重視されないので、船荷証券において一般に代船約款や積替約款が挿入される場合が多い。

(2) 堪航能力担保義務

運送人が提供する船舶については、当該船舶が航海を安全になしうる能力（堪航能力）を備えたものでなければならない。したがって、船舶が発航時点で安全に航海をなすに堪えることを担保し、またこれに堪えない場合には運送人はそれによって生じた損害を賠償しなければならないが、運送人が負うこのような義務を堪航能力担保義務という（商739条・756条1項・707条、国際海運5条）。この義務に基づき、運送人は、具体的に発航の当時、①船舶を航海に堪える状態におくこと（狭義の堪航能力）、②船員の乗組み、船舶の艤装および需品の補給を適切に行うこと（運行能力）、③船倉、冷蔵室その他運送品を積み込む場所を運送品の受入れ、運送及び保存に適する状態におくこと（堪貨能力）につき（商739条1項1号～3号、国際海運5条1号～3号）、①ないし③を欠いたことにより生じた運送品の滅失、損傷または延着に対して損害賠償の責任を負う。もっとも、運送人

がその当時，①〜③の事項について注意を怠らなかったことを証明した場合は問題にならない。個々の積荷の運送契約ごとに，船積港における船積開始の時から発航までの時期（「発航の当時」）にこれら堪航能力等を具備しなければならない。

　堪航能力につき，最判昭和49年3月15日民集28巻2号222頁は，運送人Yに対しマドラスから東京への貨物（インド産半なめし羊皮）の海上運送を委託した訴外A会社が，東京においてその引渡を受けたが，海水漏れにより貨物に損傷があったため，訴外A会社と海上保険契約を締結していたX保険会社がYに対し損害賠償を求めて提訴した」という事案であったが，裁判所は「商法738条（平成30年改正商法739条1項）にいう『船舶が安全に航海をなすに堪うる能力（堪航能力）』とは，たんに船舶自体が安全に航海できることにかぎられるものではなく，その船舶による運送委託をうけた貨物を，通常の海上危険に耐えて安全に目的地にまで運送できる能力をもいうのであるところ，船舶の構造に欠陥があり，これに加うるに通常の海上危険によって海水が船艙内に浸入し，そのために貨物が損傷をうけたような場合には，その船舶は堪航能力を有しなかったというべきであり，また，船舶所有者は，船舶が堪航能力を欠如していることによって生じた損害については，同条により，過失の有無にかかわらず賠償責任を負担すべきものと解するのが相当である」と判示した。この義務の性質につき，従前，その性質が無過失責任（結果責任）なのか，過失責任なのかをめぐって争われたが，現在では過失責任として理解される。堪航能力担保義務違反に基づく損害賠償責任は，特約によっても軽減・免除することはできない（商739条2項。なお，商756条1項・2項）。

6　船積み・受取り・積付けに係る義務

　海上運送契約が成立すれば，運送人は，運送品を受け取って保管し，運送品を船積みしたうえで，積付けし（商737条1項。なお，商748条1項・749条，国際海運3条1項参照），遅滞なく発航に着手し，運送を実行し，目的地において運送品を陸揚げして荷受人に引き渡さなければならない。こ

れが，運送人の本質的な義務になる。

(1) 船舶の回航

運送人は約定の船積港に船舶を回航し，契約または慣習によって定められた船積場所に船舶を碇泊させなければならない。もし運送人が当該回航義務に違反すれば，免責の特約がない限り，債務不履行責任を負う。

(2) 船積準備完了の通知

航海傭船契約の場合において運送品を船積みするために必要な準備が完了した場合には，船長は，遅滞なく，傭船者にその旨の通知を発しなければならない（商748条1項・749条，国際海運15条）。この通知を，船積準備完了通知といい，船積期間の算定の基礎になる（商748条2項本文）。船積期間の経過後は，船長は，傭船者が運送品の全部の船積みをしていないときであっても，直ちに発航することができる（船長の発航権〔商751条〕）。もっとも，実際上は期間経過後であっても傭船者のために船積みの完了まで船舶を碇泊させることがある。この場合には，特約がなくても，超過碇泊期間に対して相当の費用を請求できる（商751条後段→750条2項）。これに対し，船積期間の経過前に船積みが完了した場合には，節約された日数に応じて傭船者に対し早出料が支払われる旨が約定されることがある。船積期間内において荷送人は船長に対し運送に必要な書類を交付しなければならない（商738条・756条1項）。実務上，船積作業は海貨業者によって行われる。他方，個品運送契約の場合，当該契約に基づき，運送人は荷送人から運送品を受け取るが，荷送人が運送品の引渡しを怠った場合には，船長は直ちに発航でき，荷送人は運送賃の全額を支払う義務を負う（商737条2項，国際海運15条）。

(3) 碇泊義務

航海傭船契約の場合，船長が傭船者に船積準備完了通知を発してから，運送契約で約定された船積期間内は，運送人は船舶を碇泊して船積みを待たなければならない。これを碇泊義務といい，船積みに要する期間と陸揚

げに要する期間を合わせて碇泊期間という。

(4) 運送品の受取り

運送人は運送契約に基づき荷送人から運送品を受け取ると，運送品を船内に積み込み，計画的に配置する積付けといわれる作業を行う。したがって，運送人は契約に従って引き渡された運送品については，これを受け取らなければならない。もっとも，密輸品等の法令に違反する物品の場合はそもそも船積みする必要はないし，運送契約に定めた運送品以外の物品についても船積みする義務を負わない。もしこのような物品を船積みした場合は，運送人は，いつでも陸揚げでき，またそれが船舶または積荷に危害を及ぼすおそれがある危険物品である場合は放棄することができる（商740条1項・756条1項。国際海運6条参照）。受け取った運送品の積付けの具体的方法は，運送品の品目ごとに異なるが，航海中の船舶の縦揺れや横揺れに堪えられるように適切に行われなければならない。

反対に，荷受人は，運送品を受け取ったときは，個品運送契約・航海傭船契約または船荷証券の趣旨に従い，運送人に対し，①運送賃，付随の費用および立替金の額，②運送品の価格に応じて支払うべき救助料の額および共同海損の分担額の合計額（および滞船料）を支払う義務を負う（商741条1項・756条1項）。これら運送賃等の支払いを受けるまでは，運送人は運送品を留置できるほか（商741条2項・756条1項），運送賃等の支払いを受けるため，運送人は運送品の引渡し後であっても，原則としてその運送品を競売に付すことができる（商742条・756条1項）。

(5) 船荷証券交付義務

運送人または船長は，荷送人または傭船者の請求により，運送品の船積み後遅滞なく，1通または数通の船荷証券（船積船荷証券）を交付しなければならない。また運送品の船積み前においても，その受取り後は，荷送人または傭船者の請求により，1通または数通の船荷証券（受取船荷証券）を交付しなければならない（商757条1項）。もっとも，運送品について現に海上運送状が交付されている場合は除かれる（商757条3項）。個品運送

契約の場合，実際上，運送人は，船積みをなすべき旨を指図した船積指図書を荷送人に交付し，荷送人はこの書類を添えて運送品を船積みし，その後，船長は，荷送人に対し運送品の種類等を記載した本船受取証を交付し，荷送人はこれと引換えに船荷証券を請求することとされている。

　船荷証券とは，海上物品運送契約に基づく運送品の船積みまたは受取りを証明し，かつその引渡請求権を表章した有価証券である。船荷証券は，指図証券性を有するので（商762条），裏書によって譲渡できるほか，その記載事項が法定されているので（運送品の種類・容積・重量等，外部から認められる運送品の状態，運送人または傭船者の氏名または名称等），要式証券である（商758条）。このうち，運送品の種類・容積・重量・包もしくは個品の数・運送品の記号（商758条1項1号・2号）について，荷送人または傭船者の書面または電磁的方法による通知があった場合には，その通知に従って記載される（商759条1項）。倉荷証券と同様に，法定記載事項の一部が欠けていたり，法定記載事項以外の事項が記載されても，証券は無効にならない。また，船荷証券は運送品の受取りを原因として発行され，また船荷証券の記載が事実と異なることをもって善意の第三者に対抗できないので，要因証券および文言証券性（商760条）を有する。さらに，船荷証券は，証券の引渡しによって運送品自体の引渡しと同一の効力を有する引渡証券であり（商763条），証券と引換えでなければ運送品を引き渡す必要がない受戻証券（商764条）であるほか，証券上に表示された運送品につき譲渡・質入れ等の処分を行う場合はその証券をもってしなければならない処分証券でもある（商761条）。

> 争点　**船荷証券の物権的効力**
> 　船荷証券は，運送品の引渡請求権を表章した有価証券であり，本来的には運送契約の当事者以外の第三者に流通することが予定されている。そのため，船荷証券授受の当事者である荷送人と船荷証券所持人との間のほか，運送人と荷送人，船荷証券所持人と運送人との間において法律関係が生じうる。このうち，荷送人と船荷証券所持人との間での船荷証券の交付の場合，交付によって船荷証券記載の運送品の引渡しと同一の効力を有するので，運送中の運送品を船荷証券によって処分することが可能になる。この船荷

証券の効力を，物権的効力という（商761条・763条）。この効力によって荷送人は，運送人の支配下にある運送品を目的物とした売買・担保設定を容易に行うことができる。

　もっとも，この物権的効力を有する結果，民法所定の指図による占有移転の原則（民184条）との関係が問題になる。これについて，相対説では，船荷証券の引渡しを相対的な占有移転原因であると解し，したがって，運送人が運送品の直接占有を有するが，証券の引渡しによって運送品の間接占有が移転すると構成する。かつては民法所定の指図による占有移転手続をとらなければ，運送品の占有移転はないとされたが（厳正相対説），商法763条を空文化し，手続自体も迂遠であるので，現在支持する者はいない。そのため，船荷証券は運送品を「代表」する力があるので，運送人の直接占有下にある運送品の占有移転は，民法所定の指図による占有移転の手続をとらなくても，証券の引渡しによって運送品の間接占有が移転するとの見解が主張されたところであるが（代表説。大判大正9年10月14日民録26輯1485頁等），運送人がたとえば一時的に占有を喪失したような場合，これによって船荷証券の物権的効力も否定される状況が生じることになる（船荷証券の流通性の阻害）。そこで，この状況を避けるため，民法所定の指図による占有移転の原則とは別に，商法上，船荷証券の物権的効力を独自の占有移転原因として定めたものと解する絶対説が主張された。この説では，運送人が運送品の占有を一時的に失っても，これと無関係に船荷証券の引渡しによって運送品の占有は証券の譲受人に移転するとされる。ただし，絶対説でも，船荷証券は運送品自体を表章するものではなく，それゆえ，運送品に対し善意取得者が出現したり（民192条），運送品そのものが滅失したような確定的な喪失の場合には，船荷証券の引渡しに物権的効力を認めない。そうであれば，実際上，前述の代表説と，絶対説との間においてそれほど差異が認められるわけではない。

(6)　海上運送状交付義務

　船舶の高速化等は，船舶が目的地に到達した時に船荷証券が荷受人に届いていない現象を生じさせ，そのため，実務上，グループ企業の間での取引等においては，船荷証券ではなく，受戻証券性を有しない海上運送状が

利用されることが多い。そこで，このような実務上の扱いに基づき，運送人または船長は，荷送人または傭船者の請求により，運送品の船積み後遅滞なく，船積みがあった旨を記載した海上運送状を交付しなければならず，たとえ運送品の船積み前においても，その受取り後は，荷送人または傭船者の請求により，受取りがあった旨を記載した海上運送状を交付しなければならない旨の規定が設けられた（商770条1項）。ただし，運送品について現に船荷証券が交付されている場合は除かれる（同条4項）。その記載事項は，原則として船荷証券の記載事項に係る商法758条1項各号に準拠する（商770条2項1号・2号）。

7　発航および運送に係る義務

運送品の船積みおよび積付けが完了すれば，直ちに船舶を発航させなければならない。発航の時期は，航海傭船契約の場合は契約に定めるところによるのに対し，定期個品運送契約の場合はあらかじめ公表された発着時間表による。船積期間経過後のように，一定の場合には，傭船者が運送品の全部の船積みをしていないときであっても，船長は直ちに発航でき（商751条・737条2項），傭船者の請求があれば発航しなければならない（商750条1項）。正当な理由がある場合を除き，運送人は，予定の航路を変更すること（離路）なく，相当の速力をもって目的港まで航行する義務を負う（船員9条参照）。この義務を，直航義務という。国際海上物品運送法では，正当な理由に基づく離路に関する例示として，海上における人命もしくは財産の救助行為またはそのためにするものが掲げられる（国際海運4条2項8号参照）。また，国際海上物品運送法では，運送人は，自己またはその使用する者が運送品の受取り，船積み，積付け，運送，保管，荷揚げおよび引渡しにつき注意を怠ったことにより生じた運送品の滅失，損傷または延着について，損害賠償の責を負うものとされる（国際海運3条1項）。もっとも，航海中燃料がなくなったことから積荷の燃料を当てるような場合，すなわち，積荷を事実上処分する（航海の用に供する）場合においても，運送人は，運送賃の全額を請求することができる（商746条・756条1項）。

8 陸揚げ・引渡し

(1) 陸揚げ

運送人は，運送契約上予定された陸揚港または傭船者の指定する陸揚港に船積船舶を入港させなければならないが，当該船舶が港に到着すると，運送品を陸揚げし，荷受人（船荷証券の所持人）または傭船者に引き渡さなければならない。陸揚げは，船倉から運送品を取り出してこれを船側まで運ぶ作業と，船側から埠頭または艀に荷降ろしする作業からなる。陸揚げの方法には総揚げ（倉渡し）と直取り（直取りまたは本船渡し）があり，通常は専門の陸揚代理業者を通じて行われる。陸揚準備が整うと，航海傭船契約の場合，船長は，遅滞なく，荷受人にその旨の通知を発する（商752条1項）。陸揚期間は，通常は契約または慣習によって定まるが，船積みの場合と同様の規定が設けられている（同条2項・3項。商748条2項・3項参照）。

(2) 引渡し

運送人は，運送行為の最終段階として，陸揚港において運送品を荷受人または船荷証券の所持人に引き渡すが，この荷渡しによって運送人の運送契約上の債務は終了する。とりわけ定期個品運送の場合，短時間に大量の運送品を陸揚げする必要があるので，通常は運送品がまず一括して陸揚げされ（総揚げ），船主の陸上の使用人または代理人（倉庫業者・運送取扱人等）を通じて引き渡される。引渡しは，船荷証券が発行されている場合は船荷証券と交換で行われる（商761条・764条）。数通の船荷証券が発行された場合，陸揚港では，運送人は1通の所持人からの引渡請求にも応じる必要がある（商765条1項）。もし2人以上の船荷証券の所持人がある場合において，その1人が他の所持人より先に運送人から運送品の引渡しを受けたときは，他の所持人の船荷証券はその効力を失うことになる（商766条）。これに対し，陸揚港外においては，船荷証券の全部の返還を受けなければ，運送人は運送品の引渡しをすることができない（商765条2項）。

もっとも，実務慣行では，船荷証券と引換えに直接に運送品の引渡しを

行う方法はとられないといわれる。運送人は，本船が陸揚地に到着する前に荷受人から運送品に関する船荷証券を回収し，運送賃その他の費用（立替金等）を徴収し，荷受人またはその代理業者に荷渡指図書を交付する。その後，荷受人は，運送人が指定する陸揚代理業者（総揚げ）または本船船長（直取り）に対し荷渡指図書を提示して，荷渡を受けることになる。

(3) 荷渡指図書

　荷渡指図書とは，運送人が陸揚代理業者または本船船長に対し，荷渡指図書と引換えに運送品を引き渡すべき旨を指示した書類をいい，船名，品名，個数，数量，荷印，船荷証券番号等が記載されるものである。荷渡指図書の発行に際しては，船荷証券その他の船積関係書類と照合したうえで，記載事項を一致させなければならない。たんなる指図書なので，流通性を有しないが，ただし，船荷証券と同様の物権的効力を有するかという問題が生じる（運送品の占有が荷渡指図書の授受によって証券の所持人に移転するかどうか）。判例によれば，物権的効力は否定される（最判昭和57年9月7日判時1057号131頁）。

9　仮渡し・保証渡し

　船荷証券が発行されれば，運送品は船荷証券の受戻証券性に基づき船荷証券と引換えに引き渡される。もっとも，運送品が陸揚港に到着したが，船荷証券の盗難や遺失など，荷受人（買主）が船荷証券を入手できない場合も考えられる。そうであれば，運送人は引渡しの遅延によって本船を出港できず，出費を強いられる場合もある。そのため，運送人は，荷受人が，後日，船荷証券を入手次第，自己に受け戻すことを条件に，荷受人の便宜上，船荷証券と引き換えることなく，運送品を荷受人に引き渡すことがある。これを仮渡しという。しかし後日，もし船荷証券を回収できなければ，運送人は証券の所持人に対し，損害賠償責任を負うことになるため，仮渡しに際して船荷証券の回収不能に備え，荷受人の取引銀行を連帯保証人とする保証状を入れさせることが多い。これを保証渡しという。仮渡しおよ

び保証渡しの法的有効性に関して，判例上も商慣習として有効なものとして解されている（大判昭和5年6月14日新聞3139号4頁）。

10　海上物品運送契約の終了（当事者による任意解除）

　海上物品運送契約は，運送人が陸揚港で荷受人（船荷証券の所持人）に対し，運送品を引き渡すことで契約の目的を達成し，終了するが，海上運送に特有の危険が発生したり，海上運送に長時間を要する結果として，その間に市場の変動が生じるなど，海上運送契約を終了させる必要性が生じることもある。そのため，商法では，当事者によって当該契約を解除する可能性が認められている。

(1)　船舶の発航前

　すなわち，個品運送契約または全部航海傭船契約の場合，船舶の発航前においては，荷送人または傭船者は，運送賃の全額および滞船料（全部航海傭船契約の場合）を支払うことで契約を解除することができ（商743条1項・753条1項），その場合，契約の解除によって運送人に生ずる損害の額が，運送賃の全額（および滞船料〔全部航海傭船契約の場合〕）を下回るときであれば，その損害を賠償することで足りる（商743条1項但書・753条但書）。もっとも，この規定は，個品運送契約では，運送品の全部または一部の船積みがされた場合，他の荷送人および傭船者の全員の同意を得たときに限って適用され，この場合，運送品の船積みおよび陸揚げに要する費用を負担するのは荷送人である（商743条2項）。運送人に対する付随の費用および立替金の支払義務も免れえない（商744条）。これに対し，全部航海傭船契約の場合，運送品の全部または一部の船積みをした後に解除したときは，傭船者がその船積みおよび陸揚げに要する費用を負担するほか（商753条2項。一部航海傭船契約につき，商755条→743条2項），傭船者が船積期間内に運送品の船積みをしなかった場合，運送人は，その傭船者が全部航海傭船契約を解除したものとみなすことができる（商753条3項）。

(2) 船舶の発航後

　これに対し，発航後においては，個品運送契約の場合，荷送人は，他の荷送人および傭船者の全員の同意を得，かつ運送賃等および運送品の陸揚げによって生ずべき損害額の合計額を支払わなければ（または相当の担保の提供），契約を解除できない（商745条。一部航海傭船契約につき，商755条→745条）。これに対し，全部航海傭船契約の場合には，傭船者は，運送賃等および運送品の陸揚げによって生ずべき損害額の合計額，および滞船料を支払わなければ（または相当の担保の提供），契約を解除できない（商754条）。

確認事項■海上運送人の義務

　海上運送人の本質的義務は，海上運送人が運送品を受け取って保管し，運送品を船積みした上で，遅滞なく発航に着手し，運送を実行し，到達地では運送品を陸揚げして，荷受人に引き渡すことである。
(1) 物品運送契約の締結
　① 船舶の提供義務
　　・堪航能力担保義務（商739条・756条1項・707条，国際海運5条）
　② 船積みの段階
　　・船舶回航義務
　　・船積準備完了の通知義務（商748条・749条，国際海運15条）
　　・碇泊義務（航海傭船契約の場合）
　　・運送品の受取りおよび船積み義務（参照，商740条1項・756条1項。国際海運6条）
　　・船荷証券交付義務（商757条1項）　・海上運送状交付義務（商770条）
　③ 航海・陸揚げ・引渡しの段階
　　・発航・直航義務（参照，商751条・737条2項・750条1項）
　　・運送品の保管・運送義務
　　・運送品の陸揚げ義務（参照，商752条1項～3項・748条2項・3項）
　　・運送品の引渡し義務（＊荷渡指図書，仮渡し，保証渡し）
(2) 物品運送契約の終了
　　・当事者による任意解除（商743条・753条・745条・754条・755条）

11 海上運送人の責任

(1) 運送人の責任原因

　運送人は，船積港における発航の当時，船倉，冷蔵庫その他運送品を積み込む場所については，運送品の受入れ，運送および保存に適する状態に置かなければならない（商739条1項3号・756条1項・707条，国際海運5条3号）。発航の当時，この事項を欠いたことにより，運送品に滅失，損傷または延着が生じた場合については，運送人がその当時，この事項について注意を怠らなかったことを証明しない限り，損害賠償責任を負う（商739条1項但書，国際海運3条1項・4条1項・5条2項）。この責任は，特約によっても免除し，または減免することができない（商739条2項・756条1項・2項。なお，国際海運11条1項参照）。もっとも，国際海上物品運送法では，運送人は，船長等の航行もしくは船舶の取扱いに関する行為（航海上の過失）によって生じた損害または（運送人の故意・過失に基づくものを除く）船舶における火災によって生じた損害については賠償責任を負わず，また海上に特有の危険等，一定の免責事由が定められていることに留意されなければならない（国際海運3条2項・4条2項）。

(2) 損害賠償額の定型化と高価品の特則

　損害賠償額は，民法の一般原則によれば，債務不履行と相当因果関係にある範囲内において確定される。しかしながら，運送人の損害賠償責任の場合，大量の物品の運送を迅速に実行する運送営業としての性質と，法律関係の画一的処理，さらに損害賠償額に関する紛争の防止から，運送人の損害賠償額は定型化されるのが望ましい。この意味において国際海上物品運送法では，損害賠償の額について特別の定めが設けられており，荷揚げされるべき地および時（運送契約上の荷揚地および荷揚時）における運送品の市場価格（取引所の相場がある物品についてはその相場）によって定められる旨が規定される（国際海運8条1項本文）。もっとも，市場価格がないときは，その地および時における同種類で同一の品質の物品の正常な価格によって定められるが（同項但書），海運実務上は，到達地の正常な価格

の算定は困難なので，価格・保険料・運賃から構成されるいわゆるCIF価格を市場価格とみなしている。もし運送品に関する損害が，運送人の故意または損害の発生するおそれがあることを認識しながらした無謀な行為により生じた場合には，運送人は一切の損害を賠償する責任を負う（国際海運10条）。

　さらに，国際海上物品運送法では，高価品に関する運送人の責任も準用されるので，貨幣，有価証券その他の高価品については，荷送人が運送を委託するにあたり，その種類および価額を通知した場合を除き，運送人は，その滅失，損傷または延着について損害賠償の責任を負わない（国際海運15条→商577条）。高価品は，普通品と比べて損害の発生の危険性が大きく，損害額も巨額に及ぶからであり，他方，運送人は，運送品が高価品であることを知れば割増運送賃を受け取り，運送にあたって特別の注意を払い，損害の防止に努めることができるからである。

(3) 不法行為責任との関係

　陸上物品運送契約でも述べたように，債務不履行責任と不法行為責任の併存を認めるかどうかが争われ，かつての判例（最判昭和44年10月17日判時575号71頁）では請求権競合の立場にあった。しかしながら，現在では，陸上物品運送契約の運送人の不法行為責任につき，商法576条（損害賠償の額），577条（高価品の特則），584条および585条（運送人の責任の消滅）の規定は，運送品の滅失等についての運送人の荷送人または荷受人に対する不法行為による損害賠償の責任に準用することが規定されたことから（商587条本文），不法行為責任も競合することになる。この問題に関して，国際海上物品運送法ではすでに立法的解決が図られており，高価品（商577条）等に関する規定の，運送人の不法行為責任への準用規定が設けられている（国際海運16条1項）。また，運送品に関する運送人の責任が免除・軽減される場合には，その責任が免除・軽減される限度で，運送人の被用者の不法行為による損害賠償の責任も免除・軽減される（国際海運16条3項。いわゆるヒマラヤ条項）。

12 海上運送人の責任の限度

　国際海上物品運送法では，運送人が，運送品の受取り等，運送契約法上の注意を怠った場合，運送人はその損害を賠償する責任を負うが（国際海運3条1項），もともと運送人の損害賠償責任は，実際上は船荷証券の約款において各種の免責約款が設けられ，責任を減免する場合が多かった。しかしその反面，弊害も指摘されたため，いわゆるハーグ・ルールに基づく1924年船荷証券条約では，免責約款を制限すると同時に，運送人の法定免責事由を定めるなど，運送人と荷主との間の利害関係について調整が図られた。

　まず，運送品に関する運送人の責任は，①滅失，損傷または延着に係る運送品の包（箱や袋などによって包装された運送品）または単位（船荷証券に計算または計量の単位として記載されるもの）の数に，1計算単位（国際通貨基金の特別引出権〔SDR〕に相当する金額）の666.67倍を乗じて得た金額，または②当該運送品の総重量について1kgにつき1計算単位の2倍を乗じて得た金額のうち，いずれか多い金額を限度とされる（国際海運9条1項1号・2号）。運送人の責任の限度は，基本的に運送人に有利ではあるとはいえ，運送品に係る損害が，運送人の故意により，または損害の発生するおそれがあることを認識しながらした無謀な行為により生じたものであるときは，責任の限度は適用されない（国際海運10条）。また，運送品や堪航能力に関する注意義務，船荷証券の作成等の規定に反する特約で，荷送人，荷受人または船荷証券所持人に不利益なもの，さらに運送品の保険契約によって生ずる権利を運送人に譲渡する契約その他これに類似する契約は無効とされ，免責約款の強行法的禁止が確立されている（国際海運11条1項）。

チェックポイント

(1) 個品運送契約および航海傭船契約の違いについて論じなさい。
(2) 海上運送人の堪航能力担保義務とは何か，論じなさい。
(3) 海上運送人はどのような責任を負うか，論じなさい。
(4) 船荷証券および海上運送状について，論じなさい。

第4節　物品運送契約—航空運送

1　航空物品運送契約に関する法規整とその性質

　航空運送とは，航空法2条1項に規定する航空機（人が乗って航空の用に供することができる飛行機，回転翼航空機等）による物品または旅客の運送のことをいうが（商569条4号），商法上，直接の明文規定は設けられていない。むしろ，国際航空運送に関する1929年の「国際航空運送についてのある規則の統一に関する国際条約（ワルソー条約）」，ならびにワルソー条約に代わる新たな条約である，1999年成立のモントリオール条約（国際航空運送についてのある規則の統一に関する条約）が存在するにすぎず，私法的な規整があるわけではない。そのため，当該条約と同一の内容の航空運送約款が利用されるのが通例である。

　運送人が航空機を用いて貨物の運送を引き受ける契約では，荷送人と利用運送事業者が個品運送契約を締結し，後者の利用運送人が実際運送人との間で個品運送契約を締結する場合が多いが，この場合の利用運送人および実際運送人との契約も，諾成・不要式の契約である。

2　航空運送状

　航空運送状とは，運送契約の締結および運送人による貨物の引受けの事実，運送条件その他の一定の事項を証する証拠証券であり，荷送人によって原本3通が作成され（モントリオール条約7条1項），荷受人および運送人に交付される（同7条2項）。もっとも，運送人は，運送に係る記録を保存する電子的手段を運送状の交付に替えることもでき，運送人が要請するときは，運送人は，荷送人に対し送り荷の識別および当該手段によって保存される記録に含まれる情報の入手を可能にする貨物受取証を交付する（同4条2項）。航空運送状には，モントリオール条約上，出発地および到達地等の記載が要求されるが（同5条），実務上は国際航空運送協会

(IATA) によって貨物の種類・箇品の数・実重量・記号・外見状態や，貨物の申告価格等を定めた統一様式が用意され，運送人もこれに従った書式を用いている。この航空運送状は，反証がない限り，契約の締結，貨物の引受けおよび運送の条件に関して証明力を有し（同11条1項），貨物に関しても，貨物の重量，寸法および荷造りならびに荷の個数に関する航空運送状または貨物受取証に記載された申告は，反証がない限り，証明力を有する（同11条2項本文）。荷送人は，貨物到達地において荷受人が適法に引渡しを請求するときまで，貨物の返還を請求する等の貨物を処分する権利（貨物処分権・運送品処分権）を有するが，運送人は，荷送人用の航空運送状または荷送人に交付した貨物受取証の呈示がなされた場合でなければ，荷送人の当該指図に従ってはならない（同12条1項・3項）。

3 国際航空貨物運送における貨物の引渡し

運送契約上，荷受人と指定された者は，貨物が到達地に到達したときは，運送人に対し，料金を精算しおよび運送の条件に従うことを条件に，証券を提示することなく貨物の引渡しを要求する権利を有する（モントリオール条約13条1項）。反対に，運送人の側では，実運送契約・利用運送契約を問わず，貨物が法律または税関の規則に従って，税関その他の政府機関に引き渡された場合において，運送人が荷受人に蔵置解除を受けるための証明書を与え，かつ到着通知を発送したときは，荷受人に対する貨物の引渡しは完了したものとされる（標準国際利用航空運送約款30条3項）。

4 航空運送人の責任

もし貨物に対して破壊，滅失またはき損が生じ，損害が発生した場合については，その損害の原因となった事故が航空運送中に生じたものであることのみを条件として，運送人は責任を負うほか（モントリオール条約18条1項・3項・4項），延着から生じた損害の場合にも，運送人その使用人および代理人が損害を防止するために合理的に要求されるすべての措置を

とったこと，またはそのような措置をとることが不可能であったことを証明する場合を除き，責任を負う（同19条）。もっとも，賠償の請求者または賠償の請求者の権利を生じさせた者の過失または不当な作為もしくは不作為が損害を生じさせ，または損害に寄与したことを運送人が証明する場合には，運送人は，当該過失または不当な作為もしくは不作為が損害を生じさせ，または損害に寄与した範囲内において請求者に対する責任の全部または一部を免れる（同20条）。破壊，滅失，き損または延着の場合における運送人の責任は，原則として重量1kg当たり17特別引出権の額を限度とする（同22条3項）。

> **確認事項■モントリオール条約（平成15年10月29日条約第6号）**
> 本文中に掲げられたモントリオール条約の各規定を確認しよう。
>
> 第4条（貨物） 貨物の運送については，航空運送状が交付されるものとする。
> 2 運送についての記録を保存する他のいかなる手段も，航空運送状の交付に替えることができる。当該他の手段を用いる場合において，荷送人が要請するときは，運送人は，送り荷の識別及び当該他の手段によって保存される記録に含まれる情報の入手を可能にする貨物受取証を荷送人に交付する。
>
> 第5条（航空運送状又は貨物受取証の記載事項） 航空運送状又は貨物受取証には，次の事項の記載を含める。
> (a) 出発地及び到達地
> (b) 出発地及び到達地が一の締約国の領域内にあり，かつ，一又は二以上の予定寄航地が他の国の領域内にある場合には，当該予定寄航地のうち少なくとも一の予定寄航地
> (c) 送り荷の重量
>
> 第7条（航空運送状についての説明） 航空運送状は，荷送人が原本三通を作成する。
> 2 第一の原本には，「運送人用」と記載して，荷送人が署名する。第二の原本には，「荷受人用」と記載して，荷送人及び運送人が署名する。第三の原本には，運送人が署名し，当該第三の原本は，運送人が貨物を引き受けた後に荷送人に手交する。
> 3 運送人及び荷送人の署名は，印刷又はスタンプをもって替えることができる。

4　荷送人の要請により運送人が航空運送状を作成した場合には，反証がない限り，荷送人のために作成したものと認める。

第11条（書類の証明力）　航空運送状又は貨物受取証は，反証がない限り，これらに記載された契約の締結，貨物の引受け及び運送の条件に関して証明力を有する。
2　貨物の重量，寸法及び荷造り並びに荷の数に関する航空運送状又は貨物受取証に記載された申告は，反証がない限り，証明力を有する。貨物の数量，容積及び状態に関する申告は，運送人が荷送人の立会いの下にその申告を点検し及びその旨が航空運送状若しくは貨物受取証に記載された場合又はその申告が貨物の外見上明らかな点に関するものである場合を除くほか，運送人に対する不利な証拠とはならない。

第12条（貨物を処分する権利）　荷送人は，運送契約に基づくすべての債務の履行につき責任を負うことを条件として，出発飛行場若しくは到達飛行場で貨物を回収し，運送の途中における着陸の際に貨物を留め置き，当初指定した荷受人以外の者に対する到達地若しくは運送の途中における貨物の引渡しを要求し又は出発飛行場へ貨物を返送させることにより，貨物を処分する権利を有する。当該荷送人は，運送人又は他の荷送人の利益を侵害するような方法でその権利を行使してはならず，また，当該権利の行使によって生じた費用を償還しなければならない。
2　運送人は，荷送人の求めに応ずることができない場合には，直ちにその旨を荷送人に通知しなければならない。
3　運送人は，荷送人用の航空運送状又は荷送人に交付した貨物受取証の提示を要求することなく貨物の処分に関する荷送人の求めに応じた場合には，これにより当該航空運送状又は貨物受取証を合法的に所持する者に与えることがある損害について責任を負う。このことは，荷送人に対する運送人の求償を妨げるものではない。
4　この条に基づき荷送人が有する権利は，荷受人の権利が次条の規定に従って生ずる時に消滅する。ただし，荷受人が貨物の受取を拒否する場合又は荷受人と連絡をとることができない場合には，荷送人は，その権利を回復する。

第13条（貨物の引渡し）　荷送人が前条に基づく権利を行使した場合を除くほか，荷受人は，貨物が到達地に到達したときは，運送人に対し，料金を精算し及び運送の条件に従うことを条件として，貨物の引渡しを要求する権利を有する。
2　別段の合意がない限り，運送人は，貨物の到達を速やかに荷受人に通知する。

3 　運送人が貨物の滅失を認める場合又は貨物が到達すべきであった日の後七日が経過しても到達しなかった場合には，荷受人は，運送人に対し，運送契約から生ずる権利を行使することができる。

第18条（貨物の損害）　運送人は，貨物の破壊，滅失又はき損の場合における損害については，その損害の原因となった事故が航空運送中に生じたものであることのみを条件として，責任を負う。
2 　運送人は，貨物の破壊，滅失又はき損が次の一又は二以上の原因から生じたものであることを証明する場合には，その範囲内で責任を免れる。
(a)　貨物の固有の欠陥又は性質
(b)　運送人又はその使用人若しくは代理人以外の者によって行われた貨物の荷造りの欠陥
(c)　戦争行為又は武力紛争
(d)　貨物の輸入，輸出又は通過に関してとられた公的機関の措置
3 　1の規定の適用上，航空運送中とは，貨物が運送人の管理の下にある期間をいう。
4 　航空運送中とする期間には，飛行場外で行う陸上運送，海上運送又は内水運送の期間を含まない。ただし，これらの運送が航空運送契約の履行に当たり積込み，引渡し又は積替えのために行われる場合には，損害は，反証がない限り，航空運送中における事故から生じたものと推定する。運送人が，荷送人の同意を得ることなく，当事者間の約定の上では航空運送によることを意図していた運送の全部又は一部を他の形態の輸送手段による運送に替えた場合には，当該他の形態の輸送手段による運送の期間も，航空運送中とみなす。

第19条（延着）　運送人は，旅客，手荷物又は貨物の航空運送における延着から生じた損害について責任を負う。ただし，運送人は，運送人並びにその使用人及び代理人が損害を防止するために合理的に要求されるすべての措置をとったこと又はそのような措置をとることが不可能であったことを証明する場合には，延着から生じた損害について責任を負わない。

第20条（責任の免除）　賠償の請求者又は賠償の請求者の権利を生じさせた者の過失又は不当な作為若しくは不作為が損害を生じさせ又は損害に寄与したことを運送人が証明する場合には，運送人は，当該過失又は不当な作為若しくは不作為が損害を生じさせ又は損害に寄与した範囲内で，請求者に対する責任の全部又は一部を免れる。旅客の死亡又は傷害を理由として当該旅客以外の者が賠償を請求する場合においても，運送人は，同様に，当該旅客の過失

又は不当な作為若しくは不作為が損害を生じさせ又は損害に寄与したことを自ら証明するときは，その範囲内で責任の全部又は一部を免れる。この条の規定は，次条1の規定その他この条約中責任について定めるすべての規定について適用する。

第22条　延着，手荷物及び貨物に関する責任の限度
3　貨物の運送については，破壊，滅失，き損又は延着の場合における運送人の責任は，重量1キログラム当たり17特別引出権の額を限度とする。ただし，荷送人が荷を運送人に引き渡すに当たって到達地における引渡しの時の価額として特定の価額を申告し，かつ，必要とされる追加の料金を支払った場合は，この限りでない。この場合には，運送人は，申告された価額が到達地における引渡しの時における荷送人にとっての実際の価値を超えることを証明しない限り，申告された価額を限度とする額を支払う責任を負う。

第5節　旅客運送契約

1　旅客運送契約

　旅客運送契約は，運送人が旅客を運送することを約し，相手方がその結果に対してその運送賃を支払うことを約することによって，その効力を生じる（商589条）。旅客運送契約も請負契約（民632条以下）の一種であり，旅客の運送という仕事の完成が目的とされる諾成・不要式の契約であるが，大量かつ集団的な取引を処理するために，一般的に後述する乗車券が発売されるのが通例である。貸切りバスのように，運送前に明示的に契約の申込みと承諾（引受け）がなされる場合もあるが，通常は乗車券の購入時あるいは乗車後に購入する場合は乗車時にそれぞれ運送契約が成立する。鉄道や軌道，自動車による旅客運送の場合，鉄道営業法や道路運送法等の特別な法令や，これに基づく運送約款が定められるので，商法の規定（商589条〜594条）があるとはいっても，当該規定が適用される余地は少ない。

これに対し，海上旅客運送は，海上において船舶による人の運送を引き受ける契約であり，その法的性質が請負契約であることに変わりはない。商法上，従前では海上旅客運送に係る直接の規定が存在したが（平成30年改正前商法777条〜787条），標準運送約款が整備等されていることから，現在では直接の規定はなく，多くは普通取引約款によって定型化された前述の標準運送約款（海上運送法9条3項に基づく標準運送約款〔昭和61年運輸省告示第252号〕）や，日本外航客船協会制定の標準外航利用運送約款（平成2年運輸省告示第586号）等によっている。海上旅客運送契約は，旅客の申込みと運送人の承諾によって成立する諾成・不要式の契約であるが，その契約の締結は，定型的に約款によって行われるのが一般的であり，運送人は，契約の履行のため，旅客に運送賃を前払いさせ，これに対して乗船切符を発行する（標準運送約款8条1項〔当社は，営業所において所定の運賃及び料金を収受し，これと引き換えに乗船券を発行します〕）。

また，国際航空旅客運送契約も，諾成・不要式の契約であるが，旅客切符（運送証券）が契約の締結後に交付される（モントリオール条約3条1項〔旅客の運送については，次の事項を記載した個人用又は団体用の運送証券が交付されるものとする〕）。

2　乗車券

旅客運送の場合には，前述のように，運送人が乗車券を発行し，旅客が乗車券を購入して運送賃の前払いをするのが通例である。乗車券によって少なくとも旅客運送契約と運送賃の前払いの両者の存在が証明されることに問題はない。しかし，乗車券の内容もその種類に応じてさまざまであるので，法的性質もその種類に応じて異なってくる。ただし，現在では，バスや電車等の利用に際してSuica等のICカードを使用する場合が多い。

(1)　無記名式乗車券

個々の運送ごとに乗車前に発行される無記名式乗車券は，運送債権を表章する有価証券であり，乗車前はたんなる乗車券の交付によって運送債権

を自由に譲渡できる。他方，乗車（改札）後にあっては，運送人は特定の旅客に対してのみ運送契約上の義務を負い，その有価証券性は消滅するとともに，運送契約に関するたんなる証拠証券にすぎなくなる。

(2) 記名式乗車券（定期券）

記名式乗車券は，通常，その通用期間と通用区間が指定された包括的な運送契約を表章する記名式の証券であり，権利者の資格や利用目的が限定されることから，譲渡性は否定される（たとえば海上運送の乗船切符に関して，標準運送約款9条2項参照）。そのため，記名式乗車券は，運送契約の証拠証券としての性質しかない。一般に定期券を喪失した者がその購入と喪失の事実を証明しても，運送債権者として地位を回復できないので，譲渡の禁止された有価証券である。

(3) 回数乗車券

回数乗車券も無記名式が一般的であり，学説上は，回数乗車券の購入によって包括的な運送契約上の権利を表章する有価証券であると解している。もっとも，判例では，東京市電が運賃を値上げした際に値上げ前に発売された回数乗車券の所持人については，その差額を支払って乗車すべき旨が布告されたことに対し，所持人の1人が差額を支払わずに乗車できる旨の確認を求めて訴えに及んだ事件に関して，大判大正6年2月3日民録23輯35頁では，「金額だけが印字されている回数券について，運送人は回数券の授受により所持人に対して運送義務を負担するものではなく，乗客が乗車の際に回数券を提出すると乗車賃金に代えてこれを受領する責務を負担するにすぎない」と判示し，追加料金の支払いを要するものとした。つまり，運送賃の支払いを証明し，運送賃に代用される一種の票券にすぎないと解したのである。

3 旅客運送人の責任

運送人は，運送に関し注意を怠らなかったことを証明しなければ，旅客

が運送のために受けた損害を賠償する責任を負わなければならない（商590条1項。なお，標準運送約款20条1項〔当社は，旅客が，船長又は当社の係員の指示に従い，乗船港の乗降施設（…）に達した時から下船港の乗降施設を離れた時までの間に，その生命又は身体を害した場合は，これにより生じた損害について賠償する責任を負います〕ならびにモントリオール条約17条1項〔運送人は，旅客の死亡又は身体の傷害の場合における損害については，その死亡又は傷害の原因となった事故が航空機上で生じ又は乗降のための作業中に生じたものであることのみを条件として，責任を負う〕も参照）。特約によっても，大規模な火災等，一定の場合を除き，旅客の生命または身体の侵害による運送人の損害賠償責任を免除し，または軽減することはできない（商591条1項・2項）。被害者である旅客が事故により死亡した場合においては，その慰謝料請求権は相続人が相続する（最判昭和42年11月1日民集21巻9号2249頁）。

> **確認事項** 運送人の過失が肯定または否定された事案
> 判例・裁判例で確認してみよう。
> (1) 運送人の過失が肯定されたもの
> ① 岩石の崩落のおそれのある場所に相当の予防設備を施さなかったために生じた列車事故（大判大正9年6月17日民録26輯895頁）。
> ② 線路の故障により列車の運転を危険ならしめるおそれがあるのに，線路を看守・巡視しなかったために生じた列車事故（大判大正9年6月17日民録26輯902頁）。
> ③ 車内床面に塗布された防塵剤による転倒を免れようとして乗客が負傷した例（東京地判昭和42年3月1日判時483号51頁）。
> (2) 運送人の過失が否定されたもの
> ① 通勤ラッシュ時に到達した電車の乗客に押されてホームに転倒し，負傷した場合（東京地判昭和44年10月8日判時588号85頁）。
> ② 進行中の列車から無謀な飛び降りによってみずから招いた旅客の転落事故（大阪地判昭和46年2月10日判時634号70頁）。

これに対し，旅客の手荷物に生じた損害については，商法上，運送人が手荷物の引渡しを受けた場合と受けなかった場合において区別される。まず，旅客から手荷物の引渡しがなされた場合（託送手荷物）には，当該手荷物は運送人の保管のもとで運送される点において物品運送の場合と共通

するので，運送人はとくに運送賃を請求しないときであっても，物品運送人と同一の責任（商575条〔運送人の責任〕・576条〔損害賠償の額〕・577条〔高価品の特則〕）を負う（商592条1項。なお，海上運送の場合について，標準運送約款の受託手荷物及び小荷物運送の部の12条参照）。運送人の被用者も，物品運送契約における運送人の被用者と同一の責任を負う（商592条2項）。手荷物が到達地に到着した時から1週間以内に旅客がその引渡しを請求しない場合，運送人はその手荷物の供託・催告後競売をすることができる（同条3項）。

　反対に，旅客から手荷物の引渡しを受けていない場合（携帯手荷物。身の回り品を含む）には，その手荷物の滅失または損傷につき，故意または過失がある場合を除き，運送人は損害賠償の責任を負わない（商593条1項）。携帯手荷物の損害は，運送人の管理のもとで生じるものではないことから，旅客の側に過失の証明責任を負担させることで運送人の責任を軽減したことによる。携帯手荷物の場合にも，損害賠償の額に関する商法576条1項等の規定が準用される（商593条2項）。旅客運送の場合にも，運送人の旅客に対する債権は，これを行使することができる時から1年間行使しないときは，時効によって消滅する（商594条→586条）。

> **確認事項**｜鉄道営業法・鉄道運輸規程上の託送手荷物の扱い
>
> 　託送手荷物に関する鉄道営業法規・鉄道運輸規程上の規定について，鉄道運輸規程上は，その45条において「旅客が託送手荷物の到達した後24時間以内にこれを引き取らないときは，鉄道はその後の時間に対し相当の保管料を請求できる」とし，さらに鉄道営業法13条の2では，「荷受人および荷送人を確知することができない運送品は国土交通大臣の定めるところに従い，公告した後6か月以内にその権利者を知ることができない場合に，鉄道はその運送品，託送手荷物および一時預かり品の所有権を取得する」と規定する。

　これに対し，国際航空旅客運送契約の場合，旅客の死亡または身体の傷害の場合における損害につき，国際航空旅客運送人の責任は，その死亡または傷害の原因となった事故が航空機上で生じまたは乗降のための作業中に生じたものであることのみを条件として生じる（モントリオール条約17条1項）。わが国では，航空機が公海上で撃墜され，旅客が死亡した場合

の精神的苦痛を当該損害の範囲に含めている（東京地判平成9年7月16日判時1619号17頁〔大韓航空機撃墜事件〕）。この場合の賠償責任は，各旅客につき10万特別引出権（SDR）までの額の賠償については無過失責任であるが（モントリオール条約21条1項），それを超える部分については，当該損害が運送人またはその使用人もしくは代理人の過失または不当な作為もしくは不作為によって生じたものではないこと，当該損害が第三者の過失または不当な作為もしくは不作為によってのみ生じたことを証明した場合に責任を免れる（同21条2項）。延着の場合にも，運送人は原則として延着から生じた損害について責任を負うほか（同19条），託送手荷物の破壊，滅失またはき損の場合における損害についても原則として責任を負う（同17条2項。手荷物の延着につき，同19条のほか，仙台地判平成15年2月25日判タ1157号157頁）。

4　旅客運送人の権利

(1)　運送賃請求権

　旅客運送も請負契約の一種であると解されるので，本来ならば運送賃の支払いは，後払いが原則であるが（民633条但書→624条1項），旅客運送の場合は，運送品の先取特権や留置権によって運送賃の不払いに対応できないので，実際には前払運賃の特約があるのが通例である（たとえば鉄営15条1項）。海上旅客運送契約の場合も同様である（標準運送約款8条1項）。

(2)　留置権・先取特権

　託送手荷物がある場合，手荷物の運送賃・旅客の運送賃について当該手荷物の上に留置権を有するほか（民295条），運輸の先取特権も認められる（民311条3号・318条）。

チェックポイント

(1)　乗車券につき，無記名式乗車券，記名式乗車券（定期券）および回数乗車券の各法的性質を論じなさい。

(2) 旅客運送人の責任について論じなさい。

第6節　複合運送・相次運送

1　複数の運送人による運送契約

　取引圏が拡大すればするほど，必然的に長距離運送も要求され，全区間において単独で運送することが困難になる。そのため，同一の運送品について相次いで運送を実施する現象がみられるようになったが，これを広義の相次運送という。もっとも，1人の運送人が陸上運送，海上運送または航空運送のうち2以上の運送を1つの契約で引き受ける場合もあるが，これを複合運送という（商578条1項）。ある運送品を到達地に運送する場合において複数の運送人が関わる相次運送の場合には，これを契約形態に応じて，①部分運送，②下請運送，③同一運送，④連帯運送の各運送形態に分類される。

　まず，①部分運送とは，複数の運送人がそれぞれ独立して運送を引き受ける場合をいい，この場合には独立した運送契約が複数存在する。次に，②下請運送とは，1人の運送人が全区間にわたって運送を引き受けた上で，その全部または一部を自己の名義および計算で他の運送人に委託する場合をいい，この場合，荷送人は元請運送人と契約関係を有するにすぎず，下請運送人とは直接の契約関係に立たない。また，③同一運送とは，複数の運送人が共同して全区間の運送を引き受け，その内部で各自の担当区間を定める場合をいい，この場合，運送人全員が全区間の運送に対して連帯責任を負う（商511条）。最後に，④連帯運送とは，複数の運送人が順次に各特定区間の運送を行うが，各運送人は1通の通し運送状によって運送を引き継ぎ，共同して全区間の運送を引き受けたものと認められる場合をいう。この場合，最初の運送人と荷送人との間には全区間にわたる単一の運送契約が存在するにとどまるにすぎない。そのため，複数の運送契約が併存する部分運送とは異なるし，運送人全員が荷送人と契約関係を有するので，

下請運送とも異なる。また，複数の運送人が同時に共同して単一の債務を引き受けるのではなく，最初の運送人が単独で締結した運送契約について第2以下の運送人が順次引き継ぐ点では，同一運送とも相違する。

2　複合運送人・相次運送人の責任

　運送人は，原則として運送品の受取りから引渡しまでの間における運送品の滅失・損傷・延着によって生じた損害に対して責任を負うが（商575条），複合運送の場合においても，運送品の滅失等（運送品の滅失，損傷または延着）に対して損害賠償の責任が負わされる（商578条1項）。この場合の責任は，それぞれの運送において運送品の滅失等の原因が生じた場合に当該運送ごとに適用されることになるわが国の法令またはわが国が締結した条約の規定に従うので，基本的には運送人は，運送品の滅失等の原因が生じた運送区間に係る法令または条約の規定に従って損害賠償責任を負うことになる。

　これに対し，ある運送人が引き受けた陸上運送についてその荷送人のために他の運送人が相次いで当該陸上運送の一部を引き受けたときは，各運送人は，運送品の滅失等につき連帯して損害賠償の責任を負う（商579条3項。なお，標準貨物約款55条，58条参照）。このような規定が設けられたのは，相次運送の場合，損害がどの運送人または運送区間において発生したのかの立証が通常は困難であるので，その証明責任を免れさせ，損害賠償請求権者を保護するためにほかならない。もっとも，運送人相互の間での内部関係では，自己の担当区間に対してのみ責任を負い，損害を賠償した運送人については，過失ある運送人に対し求償権を行使することができる。海上運送および航空運送の場合も同様である（商579条4項）。

3　相次運送人の権利義務

　数人の運送人が相次いで陸上運送をするときは，後の運送人は，前の運送人に代わってその権利を行使する義務を負い，後の運送人が前の運送人

に弁済をしたときは、後の運送人は、前の運送人の権利を取得する（商579条1項・2項）。相次運送人が運送品を後の運送人に引き渡してしまったとしても、運送賃その他の費用の請求など、権利行使のために必要があっても、運送品を占有しないことから、留置権（商574条）や先取特権（民311条3号）等をみずから行使できなくなる。そのため、このような規定によって、前の運送人に代わって後の運送人にその権利を行使すべき義務を負わせ、前の運送人に後の運送人が弁済すれば、その権利を取得するものとされた。海上運送および航空運送の場合も同様である（商579条4項）。

> **確認事項▎標準貨物自動車運送約款**
> 標準貨物自動車運送約款上の相次運送（連絡運輸）に関する規定も確認しよう。
>
> 　第52条（通し運送状等）　連絡運輸に係る貨物の運送を当店が引き受け、かつ、最初の運送を行う場合（以下この節において「連絡運輸の場合」という。）において、当店が運送状を請求したときは、荷送人は、全運送についての運送状を提出しなければなりません。
> 　2　連絡運輸の場合において、当店は、荷送人から貨物引換証の請求があった場合には、当店は全運送についての貨物引換証を発行します。
>
> 　第53条（運賃、料金等の収受）　当店は、連絡運輸の場合には、貨物を受け取るときまでに、全運送についての運賃、料金等を収受します。
> 　2　当店は、前項の規定にかかわらず、全運送についての運賃、料金等を、最後の運送を行った運送事業者が貨物を引き渡すときまでに、荷受人から収受することを認めることがあります。
> 　3　第1項の場合において、運賃、料金等の額が確定しないときは、第33条第2項の規定を準用します。
>
> 　第54条（中間運送人の権利）　連絡運輸の場合には、当店より後の運送事業者は、当店に代わって、その権利を行使します。
>
> 　第55条（責任の原則）　当店は、連絡運輸の場合には、貨物の滅失、き損又は延着について、他の運送事業者と連帯して損害賠償の責任を負います。
>
> 　第56条（運送約款等の適用）　連絡運輸の場合には、他の運送事業者の行う運送

については，その事業者の運送約款又は運送に関する規定の定めるところによります。ただし，貨物の滅失，き損又は延着による損害が生じた場合であって，かつ，その損害を与えた事業者が明らかでない場合の損害賠償の請求については，この運送約款の定めるところによります。

第57条（引渡期間） 連絡運輸の場合の引渡期間は，各運送事業者ごとに，その運送約款又は運送に関する規定により計算した引渡期間又はそれに相当するものを合算した期間に，一運送機関ごとに一日を加算したものとします。

第58条（損害賠償事務の処理） 連絡運輸の場合には，貨物の滅失，き損又は延着についての損害賠償は，その請求を受けた運送事業者が損害の程度を調査し，損害賠償の額を決定してその支払いをします。

第59条（損害賠償請求権の留保） 連絡運輸の場合における第46条第1項の留保又は通知は，その運送を行った運送事業者のいずれに対しても行うことができます。

[争点] **国際複合運送人の責任**

東京地判平成3年3月29日判時1405号108頁は，「モダンアートを製作する画家X（原告；和紙を利用した女流画家）は，作品20点を米国アートエキスポに出展するため，航空運送代理店を営むY（被告）に運送を依頼し，Yはこれを会場まで運送した。展示終了後，Xは，売れ残った作品15点を返送することとし，会場のブースで，Yからの指示により訪れた米国の業者Aの職員Bらに出荷指示書を交付して，荷物を取りに来るのを待っていた。しかし，数時間待っても取りに来ないので，Xは上記の業者Aに問い合わせたところ，その職員から出荷注文書と荷物をブース内に置いて帰るよう指示されたので，指示どおりに置いて立ち去った。ところが，Xの荷物は，翌日上記会場における専属の運送業者Cが引き取りに来た時には紛失してしまっていた。Xは，本訴として，Yとの間で締結した運送契約は，日本から米国会場までの往路運送のみならず，上記会場から日本への復路運送を含み，そうでないとしても商法579条（平成30年改正商法579条3項）の相次運送に当たるとして，債務不履行に基づく損害賠償を求めた。Yは，反訴として，Xに対し運送賃の支払いを求めた」という事案であった。

これに対して，裁判所は，「商法579条（平成30年改正商法579条3項）は，陸上運送に関する規定であり，海上運送については準用されているものの，航空運送に関しては商法上規定がなく，しかも本件において仮定される復路運送は，陸上運送と航空運送の国際復合運送の形態を採ることは明らかであるが，国際航空運送に関してはいわゆるワルソー条約の規定によるべきものであり（X・Y間の航空運送状裏面にも，同条約に定められた責任に関する規定に従う，とある。），このような航空運送を含めた国際復合運送に商法579条（平成30年改正商法579条3項）を適用することは困難であるといわざるをえない。仮に同条の適用あるいは類推適用が可能であるとしても，本件においては復路運送が同条にいう相次運送に該当するという証拠はない。すなわち，同条にいう相次運送とは，いわゆる連帯運送を指し，それは数人の運送人が順次に各区間につき各自が荷送人のためにする意思を持って運送を引受け，これら数人の運送人相互間に運送の連絡関係を有する場合であって，通常は一通の通し運送状（連帯運送状）によって運送を引き受ける形式がとられるものをいい，いわゆる下請運送，すなわち，最初の運送人が全区間の運送を引き受け，その全部又は一部の運送について他の運送人を使用するが，最初の運送人のみが荷送人との契約当事者であって他の運送人はその履行補助者として荷送人との直接の法律関係に立たない運送形態はこれを含まないものと解すべきところ，本件においては，…XがBらに出荷指示書を作成交付したことによりXとAとの間に復路運送についての契約が成立したと見るべきであり，…そもそも通し運送状の作成がないばかりか，出荷指示書及び出荷注文書に運送当事者として記載されているのはAのみであることに鑑みれば，Yが行う予定であったと想像される大阪空港からY大阪支社あるいは島根県のXのアトリエまでの運送ないしその手配は，荷送人と契約関係に立って行うものではなく，Aの履行補助者として行うものといわざるをえず，したがって，その運送形態は連帯運送ではなく下請運送というべきものである（このことは，往路運送についてはより明白である。）。したがって，本件においては商法579条（平成30年改正商法579条3項）の適用あるいは類推適用の余地はないというべきである」と判示した。

チェックポイント

(1) 相次運送とは何か，論じなさい。
(2) 部分運送，下請運送，同一運送，連帯運送の各類型について，それぞれ論じなさい。
(3) 相次運送人はどのような責任を負うか，論じなさい。

第7節　運送取扱営業

1　運送取扱人の意義

　運送取扱人とは，自己の名をもって物品運送の取次ぎをすることを業とする者をいう（商559条1項）。運送取扱人は，いわゆる取次商（商502条11号）であり，その意味では問屋と同じではあるが，問屋は，取次ぎの内容が物品の販売または買入れであるのに対し，運送取扱人の取次ぎの内容は物品運送である点で相違する。しかし，運送取扱人も準問屋（商558条）に属するので，商法で特別に規定されるもの以外は，問屋に関する規定が準用される（商559条2項）。これは，もともと運送取扱営業そのものが商人の営業のための補助業として発達し，問屋営業から分離・独立したという沿革的理由による。すなわち，交通機関の発達・複雑化は必然的に荷主による運送人や運送方法の選択，荷造・通関手続・積替え等の業務の適確かつ迅速な実施を困難にさせるので，運送取扱営業として専門的に扱う運送取扱人が発達したのである。もっとも，現在では，物品運送の取次ぎ以外にも，運送業や倉庫業等を兼業している場合が多い。なお，旅客運送の取次ぎを引き受けることを業とする者は，運送取扱人ではなく，準問屋である。

　運送品の到達地で運送人から運送品を受け取り，当該運送品を荷受人に引き渡すことを業とする者は，到達地運送取扱人といわれるが，運送の取次ぎを行うわけではないため，商法所定の運送取扱人ではない。しかし，その営業内容は運送取扱人の営業に付随する業務であるため，性質の許す

限り，運送取扱人に関する規定を準用すべきであろう。

2 運送取扱人の義務および権利

(1) 運送取扱人の義務

　運送取扱契約は，問屋契約の場合と同様に，その性質は（準）委任であるので，物品運送の取次ぎの受任者として善管注意義務を負う（商559条2項→552条2項→民644条）。そのため，この義務に違反して委託者に損害を発生させた場合には，債務不履行に基づき損害賠償責任を負う（民415条）。他方，商法では，運送取扱人は，自己が運送品の受取り・保管・引渡し，運送人の選択その他の運送の取次ぎについて注意を怠らなかったことを証明するのでなければ，運送品の受取りから荷受人への引渡しまでの間にその運送品が滅失もしくは損傷し，もしくはその滅失もしくは損傷の原因が生じ，または運送品が延着したときは，これによって生じた損害を賠償する責任を負う（商560条）。この責任は，現在では債務不履行責任の特則ではなく，一般原則を注意的に規定したものと解されている（最判昭和44年10月17日判時575号71頁）。この場合の受取りとは，運送取扱人が委託者から運送品を受け取ることであり，引渡しとは，当該運送品を運送人に引き渡すことであり，保管とは，受取りから引渡しまでの間の保管を意味する。委託者の側でも，運送品が危険性を有するものである場合，通知義務を負う（商564条→572条）。高価品に関しては，運送営業の場合と同様の特則があるほか（商564条→577条），運送取扱人の責任の短期消滅時効も定められている（商564条→585条）。

(2) 運送取扱人の権利

① **報酬請求権・費用償還請求権**　運送取扱人は商人であるので，特約がなくても，相当の報酬を請求できるほか（商512条・561条1項），委託者のために立替払いした運送賃その他の必要費用の償還についても請求することができる（商559条2項→552条2項→民649条・650条）。報酬は，運送取扱人が運送品を運送人に引き渡したときに直ちに請求できるものであるが

（商561条1項），運送取扱契約において運送賃が定められた確定運賃運送取扱契約の場合には，特約がない限り，別に報酬を請求できない（同条2項）。これは，確定運賃から実際に要した運送賃を差し引いた額が運送取扱人の報酬になるからである。

② **運送品留置権** 運送取扱人には，運送品に関して受け取るべき報酬，付随の費用および運送賃その他の立替金についてのみ，その弁済を受けるまで，その運送品の上に留置権が認められる（商562条）。この場合の留置権には，被担保債権と留置物である運送品との間に牽連関係の存在が必要であるので，民法上の留置権（民295条）と同様である。しかし，民法上の留置権とは異なり，被担保債権が弁済期にあることまでは要求されない。

③ **介入権** 運送取扱人は，運送取扱の委託を受けたときは，第三者と運送契約を締結することなく，みずから運送人として運送をすることができる（商563条1項）。これを運送取扱人の介入権といい，形成権である。運送取扱人が介入権を行使した場合には，運送取扱人は，運送人と同一の権利義務を有することになり（同項後段），運送取扱人としての権利義務も併存する。運送取扱人が委託者の請求によって船荷証券または複合運送証券を作成したときは，みずから運送をするものとみなされる（同条2項）。

④ **債権の短期消滅時効** 運送取扱人が委託者または荷受人に対して有する債権は，これを行使することができる時から1年間行使しないときは，時効によって消滅する（商564条→586条）。

3 荷受人の地位

運送取扱人と荷受人（運送品の受取人）との間では，荷受人は，運送品が到達地に到達したときは，委託者が運送取扱契約に基づき運送取扱人に対して有する権利と同一の内容の権利を有し（商564条→581条1項），運送品を受け取ったときは，運送取扱人に対し運送取扱の報酬その他の費用を支払う義務を負う（商564条→581条3項）。

4　相次運送取扱い

　相次運送の場合と同様に，相次運送取扱いにも，①下請運送取扱い，②部分運送取扱い，③中継運送取扱いの区分がある。①は，運送取扱人（元請運送取扱人）が発送地においてすべての運送について取次ぎを引き受けるが，委託を受けた運送取扱業務の全部または一部をみずから実行することなく，他の運送取扱人（下請運送取扱人）に委託する場合をいう。②は，委託者が複数の運送取扱人との間で各別に運送取扱契約を締結して，特定の区間の運送の取次ぎを委託する場合をいい，各運送取扱人は当該区間に限って権利義務を有するものである。これに対し，③は，元請運送取扱人が最初の運送の取次ぎを引き受けたうえで，第二以下の各運送（または到達地での運送品の受取り・引渡し）につき，自己の名をもって委託者の計算で第二以下の運送取扱人を選定し，これに運送の取次ぎを委託する場合をいい，この場合の中継地運送取扱人および到達地運送取扱人を，中間運送取扱人という。相次運送人の権利義務を定める商法579条の規定（3項を除く）は，運送取扱人の場合にも準用される（商564条→579条）。

チェックポイント ──────────────────────
(1)　運送取扱人とは，どのような者をいうか，論じなさい。
(2)　運送取扱人の権利および義務について論じなさい。

II　物の保管と人の宿泊

第1節　倉庫営業

1　倉庫営業の経済機能

　第1章で述べた運送営業は，物（物品）や人（旅客）の流れに不可欠な営業形態である。このうち物品運送を念頭に置くと，大量の物品が，日々，取引されることから，当該物品の物流の過程では，場合によっては物品を一時的に保管してもらう必要も生じてくる。その場合に重要な役割を担うのが倉庫営業であり，倉庫営業者は，現在では，このような物流の主要な担い手として経済取引に組み込まれている。運送営業が物品の売買の地理的障害を，倉庫営業がその時間的障害を克服するものとされ，両者の密接な連携が要請される。倉庫営業者を利用できれば，大量生産された物品を需要に応じて市場に供給できるし（時間差調整機能），円滑な商品の流通のための中継点にすることが可能になろう。たしかにみずから倉庫を建設し保管することもできるが，みずから建設するよりも，倉庫営業者に物品の保管をゆだねたほうが安全かつコストも安価で済ますことができるし，さらに，倉荷証券を利用すれば，倉庫に保管された物品そのものを，倉庫に保管したまま譲渡や担保に供することができる利点もある（金融補助機能）。倉庫営業には，商法の規定のほか，倉庫業法が適用される。

2　倉庫営業者

　倉庫営業者とは，他人のために物品を倉庫に保管することを業とする者をいう（商599条）。この場合の倉庫とは，物品の保管のために供される設備であり，必ずしも家屋である必要はないので，水面倉庫等も含まれる。倉庫業法では，物品の減失もしくは損傷を防止するための工作物または物

品の滅失もしくは損傷を防止するための工作を施した土地もしくは水面であって，物品の保管の用に供するものをいうと定義される（倉庫2条1項）。この場合の物品は保管に適する一切の動産であり，不動産は含まれず，「保管することを業とする」とは，寄託の引受けを業とすることを意味する（商502条10号）。

> **Point** 倉庫の種類（倉庫業法4条1項3号，倉庫業法施行規則3条1号～10号）
>
> ① 一類倉庫，② 二類倉庫，③ 三類倉庫：一般に見かけられる代表的な建屋の倉庫。保管貨物の性状と建物の構造や設備により，倉庫が3種類のグレードに分類されている。耐火，防火，防湿等の基準により，保管可能物品に差異がある。
> ④ 野積倉庫：鉱産物や木材など風雨に強い貨物を野積で保管する野積場。
> ⑤ 水面倉庫：原木などを水面で保管する貯木場。
> ⑥ 貯蔵槽倉庫：小麦，餌・肥料など粉状，粒状のバラ貨物や石油製品など液状の貨物を保管する倉庫。穀物サイロや油タンクなどが代表例。
> ⑦ 危険品倉庫：消防法で指定されている危険物（高圧ガス，液化石油ガス）などを保管する倉庫
> ⑧ 冷蔵倉庫：水産物，食肉及び冷凍食品など摂氏10度以下で貨物を保管する倉庫。保管する温度帯により冷蔵と冷凍の2種類に分類されている。
>
> | 級別 | 保管温度 | 主な保管物品 |
> |---|---|---|
> | C3級 | +10℃以下 −2℃未満 | 生鮮水産物，農産品，バター・チーズ等 |
> | C2級 | −2℃以下 −10℃未満 | 水産加工品，農産加工品，柑橘類等 |
> | C1級 | −10℃以下 −20℃未満 | 塩干水産物，水産加工品等 |
> | F1級 | −20℃以下 −30℃未満 | 冷凍水産物，冷凍食品，冷凍肉 |
> | F2級 | −30℃以下 −40℃未満 | アイスクリーム |
> | F3級 | −40℃以下 −50℃未満 | マグロ類 |
> | F4級 | −50℃以下 | 〃 |

⑨ トランクルーム：家庭の家財，ピアノ，絵画や企業の書類，磁気テープなど非商品を預る倉庫。
⑩ 特別の倉庫

3 倉庫寄託契約

　倉庫寄託契約とは，倉庫営業者が寄託者のために物品を倉庫に保管することを約する契約をいう。民法上の寄託契約（民657条以下）の一種であるが，民法上の寄託契約は，一般に要物契約（契約が成立するには，当事者の合意以外に，目的物の引渡しが必要とされるもの）であるため，倉庫寄託契約の場合も，要物契約であると解する余地がある。しかし，通説では，倉庫寄託契約における寄託の引受けは，物品の引渡し前から存在しうる行為なので，物品の引渡しは契約成立の要件ではなく，民法上の寄託と異なり，諾成契約（当事者の意思表示の合致だけで成立する契約）であると解する。これによれば，物品の引渡しは契約が成立する要件ではなく，保管義務が発生する要件にすぎず，倉庫営業者の物品の引渡し請求権の根拠については，寄託の引受けとしての倉庫寄託契約に基づくものであるとされる。もっとも，諾成契約であると解しても，民法の寄託に関する規定の適用を排除するものではないので，民法の寄託に関する規定の適用を前提に，商法上，若干の特別規定が置かれている。

4 倉庫営業者の義務

(1) 保管義務

　倉庫営業者は，報酬を受けないときであっても，善良な管理者の注意をもって（商595条。なお，民法659条では「自己の財産に対するのと同一の注意」），寄託物を保管する義務を負う。したがって，善管注意義務を怠り，寄託物に損害を与えた場合には，倉庫営業者は債務不履行責任を負うので，寄託物の滅失や損傷を防ぐため，盗難予防設備，防虫・防火・防水設備等の具

体的措置を講じなければならない。倉庫業法および標準倉庫寄託約款（甲）（以下，倉庫約款とする）では，倉庫業者が倉庫証券を発行する場合には，寄託者が反対の意思を表示する等の事情がない限り，寄託物に対し火災保険も付さなければならない（倉庫14条，倉庫約款32条）。寄託物の保管期間については通常は倉庫寄託契約で定められるが，特約がない場合には，原則として倉庫営業者が寄託物の入庫の日から6か月を経過した後でなければその返還をすることができない（商612条本文。倉庫約款20条1項では3か月）。もっとも，寄託物の腐敗からあるいは特殊な危険物のために他の在庫品に損害を及ぼすおそれがある場合など，やむを得ない事由がある場合は，倉庫営業者はいつでも寄託物を返還できる（商612条但書）。もし保管中の寄託物について，第三者が権利を主張して訴えを提起し，または差押え，仮差押えもしくは仮処分をしたときは，倉庫営業者は，遅滞なくその事実を寄託者に通知する義務を負う（民660条1項本文。最判昭和40年10月19日民集19巻7号1876頁）。

> **争点**　寄託物の仮処分と倉庫業者の義務
>
> 　前掲最判昭和40年10月19日は，「倉庫業を営むY（日本通運）は，その営業所においてAから織物レース5箱の寄託を受け倉荷証券を発行した。Xは，この倉荷証券の裏書をAより受けて右物品を譲り受けた。その後，B会社がYを仮処分債務者として『本件商品に対するYの占有を解き，Bの委任するC執行吏に保管を命ずる。』旨の仮処分決定を得て，4月10日，C執行吏にその執行を委任した。Yの営業所倉庫係は倉荷証券と引換えでなければ引き渡すことはできないと拒んだが，Cは執行を強行した。そこでYは，右執行のあったことをAの代理人に通知し，その頃Xも仮処分の事実を知った。同年5月21日，CはBの申出に基づき，Dを保管人に選任するいわゆる保管換えをしたが，CはYの営業主任の拒絶を無視した。Yはこの事実をAの代理人に通知したが，当時知れていた倉荷証券所持人Xには通知しなかった。同年6月7日，裁判所は本件物品につき換価命令を発したので，同年6月12日にYはXにこれを通知した。Xは同月15日に仮処分手続に対する参加を申し立て，第三者異議の訴えの提起に伴う執行停止・取消決定を受けた。またYも仮処分決定に対する異議等を申し立て，翌16日に執行停止・取消決定を受けたが，Cは15日に本件物品の競売を実施し，第三者

が所有権を取得した。その後，Yの異議申立てが容れられ，仮処分決定が取り消された。Yの通知義務違反，保管義務違反を理由として，XはYに損害賠償を求めて本件訴えを提起した」という事案であった。

これに対して，裁判所は，「民法660条は『寄託物ニ付キ権利ヲ主張スル第三者カ受寄者ニ対シテ訴ヲ提起シ又ハ差押ヲ為シタルトキハ受寄者ハ遅滞ナク其事実ヲ寄託者ニ通知スルコトヲ要ス』と規定する。そこに訴提起・差押と記されているのは例示的であって仮差押・仮処分も含まれるというべきであるが，ひとたび訴提起のあったことを通知すれば，寄託者は，それに対処する措置をとることができるのであるから，受寄者はその後の経過（判決言渡，上訴の提起等）まで逐一通知する義務はないというべきである。それと同様に，受寄者はひとたび仮処分のあったことを寄託者に通知し，もしくは寄託者が仮処分のあったことを了知した後においては，その後の経過（点検，保管換え等）まで逐一報告する義務はないと解するのが相当である。したがって，Yが本件寄託物につき保管換えのあったことをXに通知しなかったことをもって通知義務の履行を怠ったものとはいえない…」と判示した。

倉庫寄託契約では，倉庫営業者の資力や信用，倉庫の存在場所や設備等が基礎にあるため，特約や慣習がない限り，倉庫営業者は自己が引き受けた保管を他の倉庫営業者に下請（再保管）させることはできないし（民658条2項。なお，倉庫約款18条では，やむを得ない事由があるときは，寄託者または証券所持人の承諾を得ないで，当会社の費用で他の倉庫業者に受寄物を再寄託できる旨を定める），寄託者の承諾がなければ，原則として受寄物を移動させてその保管場所を変更できない（民664条参照）。

(2) **寄託物の点検・見本提供等に応じる義務**

倉庫営業者は，寄託者または倉荷証券の所持人の請求があれば，営業時間内においていつでも寄託物の点検もしくはその見本の提供またはその保存に必要な処分をなすことに応じる義務がある（商609条）。寄託者は，寄託物を商取引の目的物とすることが普通なので，しばしばその点検・見本の提供・保存行為をする必要が生じるからである。

(3) 寄託物返還義務

倉庫営業者は，保管期間の定めがあるときでも，寄託者の請求があれば，寄託物を返還する義務を負うが（民662条1項），倉荷証券が作成されている場合には，倉荷証券と引換えでなければ，寄託物の返還に応じる義務はない（商613条）。

(4) 倉荷証券交付義務

倉庫営業者は，寄託者の請求により，寄託物の倉荷証券を交付しなければならない（商600条，倉庫約款13条）。もし交付された倉荷証券の所持人が，その倉荷証券を喪失したときは，相当の担保を供して，その再交付を請求することができる（商608条）。倉荷証券を寄託者に交付した場合は，その帳簿に寄託物の種類や品質等ならびに倉荷証券の番号および作成の年月日の各事項が記載される必要がある（商602条）。

5　倉庫営業者の責任

倉庫営業者は，寄託物の保管に関し注意を怠らなかったことを証明しなければ，その滅失または損傷につき損害賠償の責任を免れることができない（商610条）。この場合の滅失には，物理的滅失だけでなく，広く寄託物の返還不能の場合も含まれる。もっとも，寄託者が寄託物の所有者でなくても，当該寄託物が真の所有者に帰属したような特殊な事情のもとでは，倉庫営業者は損害賠償の責任を負わない（最判昭和42年11月17日判時509号63頁）。この規定によって，無過失の立証責任が倉庫営業者にあることが定められるが，この規定は任意規定であるので，当事者の特約は許容される。そのため，実務上，民法の債務不履行責任に関する一般原則による処理ではなく，倉庫約款38条では，寄託者または証券所持人に対して倉庫営業者が賠償の責任を負う損害は，当該倉庫営業者またはその使用人の故意または重大な過失によって生じた場合に限るとし，さらにこの場合に当該倉庫営業者に対して損害賠償を請求しようとする者は，その損害が当該倉庫営業者またはその使用人の故意または重大な過失によって生じたもので

あることを証明しなければならないこと（倉庫営業者から寄託者への証明責任の転換）が規定されている。

倉庫営業者の責任については，特別の消滅原因および短期消滅時効が定められているため，寄託物の損傷または一部消滅についての倉庫営業者の責任は，倉庫営業者の悪意の場合を除き，寄託者または倉荷証券の所持人が異議をとどめないで（損傷または一部減失を通知せずに）寄託物を受け取り，かつ保管料を支払ったときは消滅し（商616条1項・2項），また寄託物の減失または損傷についての倉庫営業者の責任に係る債権は，倉庫営業者の悪意の場合を除き，寄託物の出庫の日から1年間行使しないときは，時効によって消滅する（商617条1項〜3項）。高価品に係る特則はない。

> 争点　**倉庫業者の責任**
>
> 　前掲最判昭和42年11月17日は，「Yは，Xから本件自動車の倉庫寄託を受けた。この自動車は，AがBに代金完済までその所有権を留保して売り渡したものであったが，代金はいまだ完済されていなかった。ところが，Bの友人Cが，B名義でXから金員を借り入れ，本件自動車を売渡担保としてXに引き渡した。その後，Bは本件自動車をYの構内で発見し，Yの構内から引き出そうとしたため，YはXに連絡し，XはYに対して本件自動車を倉庫内に入れて保管するように頼んだ。ところが，その1，2時間後，BはYの制止をふりきって構外に走り去り，本件自動車をAに返還した。そこで，XはYに対して，寄託物の返還が不能となったことを理由に，寄託物価格相当の損害賠償を求めて本件訴えを提起した。1審は，Xが本件自動車を即時取得したことを認定し，Xの請求を認容したが，原審はXの即時取得を否定し，所有権のない寄託者も損害賠償請求をなしうるが，例外的に寄託物が所有者の手中に戻っている場合には寄託者は所有者から寄託物の返還またはこれに代わる填補賠償を求められるおそれはないとして，1審判決を取り消して，Xの請求を棄却した」という事案であった。
>
> 　これに対して，裁判所は，「受寄者の寄託者に対する寄託物返還義務が受寄者の責に帰すべき事由によって履行不能となった場合には，受寄者は，寄託者が寄託物の所有権を有すると否とを問わず，寄託物の価格に相当する金額を寄託者に対し賠償すべきであり，寄託者が寄託物の所有権を有しない場合でも，寄託者が所有者に対し損害の賠償をした後に初めて受寄者

は寄託者に対し賠償責任を負うことになるものではないのが原則であるけれども、本件の如く寄託者が寄託物の所有者でなく、当該寄託物はその真の所有者の手中に帰ったなどの原判決確定の事実関係の場合においては、受寄者の責に帰すべき事由により寄託者に対する寄託物返還義務が履行不能になったとしても、寄託者は、寄託物の価格相当の損害を蒙ったものということはできないから、寄託者であるXは受寄者であるYに対し寄託物である本件自動車の返還に代る填補賠償、すなわち本件自動車の価格相当の損害賠償請求をなす権利を有しないものといわなければならない旨の原判決の判断は、正当として是認することができる」と判示した。

6　倉庫営業者の権利

(1)　保管料・費用償還請求権

　倉庫営業者は保管の対価として、特約の有無にかかわらず、相当の報酬としての保管料を請求できる（商512条）。この保管料以外にも、たとえば輸入税や保険料など、立替料やその他受寄物に関する費用（保管料等）を支出した場合には、その償還も請求することができる（商611条本文）。もっとも、保管料等の支払いを請求できる時期は寄託物の出庫時であるが、保管期間の満了後は、出庫前であっても、直ちに保管料の支払いを請求できる。倉庫寄託契約が保管期間の経過前に終了した場合や一部出庫の場合には、割合に応じて保管料の支払いを請求できる（商611条但書）。

　倉荷証券が交付されていなければ、保管料等の支払義務者は、倉庫寄託契約の債務者である寄託者である。しかし反対に、倉荷証券が交付された場合には、寄託者と寄託物引渡請求権者が相違することになる。そのため、特約がある場合を除き、この場合の保管料等支払義務者は寄託者なのか、あるいは寄託物引渡請求権者なのかが問題となる。この問題につき、判例によれば、倉荷証券の所持人は証券記載の文言に従って保管料等の支払いをする意思をもって証券を取得するのが通常であって、ここに債務引受けの意思の合致があるとして、寄託物引渡請求権者も、保管料等の支払義務者になると解している（最判昭和32年2月19日民集11巻2号295頁）。なお、

倉庫約款上は，「寄託者又は証券所持人は，当会社が運輸大臣に届け出た倉庫保管料及び倉庫荷役料並びにその他の費用を当会社の定めた日までに支払わなければならない」ことが定められている（倉庫約款48条1項）。

> [争点] **倉荷証券と保管料負担の記載**
>
> 　前掲最判昭和32年2月19日は，「Xは，Aから物品の寄託を受け，倉荷証券を発行したが，当該証券には保管料および証券作成手数料など受寄物に関する費用は証券所持人が支払うという趣旨の文言が記載されていた。YはAから右証券の裏書譲渡を受け，証券所持人としてXから寄託物の返還を受けた。その際に保管料および証券作成手数料はA振出の小切手で支払われたが，当該小切手は不渡りとなった。そこで，XはYに対し，倉荷証券の文言に従ってYは保管料等の支払義務があるとして訴えを提起した。1審・原審ともに，YはAから本件証券の裏書譲渡を受けることによって倉荷証券に記載された文言に従い，保管料等を支払う債務を引き受けたとして，Xの請求を認容した。そこでYは，債務引受はなく，倉庫寄託については商法583条（平成30年改正商法581条）や753条のような規定がないこと，602条は善意の証券所持人の保護のための規定であり，契約当事者以外の者に債務を負担させる文言を記載する権限は倉庫業者に法律上認められているわけではないこと等を主張して上告した」という事案であった。
>
> 　これに対して，裁判所は，「倉荷証券に寄託物の記載のほか，なお保管料等寄託物に関する費用は証券所持人が負担するものとする趣旨の文言の記載がある場合，第三者が裏書譲渡によりその倉荷証券を取得したときは，特段の事情のないかぎり，各当事者間に，その所持人が記載の文言の趣旨に従い右費用支払の債務を引受けるという意思の合致あるものと解するを相当とする。原判決の引用する第一審判決が，本件倉荷証券の関係について事実を確定した上，Xの請求を認めた理由は，結局右の趣旨に出でたのであって，その解釈は正当であり，所論のような違法はない」と判示した。

(2) **留置権・先取特権**

　倉庫営業者は，保管料等の支払請求権を確保するため，寄託物に対する民商法上の留置権（民295条，商521条）を有するほか，動産保存の先取特権（民311条4号・320条）を有する。

(3) 寄託物の供託権・競売権

　倉庫営業者は，寄託者または倉荷証券の所持人が寄託物の受領を拒み，または寄託物を受領することができない場合には，商人間の売買の場合における売主と同様の条件および手続によって（商524条1項・2項），寄託物を供託または競売する権利を有する（商615条。なお，倉庫約款29条・30条）。倉庫約款では，一定の場合において倉庫営業者の側に任意売却権も与えられている（倉庫約款31条）。

確認事項■倉庫営業の意義，倉庫営業者の権利および義務，責任
(1) 倉庫営業：他人のために物品を倉庫に保管することを業とする者（商599条）
(2) 倉庫営業者の権利
　① 保管料・費用償還請求権（商512条・611条）
　② 留置権・先取特権（民295条・311条4号・320条，商521条）
　③ 寄託物の供託権・競売権（商615条→524条1項・2項）
(3) 倉庫営業者の義務
　① 保管義務（商595条）
　② 寄託物の点検・見本提供等に応じる義務（商609条）
　③ 寄託物返還義務（民662条1項，商613条）
　④ 倉荷証券交付義務（商600条・608条）
(4) 倉庫営業者の責任（商610条）

7　倉荷証券・荷渡指図書

(1) 倉荷証券の意義・性質等

　倉荷証券は，倉庫営業者に対する寄託物返還請求権を表章する有価証券である（倉庫13条および倉庫約款13条では，倉庫証券という）。寄託者は，このような倉荷証券を利用すれば，容易に寄託物を第三者に譲渡または質入れをすることが可能になる。もっとも，今日の倉庫営業では，むしろ荷渡指図書が利用される場合が多く，荷渡指図書が倉荷証券に類似する役割を果たしている。

　倉荷証券は，指図証券であるほか（商606条。最判昭和57年7月8日判時1055号130頁），寄託物の種類や品質等の記載が必要であるので，要因証券

性・要式証券性を有し（商601条），倉荷証券と引換えに寄託物の返還を請求できるので，受戻証券性（商613条）も有する。さらに，倉庫営業者は，倉荷証券の記載が事実と異なることをもって善意の所持人に対抗できないので，文言証券性（商604条）を有するとともに，寄託物の処分は倉荷証券をもって行われ，かつ倉荷証券の引渡しは寄託物の引渡しと同一の効力を有するので，処分証券性・引渡証券性（商605条・607条。物権的効力）を有する。

> [争点] **倉荷証券の裏書の方式**
>
> 前掲最判昭和57年7月8日は，「YはA会社より小豆を寄託され，本件倉荷証券をA会社に対して発行した。XはA会社に対する貸金の返済を確保するため，A会社より右倉荷証券の引渡を受け，当該証券上の権利の移転を受けていた。ところが，右倉荷証券の裏書欄にはA会社の裏書として，A会社の商号のゴム印とA会社名義の角印が押捺してあるだけであった。その後，Xが倉荷証券を呈示して，Yに寄託物の返還を求めたところ，Yが応じないので，XはYに対して寄託物の引渡を，それが不能な場合は塡補賠償を求めて本件訴えを提起した。1審・原審ともに，裏書欄に会社の代表機関の自署あるいは記名捺印がなされていない以上，A会社の裏書としての効力はないとして，Xの請求を棄却した。なお原審は，商法519条（平成29年改正民法520条の3）は強い流通性の要請を考慮した手形法22条を準用しており，裏書の方式に関する規定は強行法規であるし，会社の記名と会社印の押捺のみによる裏書を適式の裏書として取り扱う商慣習法または商慣習の存在を認めるに足る証拠はないとした」という事案であった。
>
> これに対して，裁判所は，「倉荷証券の裏書人欄に裏書人である会社の記名がされ，かつ，倉荷証券を発行した倉庫営業者にあらかじめ届出がされた右裏書人の会社印が押捺されている場合には，会社の代表機関が会社のためにすることを示して署名ないし記名捺印をしなくても，これを適式の裏書として扱う商慣習法又は商慣習の存在は認められないとした原審の認定判断は，その説示及び原判決挙示の証拠関係に照らし，正当として是認することができ，その過程に所論の違法はない」と判示した。

(2) 荷渡指図書

　もっとも実務上は，倉荷証券を利用する例はほとんどないといわれ，その代わりに荷渡指図書が利用される場合が多い。荷渡指図書とは，倉庫寄託物の引渡しを指図する証書であり，寄託者が発行する場合と，倉庫営業者が発行する場合の2通りに区別される。まず，寄託者が発行する荷渡指図書とは，寄託者が倉庫営業者に対し寄託物の全部または一部を，その証書の所持人に引き渡すことを委託した証書のことをいう。この場合，倉庫営業者が証書の所持人に対し証書に記載された寄託物を引き渡せば，その引渡しの結果については寄託者に対する関係で免責される。この場合の荷渡指図書には，倉庫営業者が副署したものと，そうでないものがあり，副署がないもの（荷渡依頼書）の場合は，倉庫営業者が必ずしも寄託物の引渡しを約束したわけではなく，証書の所持人は，証書に記載された寄託物を受領する権限を有するが，寄託物に対する引渡請求権を有するわけではない。そのため，有価証券性を有せず，かつ物権的効力も否定される（最判昭和48年3月29日判時705号103頁）。これに対し，倉庫営業者が発行する荷渡指図書とは，倉庫営業者がその履行補助者（倉庫係員）に対し，証書に記載した指定の寄託物を引き渡すことを指令したものをいう（出庫指図書，出庫依頼書）。もともと流通を予定したものではなく，寄託物の返還義務を負う倉庫営業者が，寄託物の返還義務の履行方法として，履行補助者に対し寄託物の引渡しを指図する趣旨で署名したものにすぎない。したがって，本来の寄託物返還請求権を表章するものではないことから，必ずしも物権的効力が認められるわけではない。

> **確認事項** 標準倉庫寄託約款（甲）（昭和34年12月14日港倉第181号；改正昭和56年3月4日港倉第11号）
>
> 　標準倉庫寄託約款（甲）の関連規定も確認しよう。
>
> 　第13条（倉荷証券の交付）　当会社は，受寄物に対して，寄託者の請求があつたときは，倉荷証券（以下「証券」という。）を交付する。
>
> 　第18条（再寄託）　当会社は，やむを得ない事由があるときは，寄託者又は証券

所持人の承諾を得ないで，当会社の費用で他の倉庫業者に受寄物を再寄託することができる。

第20条（保管期間）　受寄物の保管期間は，3カ月とし，受寄物を入庫した日から起算する。
2　前項の保管期間は，当会社の承認を得て更新することができる。この場合において，寄託者又は証券所持人は，保管期間満了の日までの保管料，荷役料，その他の費用，立替金及び延滞金を支払わなければならない。
3　第1項の保管期間は，特約により，別に定めることができる。

第29条（供託）　寄託者若しくは証券所持人が寄託物を受け取ることを拒み若しくは受け取ることができないとき又は当会社の過失なくして寄託者若しくは証券所持人を確知することができないときは，当会社は，その受寄物を供託することができる。
2　前項の規定により受寄物を供託したときは，遅滞なくその旨を寄託者又は証券所持人に通知する。ただし，寄託者又は証券所持人を確知できないときは，この限りでない。

第30条（競売）　当会社は，前条第1項の場合において，寄託者又は証券所持人に対して期限を定めて受寄物の引取の催告をしたにもかかわらず，その期限内に引取がなされないときは，その受寄物を民事執行法に定める手続により競売することができる。
2　前項の規定により受寄物を競売したときは，遅滞なくその旨を寄託者又は証券所持人に通知する。ただし，寄託者又は証券所持人を確知できないときは，この限りでない。

第31条（任意売却）　当会社は，第29条第1項の場合において，寄託者又は証券所持人に対して期限を定めて受寄物の引取の催告をしたにもかかわらず，その期限内に引取がなされず，かつ，次の事由が発生したときは，競売に代えて寄託者又は証券所持人の危険及び費用で任意に受寄物を売却することができる。この場合には，当会社は，知れたる寄託者又は証券所持人に対して，あらかじめその旨及び売却の期日を予告する。
(1)　受寄物の価格が保管料その他の費用及び競売費用を加えた額に満たないとき。
(2)　受寄物が損敗するおそれがあるとき。

2　当会社は，前項により任意売却した受寄物の代価から保管料，荷役料，その他の費用，立替金，延滞金及び任意売却のために要した費用を控除した後，その残額を寄託者又は証券所持人に支払う。

第32条（火災保険の付保）　当会社は，反対の意思表示がない限り，寄託者又は証券所持人のために，受寄物を当会社が適当とする保険者の火災保険に付ける。ただし，他の倉庫業者に再寄託した受寄物については，その再寄託を受けた倉庫業者がその適当とする保険者の火災保険に付けるものとする。
2　受寄物の火災保険に関する事項は，すべて当会社（再寄託をした受寄物については，その再寄託を受けた倉庫業者をいう。以下第34条まで同じ。）と保険者との特約による。
3　当会社は，寄託者又は証券所持人に告知しないで，保険者を変更することができる。

第38条（賠償事由及び挙証責任）　寄託者又は証券所持人に対して当会社が賠償の責任を負う損害は，当会社又はその使用人の故意又は重大な過失によつて生じた場合に限る。
2　前項の場合に当会社に対して損害賠償を請求しようとする者は，その損害が当会社又はその使用人の故意又は重大な過失によつて生じたものであることを証明しなければならない。

第48条（料金の支払）　寄託者又は証券所持人は，当会社が運輸大臣に届け出た倉庫保管料及び倉庫荷役料並びにその他の費用を当会社の定めた日までに支払わなければならない。
2　寄託者又は証券所持人は，証券，証書若しくは通帳の発行，分割又は書換を請求するときは，当会社が運輸大臣に届け出た手数料を支払わなければならない。

チェックポイント

(1) 倉庫営業の経済機能について論じなさい。
(2) 倉庫営業者とは，どのような者をいうか，論じなさい。
(3) 倉荷証券の法的性質について論じなさい。
(4) 荷渡指図書とは何か，またその法的性質について論じなさい。

第2節　場屋営業

1　場屋営業の意義

　第1章で述べた運送営業は，物（物品）や人（旅客）の流れに不可欠な営業形態であるが，このうち旅客運送を念頭に置くと，日々，多くの人が出張や旅行で移動することから，到着地では宿泊する必要も生じてこよう。その場合に重要な役割を担うのが場屋営業であり，商法596条でも，例示列挙の最初に旅館が掲げられている。場屋営業とは，「客の来集を目的とする場屋における取引」（商502条7号）を目的とする営業であり，当該営業を営む場屋営業者は商人である（商4条1項）。商法が例示する場屋には，旅館（ホテル等），飲食店（レストラン，食堂等），浴場（公衆浴場，サウナ等）があるが（商596条1項），さらに，劇場や映画館等の興行場，ゲームセンターやパチンコ店等の遊技場，動物園・遊園地なども場屋に属する。もっとも，判例・裁判例によれば，理髪店については，理髪業者の行為が理髪という請負または労務に関する行為にとどまり，施設利用を目的とする契約は行われていないので，場屋取引ではないとし（大判昭和12年11月26日民集16巻1681頁，東京地判平成2年6月14日判時1378号85頁），ゴルフ場営業の場合については場屋取引に含まれるとした（名古屋地判昭和59年6月29日判タ531号176頁）。場屋取引に関して例示列挙したのは，場屋取引はその種類が多く，取引の内容もそれぞれ異なるので，取引全般に一般規定を設けるのは困難であるからである。ただし，公衆の来集に適した一定の設備をなし，そこに多数の客が頻繁に出入りし，ある程度の時間，客がその場所に滞在する点では共通する。そのため，場屋営業者がその間の客の荷物の安全に対して，どのような責任を負うのかが問題になる。場屋取引では，公衆衛生や健全な風俗環境の確保等の観点から各業種において行政規制（旅館業法，食品衛生法，公衆浴場法等）がなされている。

争点　ゴルフ場の場屋性

　前掲名古屋地判昭和59年6月29日は、「Xは、瀬戸市内の会社経営者であって、昭和57年5月11日、親睦ゴルフに参加して、Yゴルフ場に入場したのであるが、プレー終了後ゴルフ場側に保管を託したキャディバッグ（道具一式を含む）をゴルフ場側が紛失したと主張し、Yに対して商法594条1項（平成30年改正商法596条1項）の責任を追及し、約118万円の損害賠償を請求したものである。これに対し、Yは、ゴルフ場がXからキャディバッグの寄託を受けたことも紛失したこともなく、Xのいう紛失は虚構であって、Xまたは意を通じた者が持ち帰ったものであるが、仮にYに損害賠償責任があるとしても、Xがフロントやキャディマスター室への保管を依頼せず、鍵付のロッカーにも収納しなかった過失があるから、過失相殺すべきである、などと反論した」という事案であった。

　これに対して、裁判所は、「Xは商法第594条第1項（平成30年改正商法596条1項）の責任を問うのであるから、まずゴルフ場が同項にいう『客ノ来集ヲ目的トスル場屋』に該当するかどうかということが問題となるが、当裁判所はこれを積極的に解する。ゴルフ場営業は客にスポーツをさせることを主目的とする点において同項が例示する『旅店、飲食店、浴場』と多少異なった側面を有しているようでもあるが、ゴルフ場営業もその本質的部分は、一定の設備を設けて広く一般の客の来集を待つことにあり、かつその客はある程度の時間その場所に滞在することを予定されているのであるが、その滞在自体が営業の対象となっている点において『旅店、飲食店』等と共通しているのであるから、この点から見てゴルフ場も『客ノ来集ヲ目的トスル場屋』に含まれると考えられるからである。もっとも広大なゴルフ場の全域がそのまま右の場屋に該当するといえるかどうかには若干の疑問が存するが、少なくともゴルフ場側がその営業の一環として浴室、食堂等（被告ゴルフ場の場合には、…その他に談話室、会議室、『貴賓室』等）の設備を設け、客に有償で利用させている構造物としてのクラブハウス及びこれに近接する一帯は前記の意味での『場屋』と解するのが相当である。Yは寄託を受けたバッグをXに返還しなかったのであるから、Yは債務不履行の責任を免れることはできない」と判示した。

2　客の荷物に対する場屋営業者の責任

(1)　場屋営業者の寄託責任

　商法上，場屋営業者は，客（場屋の設備の利用者）から寄託を受けた物品の滅失または損傷については，それが不可抗力によることを証明できなければ損害賠償の責任を免れることができない（商596条1項。なお，モデル宿泊約款13条・15条1項参照）。この責任は，場屋営業者に対し客からの寄託品について特別の責任を定めた規定であり，ローマ法のレセプツム責任に由来する。この場合の「客」は，場屋営業者と場屋の利用を内容とする基本契約を締結した者に限定されず，宿泊客への訪問客等の場合も含まれるので，事実上客として待遇される者であれば，必ずしも場屋の利用契約が成立している必要はない。これに対し，場屋営業者が証明に成功すれば責任を免れるところの「不可抗力」については学説の理解が分かれ，①事業の性質に従い最大の注意を尽くしてもなお回避できない危害と解する主観説，②当該事業の外部から発生し，その発生について通常予測できない出来事であると解する客観説もあるが，③当該事業の外部から発生し，その発生について通常必要と認められる予防手段を尽くしてもこれを防止できない危害と解する折衷説が通説である。したがって，たとえばホテルが火事となり，受寄物も消失したような場合，折衷説では，火事が外部から発生したものであり，ホテルが通常必要な防火体制をとっていたが，それでも防止できなかったことにつき，場屋営業者は証明しなければならない。また，商法596条1項の責任は，寄託を受けた物品に関するものであるので，客から物品の引渡しを受け，場屋営業者に占有が移転したことが要件になる。したがって，たんなる保管場所の提供にすぎない場合は寄託に該当しない（高知地判昭和51年4月12日判時831号96頁）。

> **争点**　寄託上の責任
>
> 　前掲高知地判昭和51年4月12日は，「Xは，Yの経営する保養センターに宿泊し，その駐車場に商品（反物）を積載した自動車を駐車していたところ，

これが自動車ごと盗難に遭ったので，右駐車により同車および積載物はYの管理支配可能な状態に達し，X・Y間に寄託契約が成立したとして，Yに対し商法594条1項（平成30年改正商法596条1項）に基づき損害賠償（ただし，積載物分のみ）を請求した。Yは，右寄託契約の成立を争い，右駐車場は保養センター利用者に単なる車の置き場所として提供しているにすぎないと主張した」という事案であった。

これに対して，裁判所は，「寄託とは，受寄者が寄託者のために物を保管することを約してこれを受取ることによって成立する契約であるといわれているとおり，寄託契約の重点は，物の保管という点にあり，しかも，ここにいう物の保管とは，受寄者が物を自己の支配内において，その滅失毀損を防いで原状維持の方途を講じることであると解される。そこで，右の点を本件についてみるに，Xは，本件自動車を運転して，センターに到り，同所の前庭の白線をもって示された位置に駐車させ，自動車に錠をし，その鍵は自分で保管して二階のさくら三号室に宿泊していること，駐車した場所は庭の一部であって，白線をもって駐車できる場所であることを示したのみであり，柵等の仕切りが設けられているわけではなく，また，その場所に駐車させるについて，同センターの従業員から指示を受けることもなく空いている所に自由に駐車できるようになっていること，しかもセンター敷地内の出入については門の設備がなく，24時間出入りは事実上自由になされているというのであるから，これらを総合すると，本件自動車（その積載物品については尚更のこと）についてYがこれを保管した状態になったこと，別言すれば，本件自動車に対する支配がXからYに移ったと解することは到底困難である」と判示した。

もっとも，たとえ客が寄託していない物品であっても，場屋の中に携帯した物品が，場屋営業者が注意を怠ったことによって滅失または損傷したときは，損害賠償の責任を負う（商596条2項）。寄託契約ではなく，場屋営業者と客との間における特殊な関係に基づく法定責任である。場屋営業者の不注意に係る立証責任は客の側にある。

[争点] **顧客によるガソリンスタンドへの自動車の放置**

　東京高判平成14年5月29日判時1796号95頁は、「被告Yは、ガソリンスタンドを経営している株式会社である。本件スタンドで給油を注文した顧客は、通常は作業完了を待って自動車を引き取っていたが、作業中に自動車に鍵をつけたままトイレ等に行くこともあった。もっとも、消防法上、ガソリンスタンドでは自動車を預かることが禁止されていることもあり、Yでは顧客の自動車を預からないという取扱いをしていた。平成11年秋頃から、原告X1は、本件スタンドに午後11時頃に来店し、給油の上、本件スタンドに本件自動車を2、3時間駐車しておくようになった。X1は、Y従業員の申入れにより本件スタンドへの駐車が積極的に受け入れられていないということを認識していたが、顧客の自動車を預かり保管することも当然にガソリンスタンドのサービス業務に含まれると考えて駐車をしていたものである。X1は、駐車をする際にY従業員に対し『頼むね』などと声をかけたり、また車を引き取る際にY従業員に1000円を渡したりすることもあったが、Y従業員において積極的に本件自動車の保管を承諾する言動はなかった。平成12年4月1日午後11時頃、X1は、本件スタンドに来店して本件自動車を駐車し、Y従業員である訴外Aに給油を注文し、『車を置いていくこと』、『それほど遅くならないこと』を告げ、それ以上の明確なやり取りをせずに本件スタンドを立ち去った。なお、X1の言動等から、AはX1に対し漠然とした畏怖を抱いていたと認定されている。X1が立ち去った後、Aは、本件自動車をセールスルームや事務所の正面付近にあたる本件スタンドの敷地の端に移動し、駐車した。その後、Aやその他の従業員が事務所内にいる間に本件自動車は盗難に遭った（なお、本件自動車は、X1が原告X2の名義を借りて購入したものだが、盗難時には代金がまだ完済されておらず、所有名義はローン会社である訴外株式会社Bにあった）。この盗難事故について、X1およびX2がYに対して損害賠償を請求したのが本件である。請求原因としては、X1は寄託契約上の債務不履行責任（商593条；平成30年改正商法595条）、場屋主人の責任（同594条2項；平成30年改正商法596条2項）、事務管理における管理継続義務の不履行責任（民697条・700条）、使用者責任（同715条1項）を、X2は使用者責任のみを主張している」という事案であった。

　これに対して、裁判所は、「商法594条2項（平成30年改正商法596条2項）

は，不特定多数の顧客が場屋に来集し，その携帯品につき紛失，盗難等の危険が少なくないことから顧客が安心して場屋を利用しうるようにその営業者の責任を特に強化した規定である。したがって，この規定は顧客がその場屋の営業目的に沿った利用をしている場合に適用されるもので，その営業に関連しない者の場屋の利用にこれを適用することはできないと解するのが相当である。一般にガソリンスタンドにおける営業は，給油，洗車や簡単な自動車の整備などの業務を内容とするものであり，このような業務に伴って自動車が一定時間スタンド内に滞留することはあるが，それを超えて自動車を預かることは特段の事情のない限りその営業とは関連しないものというべきである。そして，本件サービススタンドにおける営業が一般のガソリンスタンドにおける営業と異なるものであるとは認められず，Yの従業員においてX1が本件自動車を置いておくことを事実上好意で許容していたにすぎないことは前記のとおりである。そうすると，X1の本件自動車の駐車が本件サービススタンドにおける営業と関連すると認めるべき特段の事情を認めることはできず，本件では同条項を適用することはできないといわなければならない」と判示した。

(2) 責任減免の特約

商法596条1項・2項の責任は任意規定であるので，場屋営業者は，故意による物品の滅失・損傷の場合を除き，個々の客との特約によってその責任を軽減または免れることができる。しかし，客の携帯した物品について責任を負わない旨の一方的表示をして，その責任を免れることはできない（商596条3項）。このような表示の存在だけで，黙示的にも免責特約があったとは解されないからである。

(3) 高価品の特則

貨幣，有価証券その他の高価品については，客がその種類および価額を通知してこれを場屋営業者に寄託した場合を除き，場屋営業者は，その滅失または損傷によって生じた損害を賠償する責任を負わない（商597条。なお，モデル宿泊約款15条1項）。この規定は，運送人の責任の場合（商577条）と同様に考えられるため，場屋取引の当時，場屋営業者が，寄託品が高価

品であることを知っていた場合，場屋営業者の故意または重大な過失によって高価品の滅失または損傷が生じた場合には，商法597条の高価品の特則は適用されない（最判平成15年2月28日判時1829号151頁）。

> [争点] **場屋営業者の不法行為責任**
>
> 　前掲最判平成15年2月28日は，「宝石業を営むXの代表取締役であるAは，Yが経営するホテルに宿泊するために，バッグ2個および段ボール箱1箱を持って同ホテルに入り，同ホテルのフロントで，同ホテル従業員のベルボーイBに対し，右段ボール箱については宅急便の発送手続を依頼するとともに，バッグ2個は宿泊する部屋まで運んでもらうために預けた。Bが，これらの荷物を運搬途中，右段ボール箱の宅急便発送手続をしていた隙に，バッグ2個が盗まれた。これらのバッグの中にはXの商売用の宝飾品多数が入っていたが，AはBに対し，この事実を告げていなかった。なお，Yの宿泊約款には，判示のとおり，高価品の明告のない場合の損害賠償の限度を15万円とする旨の責任制限特則が定められていた（以下，本件特則という）。Xは，右盗難による損害は，Yの従業員であるBの過失（重過失）によって生じたものであるとして，Yに対し，民法715条1項に基づく損害賠償として，1456万円余りの支払いを求めた」という事案であった。
>
> 　これに対して，裁判所は，「本件特則は，宿泊客が，本件ホテルに持ち込みフロントに預けなかった物品，現金及び貴重品について，ホテル側にその種類及び価額の明告をしなかった場合には，ホテル側が物品等の種類及び価額に応じた注意を払うことを期待するのが酷であり，かつ，時として損害賠償額が巨額に上ることがあり得ることなどを考慮して設けられたものと解される。このような本件特則の趣旨にかんがみても，ホテル側に故意又は重大な過失がある場合に，本件特則により，Yの損害賠償義務の範囲が制限されるとすることは，著しく衡平を害するものであって，当事者の通常の意思に合致しないというべきである。したがって，本件特則は，ホテル側に故意又は重大な過失がある場合には適用されないと解するのが相当である。そうすると，本件盗難についてBに重大な過失がある場合には，本件特則は適用されない」と判示した。

(4) 責任の短期消滅時効

　場屋営業者の責任はきわめて厳格であるので，商法では，場屋営業者が寄託を受けた物品を返還し，または客が場屋の中に携帯した物品を持ち去った時（物品の全部滅失の場合には客が場屋を去った時）から1年間行使しないときは，場屋営業者の責任に係る債権は，時効によって消滅する旨が定められる（商598条1項）。もっとも，場屋営業者に悪意があった場合には，適用されない（同条2項）。この場合の悪意とは，場屋営業者が，寄託物に対して故意に客の物品を滅失または損傷した場合を意味する。

> **確認事項▮モデル宿泊約款（国振第416号；最終改正平成23年9月1日）**
> モデル宿泊約款上の場屋営業者に関する責任規定も確認しよう。
>
> 第13条（当ホテル（館）の責任）　当ホテル（館）は，宿泊契約及びこれに関連する契約の履行に当たり，又はそれらの不履行により宿泊客に損害を与えたときは，その損害を賠償します。ただし，それが当ホテル（館）の責めに帰すべき事由によるものでないときは，この限りではありません。
> 2　当ホテル（館）は，万一の火災等に対処するため，旅館賠償責任保険に加入しております。
>
> 第15条（寄託物等の取扱い）　宿泊客がフロントにお預けになった物品又は現金並びに貴重品について，滅失，毀損等の損害が生じたときは，それが，不可抗力である場合を除き，当ホテル（館）は，その損害を賠償します。ただし，現金及び貴重品については，当ホテル（館）がその種類及び価額の明告を求めた場合であって，宿泊客がそれを行わなかったときは，当ホテル（館）は〇〇万円を限度としてその損害を賠償します。
> 2　宿泊客が，当ホテル（館）内にお持込みになった物品又は現金並びに貴重品であってフロントにお預けにならなかったものについて，当ホテル（館）の故意又は過失により滅失，毀損等の損害が生じたときは，当ホテル（館）は，その損害を賠償します。ただし，宿泊客からあらかじめ種類及び価額の明告のなかったものについては，当ホテル（館）に故意又は重大な過失がある場合を除き，〇〇万円を限度として当ホテル（館）はその損害を賠償します。

> **確認事項▮場屋営業の意義，場屋営業者の責任**
> (1) 場屋営業：客の来集を目的とする場屋での取引（商502条7号）を目的とした営業

＊ゴルフ場の場屋性（名古屋地判昭和59年6月29日判タ531号176頁）
(2) 場屋営業者の責任
　① 寄託責任（商595条・596条1項・2項）
　② 責任減免特約（商596条3項）
　③ 高価品に関する特則（商597条）
　④ 責任の短期消滅時効（商598条）

チェックポイント

(1) 場屋営業とは何か，また場屋営業者とはどのような者をいうか，論じなさい。
(2) 場屋営業者は，客から寄託を受けた物品の滅失・損傷に対して，どのような場合に責任を負うか，論じなさい。
(3) 場屋営業者は，客から寄託を受けなかった携帯品に対して，どのような責任を負うか，論じなさい。
(4) 客が場屋営業者に高価品であることを通知せずに高価品を寄託したところ，場屋営業者の使用人の重過失によって高価品が盗難にあった場合，場屋営業者は責任を負うか，論じなさい。

■ 第7講

その他の取引類型

　この講では，企業取引に特徴的な匿名組合，リース取引および証券取引を取り上げる。後述のように，匿名組合は，他人から事業資金の投資を受けるための受け皿的役割を果たす点で現代社会において重要な機能を担っているし，リース取引も金融取引の一種という観点では重要な取引形態である。さらに，証券取引も，第5講第3節で述べた問屋（証券会社）との関係で論じないわけにはいかない。この講は，最終講としてこれら3つの取引類型を扱い，その経済的意義や法規整の内容等を検討する。

第1節　匿名組合

1　匿名組合の経済的意義

　匿名組合は，出資者が営業者の営業のために出資をし，その営業から生ずる利益を分配する契約形態であり（商535条），無限責任社員のほか，有限責任社員が存在する合資会社（会社576条3項）に類似する経済的機能を有するといわれる。しかし，合資会社の場合と異なり，出資者が背後に隠れ（匿名），営業者の単独事業の形態をとる点にその特徴が認められる。出資者が匿名であることを要求するのは，自己の社会的地位や職業などから事業者として外部に現れるのを好まない場合もあるからである。もともと10世紀頃に，地中海沿岸のイタリアの諸都市で行われていたコンメンダ（commenda）契約，すなわち，資本家が，多くの場合は船長のような事業者に対し，金銭や商品等を委託して，事業者が海外で貿易を行い，その利益を帰国後に本国で分配する契約にその起源がある。コンメンダのなかでも，貴族や聖職者のようにその身分から営利行為に関わることを良しとは

されなかった人々が，出資関係を秘匿しつつ利益を上げるという需要に応えて発展したのが匿名組合であり，出資関係の秘匿を必要としないコンメンダが合資会社へと発展したといわれる。これに対し，現在では，営業者が，組合員である投資家から投資事業への出資を受けて事業を行い，当該事業から得られた利益を当該投資家に分配する場合の「商品ファンド」の組成形態として利用されることも多く，また，出資者からリース物件の購入資金を調達する手段しても匿名組合が利用されることがある。

Point 合資会社・民法上の組合との相違

前述のように，合資会社は，業務執行者としての無限責任社員と，出資者である有限責任社員から構成される社団法人である（会社576条3項）。沿革的には，合資会社と匿名組合はコンメンダ契約から分化したものである。しかし法的には，合資会社は，社団として法人格を付与され，有限責任社員は，当該法人の構成員として会社財産に対する持分を有し，その限度で法人の債権者に対し直接責任を負うのに対し（会社580条2項），匿名組合は，法律上営業者と匿名組合員との間の「契約」であり，匿名組合員は営業に関与しないほか（営業者の単独営業），営業者の営業に対し持分を有するわけでも，対外的に法律関係に立つこともない（商536条3項・4項）。

また，民法には典型契約の1つとして「組合」契約が掲げられるが（民667条以下），民法上の組合は，各当事者が出資をして共同の事業を営むことを目的とするものであり（民667条1項），また各組合員の出資その他の組合財産は，総組合員の共有に属するので（民668条），組合の事業に基づく法律関係は組合員全員に生じるほか，各組合員は第三者に対し直接権利義務を有する。これに対し，匿名組合は，営業者の単独事業であり，匿名組合員が出資した財産はすべて営業者に帰属し（商536条1項・2項），匿名組合員はその営業から生じる利益を分配されうるにすぎない（商535条参照）。合資会社と民法上の組合，匿名組合は，このような点で相違する。

匿名組合契約とは，当事者の一方が相手方の営業のために出資をし，その営業から生ずる利益を分配することを約することによって，その効力を生ずる契約をいうが（商535条），この契約は営業者と匿名組合員との間の有償・双務契約であり，また出資がなくても意思表示によって効力が生じ

るので，諾成契約であり，その性質は商法上の特別の契約であると解されている。

　もっとも，匿名組合契約に基づく権利の場合において，当該権利を有する出資者が，出資または拠出をした金銭等を充てて行う事業（出資対象事業）から生ずる収益の配当，または当該出資対象事業に係る財産の分配を受けることができる権利であって，出資者全員が出資対象事業に関与するなどの所定の除外事由に該当しない場合，これは集団投資スキーム持分（金商2条2項5号）に該当する。この場合の集団投資スキーム持分は，有価証券とみなされることから，その販売・勧誘等については金融商品取引法の適用を受けることに留意しなければならない。

2　営業者の権利義務関係

(1)　出資請求権

　匿名組合契約は，営業者が匿名組合員から出資を受けることが前提であるので（商535条），営業者は，匿名組合員に対し出資を求める権利を有する。

(2)　業務執行義務

　匿名組合員は営業者の業務を執行し，または営業者を代表できないので（商536条3項），営業者が，善良なる管理者の注意をもって匿名組合の業務を執行する（民671条の類推→644条）。したがって，営業者が匿名組合員から出資された金銭その他の財産を約定に反して使用した場合には，匿名組合員に対し損害賠償義務を負うし（民415条），匿名組合員の同意がない限り，営業の廃止や譲渡もできない。当事者間で約定がない限り，営業者は匿名組合と同種の営業をしてはならない競業避止義務も負うものと解される（なお，営業者が匿名組合員の許諾なく利益相反関係を生じさせる行為を行うことを，善管注意義務違反として判断した最判平成28年9月6日判時2327号82頁も参照）。

3　匿名組合員の権利義務関係

(1)　利益分配請求権

　匿名組合員は営業者に対し匿名組合契約の趣旨に従い営業を行うことを請求でき（営業執行請求権），営業利益が存在する限り，利益の分配を受ける権利（利益分配請求権）を有する。利益分配請求権は，匿名組合員の出資義務に対応するものであり，匿名組合契約の本質的要素である。この場合の利益または損失とは，単純に営業年度の開始時と終了時における財産額を比較して増減したその額をいい，利益は営業によって増加した利益を意味するので，財産の評価益は含まれない。利益の存否は，各営業年度末に作成される貸借対照表をもって確定される。利益の分配は，当事者間で約定がある場合はそれに従い，約定がない場合には出資割合に応じてなされる（民674条1項の類推適用）。また，分配は現実になされなければならず，特約がない限り，分配すべき額を匿名組合の出資の増加にあてることはできない。

(2)　営業監視権

　匿名組合員は，営業の成績に関して重大な利害関係を有するので，監視権が認められる（商539条）。すなわち，匿名組合員は，営業年度の終了時において，営業者の営業時間内に，営業者の貸借対照表の閲覧または謄写を請求し，または営業者の業務および財産の状況を検査できるほか，重要な事由があるときは，いつでも裁判所の許可を得て，営業者の業務および財産の状況を検査できるのである（商539条1項・2項）。この監視権は，共同事業者として匿名組合員が有する最低限の参加権である。

(3)　出資義務

　匿名組合員は，営業者の営業のために出資する義務を負うが（商535条），その場合の出資の対象は金銭その他の財産に限られ，労務および信用の出資は認められない（商536条2項）。匿名組合員の出資は，営業者の財産に

属するので（商536条1項），当事者の共有財産になるわけではなく，したがって，持分という観念は存在しないし，匿名組合員は出資後にその財産に対して何ら権利を有することにもならない。

(4) 損失分担義務

匿名組合員は，前述のように営業者の営業から生じた利益の分配を受ける権利を有するが，その反面，出資に欠損が生じた場合には，特約がある場合を除き，その填補の後でなければ，利益の分配を請求できない（商538条）。匿名組合は共同事業を営むものであるので，匿名組合員は損失の分担をするのが通常であるからである。もっとも，この場合の損失の分担は計算上の分担にすぎないので，現実の支払いによって填補する必要はなく，匿名組合員の出資が損失の分担額だけ減少するにすぎない。損失の分担の割合は，特約がない限り，利益の分配割合に比例して決定される（民674条参照）。

4　外部との関係

匿名組合では，営業は営業者の名で行われ，匿名組合員の出資も営業者の財産に属するので，第三者との関係で権利義務を有するのは営業者にほかならない。したがって，匿名組合員が，営業者の行為について第三者に対して権利義務を有するわけではない（商536条4項）。もっとも，匿名組合員が，自己の氏もしくは氏名を営業者の商号中に用いること，または自己の商号を営業者の商号として使用することを許諾したときは，その使用以後に生じた債務につき，営業者と連帯して弁済する責任を負う（商537条）。名板貸の責任（商14条，会社9条）と同様に，禁反言の法理に基づく。

5　匿名組合契約の終了

匿名組合契約の終了原因として，商法上，次の事由が定められている。すなわち，当事者の意思表示に基づかない場合として，①匿名組合の目的

である事業の成功またはその成功の不能，②営業者の死亡または営業者が後見開始の審判を受けたこと，③営業者または匿名組合員が破産手続開始の決定を受けたことである（商541条）。営業者が営業を廃止または譲渡した場合について①に含まれるかどうか争いがあるが，これは解約原因にすぎず，当然に解除されるものではない。

これに対し，当事者の一方的解除によって終了する場合もある。すなわち，匿名組合契約において匿名組合の存続期間が定められていた場合にはそれによるが，匿名組合の存続期間を定めなかったとき，またはある当事者の終身の間，匿名組合が存続すべきことを定めたときは，6か月前の予告を前提に，各当事者は，営業年度の終了時に契約を解除できる（商540条1項）。もっとも，匿名組合の存続期間の有無にかかわらず，たとえば当事者間で重要な義務である出資義務，利益分配義務等の懈怠や履行不能のように，やむを得ない事由がある場合については，各当事者はいつでも匿名組合契約を解除することができる（商540条2項）。

このように匿名組合契約が終了したときは，営業者は，匿名組合員に対しその出資の価額を返還しなければならないが，出資が損失によって減少した場合には，その残額を返還すれば足りる（商542条）。「出資の価額」の返還なので，返還に際しては金銭をもってなすことが必要になる結果，出資が現物出資でなされた場合には，特約がない限り，その返還は金銭評価に基づき行われる。すなわち，匿名組合員は，財産が出資によって営業者に帰属したことから，出資した財産そのものの返還請求ができないのである。もっとも，物の使用権が出資された場合には，匿名組合員は所有権に基づきその物の返還を請求できる。なお，匿名組合契約の終了に際して，損失額が出資額を超過していても，営業者は匿名組合員に対し追出資を要求することはできない。

確認事項■匿名組合

(1) 匿名組合契約：当事者の一方が相手方の営業のために出資をし，その営業から生ずる利益を分配することを約することによって，その効力を生ずる契約（商535条）。
(2) 営業者の権利義務関係

① 出資請求権（商535条参照）
② 業務執行義務（民671条の類推→644条）
(3) 匿名組合員の権利義務関係
① 利益分配請求権（民674条，商538条参照）　② 営業監視権（商539条）
③ 出資義務（商535条・536条2項）　④ 損失分担義務（民674条，商538条参照）
(4) 外部との関係（商536条4項・537条）
(5) 匿名組合契約の終了（商540条・541条・542条）

チェックポイント

(1) 匿名契約とは何か，民法上の組合と合資会社と比較して論じなさい。
(2) 匿名組合の営業者は，どのような権利義務を有するか，論じなさい。
(3) 匿名組合員は，匿名組合の内外でどのような権利義務を有するか，論じなさい。
(4) 匿名組合契約の終了原因について論じなさい。

第2節　リース取引

1　リース取引の意義

　企業が事業活動を行えば行うほど，多くの機械や設備を必要とするが，その必要を借入金や自己資本によって充たすにも，機械や設備が高額であればその購入は困難であろう。そのため，当該需要を充たす手法としてリースという方法が利用されることがある。リースとは，リース業者（レッサー）が一定の機械や設備を利用したいユーザー（レッシー）に対し，購入資金を貸し付ける代わりに，自己の名で販売業者（サプライヤー）から当該機械や設備を購入してユーザーに賃貸し，リース料によって当該物件の代金・金利・諸経費を回収して利益を得ることを目的とする営業のことをいう。このようなリース契約は，法形式上は物件の賃貸借契約である

が，経済目的からすれば，設備資金の融資である。とりわけファイナンス・リースがその代表例であり，産業界でリース契約といわれるものの多くは，ファイナンス・リースである。技術革新が急速に進むパソコン機器のような物品にはファイナンス・リースが最適であろう。もっとも，リースの主要な目的は，リース料全額が税法上ユーザーの損金として認められる節税目的にあるといわれる。以下では，ファイナンス・リースについて説明しよう。

2　ファイナンス・リース契約

　前述のように，ファイナンス・リースとは，リース業者（レッサー）が機械・設備等を必要とするユーザー（レッシー）によって選定された物件を，自己の名で購入して，当該物件をユーザーに賃貸することをいう。このようなファイナンス・リース契約の過程では，ユーザーが販売業者との間でリース物件の選定および決定を行うが，その場合，一般的にリース業者が物件の購入を行い，また物件の選定，価格および引渡しの時期等についてはユーザーによって直接，販売業者と交渉される。次いで，ユーザーは，リース物件が選定および決定されたことを前提にリース業者とリース契約を締結し，リース契約が締結された場合には，リース物件の売買契約がリース業者と販売会社との間で締結され，その後，リース物件がユーザーに引き渡されるというプロセスを経る。

3　リース契約の機能

　ユーザーにとっては，リース物件の利用そのものが主要な目的であるので，ユーザー指定の物件自体は販売業者からユーザーに直接引き渡されるとはいえ，リース業者の引渡義務は肯定されなければならない。そのため，ユーザーは販売業者から物件の引渡しがあるまでリース業者へのリース料の支払いを拒絶することができる。リース料金は，リース契約期間中に物件の代金その他の費用の全額を回収できるように設定され，契約の期間

も比較的長期（5年から7年。パソコンの場合は2年以上）で設定される。引渡しに際しては，ユーザーは物件の機能等を検査し，瑕疵がないことを確認する必要があり，検査および確認の後は，リース業者に対し，物件借受証が交付されるのが通例である。これによって物件の引渡しが完成する。もっとも，リース業者はリース料によって実質的な融資の回収を図るので，ユーザーはリース期間中に中途解約ができず，もし解約する場合には，残リース料もしくは残リース料の相当額の違約金を支払う必要がある。ユーザーの側に支払いの遅延その他の契約違反があった場合には，ユーザーは期限の利益を喪失するほか，リース業者による残リース料その他の費用の即時弁済の請求，物件の引揚げまたは返還請求，リース契約の解除と損害賠償の請求がなされる。なお，物件を引き揚げたことで取得した利益（残リース料の即時弁済とリース物件の返還による二重取り）は，ユーザーに返戻されるか，残リース料の請求の際に清算されるべきであろう（最判昭和57年10月19日民集36巻10号2130頁）。

> **争点** リース業者の清算義務
>
> 　前掲最判昭和57年10月19日は，「X（リース業者）は，昭和48年5月9日，Y（工作機械製造業者）との間で，本件電算式事務処理機械のファイナンス・リース契約を締結した（リース期間は60か月，リース料は月額金11万5210円）。なお，本件契約では，Yがリース料の支払いにつき，1回でも遅滞した場合は，Xは，通知催告を要することなく，リース料全部の即時弁済を請求でき，Yが本件契約によってXに対して負担する金銭の支払いを怠った場合は，遅滞期間中，日歩4銭の割合による遅延利息を支払う旨の特約が付されていた。Xは，同年11月20日に本件物件を引き渡したので，同日にリース期間が開始したが，Yは，昭和51年5月10日以降，リース料の支払いをしなかったことにより，Xは，残リース料全額の即時弁済を求める旨を通知した。Xは，昭和52年11月7日，Yから本件物件を引き揚げた後，Yに対し残リース料全額と遅延利息の支払いを求めて訴えを提起した」という事案であった。
>
> 　これに対して，裁判所は，「いわゆるファイナンス・リース契約において，リース業者は，リース期間の途中で利用者からリース物件の返還を受けた場合には，その原因が利用者の債務不履行にあるときであっても，特段の

> 事情のない限り，右返還によって取得した利益を利用者に返戻し又はリース料債権の支払に充当するなどしてこれを清算する必要があると解するのが相当である。けだし，右リース契約においては，リース業者は，利用者の債務不履行を原因としてリース物件の返還を受けたときでも，リース期間全部についてのリース料債権を失うものではないから，右リース料債権の支払を受けるほかに，リース物件の途中返還による利益をも取得しうるものとすることは，リース契約が約定どおりの期間存続して満了した場合と比較して過大な利益を取得しうることになり，公平の原則に照らし妥当ではないからである」。
>
> 「右の場合に清算の対象となるのは，リース物件が返還時において有した価値と本来のリース期間の満了時において有すべき残存価値との差額と解するのが相当であって，返還時からリース期間の満了時までの利用価値と解すべきではなく，したがって，清算金額を具体的に算定するにあたっては，返還時とリース期間の満了時とにおけるリース物件の交換価値を確定することが必要であり，返還時からリース期間の満了時までのリース料額又はリース物件がリース期間の途中で滅失・毀損した場合に利用者からリース業者に支払うことが約定されているいわゆる規定損失金額を基礎にしてこれを算定することは正当でない」と判示した。

物件の修繕義務はユーザー自身が負い，保守契約が販売業者との間で締結される。リース契約では，特段の事情がない限り，一般にリース業者がユーザーに対し，いわゆる瑕疵担保責任を負わないので（福岡高判昭和62年2月24日判タ654号178頁），ユーザーは物件の瑕疵を理由にリース料の支払いを拒否できない。リース業者が物件の選定および決定に関与しているわけではなく，リース料の請求は実質的な融資の回収にほかならないからである。物件が滅失または損傷した場合であっても，その損害はユーザーが負担することになるが（このような危険負担の有効性について，大阪地判昭和51年3月26日判タ341号205頁），リース物件は付保されているので，保険でカバーされる部分が大きい。

争点　リース物件の瑕疵担保責任と危険負担

　最判昭和56年4月9日判時1003号89頁は，「X（リース業者）は，昭和45年1月12日，Y（ユーザー）との間で，経理事務の機械化のために，フランス製の電子会計機のリース契約を締結した。リース期間は3年，リース料は1か月53万8,700円，総額で1,939万3,200円であった。Xは，ディーラーであるZから本件会計機を1,548万円で購入し，同年6月25日に，本件会計機を直接，Yに引き渡した。Yは，Zの経理全般の機械化により合理化できるという言明を全面的に信頼し，また，本件会計機が保証どおりの性能を発揮し，事務の機械化が軌道に乗るまでZの指導を受けることを前提に導入したが，Yが本件会計機を利用したところ，予定の処理時間を大幅に上回る時間を要したほか，本件会計機が不完全であるため，Yの事務機能が麻痺したことから，同年10月16日以降，Zに対し本件会計機の引き取りを要求した。これに対し，Zは，同年12月末日までに事務の機械化を実現し，2か月分のリース料はZが負担する旨の念書を差し入れたが，結局，当初の目的を達成できなかった。そのため，Yは，本件会計機の使用を中止したが，本件会計機は同年8月31日の台風に起因する水害によって浸水し，その後は使用不能になった。Yがリース料の支払いを遅滞したため，Xは，瑕疵担保免責特約および危険負担排除特約に基づき，遅延リース料と約定損害金の支払いを請求した」という事案であった。

　これに対して，裁判所は，「原判決は，要するに，ZとY間の担保賠償契約に基づきZがYに対して賠償すべき損害のうち，YがXに支払い，又は支払を余儀なくされた本件会計機のリース料に関する損害については，その総額から，Yにおいて右会計機の引取をZに要求してその使用を中止するまでの間Zの協力を得て使用しうる状態にあった期間のリース料相当額のみを右会計機の利用によってYが取得した利益として控除し，その残額をYのこうむった損害として賠償すべきものとし，右の場合，右会計機がその後水害により使用不能となった事実は，賠償額の算定に当たり考慮すべきものではなく，右の水害によって生じた会計機の価値喪失による損害はZにおいてこれを負担すべきものとしているものであるところ，原審が適法に確定した事実関係のもとにおいては，原審の右判断は，正当として是認することができる」と判示した。

> **確認事項▊リース契約書**
> 　リース契約書における各関連規定も確認してみよう。
>
> 　「リース契約書の主な条項」（公益社団法人リース事業協会のホームページ〔http://www.leasing.or.jp/information/joukou.html〕より
> 　リース契約書の主な条項（L第○条）の概要と，それに関連する注文書・注文請書の条項（S第○条）の概要は以下のとおりです。
>
> 　契約の趣旨
> 　L第1条　賃貸人は賃借人指定の売主から賃借人指定の物件を購入し，賃借人にリース（賃貸）し，賃借人がこれを借り受けます。契約は解除できません。
> 　S第1条　売買契約の物件は，リース契約の目的物件として，賃借人が指定したものです。
>
> 　物件の引渡
> 　L第2条　物件は売主から搬入されます。賃借人は物件を検査し瑕疵がないことを確認して，借受日を記載した物件借受証を賃貸人に発行します。この借受日をもって賃貸人から賃借人に物件が引渡されたものとします。
> 　S第3条　売主は物件を引渡場所に搬入します。賃借人から買主（賃貸人）に対して発行する物件借受証記載の借受日をもって，売主から買主に物件が引渡されたものとします。
>
> 　リース開始
> 　L第3条・L第4条・L第5条　賃借人は物件の引渡し（物件借受証記載の借受日）から物件を使用できます。リース期間は別表記載のとおりで借受日より起算します。賃借人は別表記載の期日・方法によりリース料を支払います。
>
> 　物件の所有権
> 　L第7条・L第8条　賃借人は，物件に賃貸人の所有権標識を貼付し，また賃貸人の所有権を侵害する行為をしません。
> 　S第4条　物件の所有権と危険負担は，物件の引渡しをもって，売主から買主に移転します。
>
> 　保守修繕義務
> 　L第3条　賃借人は物件の保守，点検，整備を行い，物件が損傷したときは賃借人の負担で修繕・修復を行います。

S第9条　売主は物件の保守・修繕を行います。

保険
L第14条　賃貸人は物件に保険をつけ，賃借人が第3条にしたがって修繕・修復したときは，保険金を賃借人に支払います。物件が修復不能のときは，保険金を限度として賃貸人は第17条の債務弁済（危険負担）を免れます。

瑕疵担保責任
L第15条　賃貸人は瑕疵担保責任を負いません。賃借人は売主に直接請求し，賃貸人は，売主に対する買主としての請求権を賃借人に譲渡する手続をとり，賃借人の売主に対する直接請求に協力します。ただし，賃借人はリース料の支払いを免れることはできません。
S第5条　売主は，物件の瑕疵担保責任を負います。買主の売主に対する請求権を賃借人に譲渡しても売主は異議を述べません。

危険負担
L第17条　物件の引渡しから返還まで，賃貸人・賃借人いずれの責任にもよらない事由による物件の滅失・毀損その他の危険は，賃借人が負担します。物件が修復不能のときは，賃借人は賃貸人に損害賠償金を支払い，契約は終了します。（L第14条参照）

契約違反
L第19条　賃借人がリース料の支払いを怠ったとき，契約条項に違反したとき，賃借人に信用不安や倒産の事実等があったとき，賃貸人は契約を解除し，賃借人は賃貸人に物件を返還し規定損害金を支払います。（この条文は① 期限の利益喪失型，② 契約解除型，③ 折衷型の3方式があり，② を例示した。）

契約更新（再リース）
L第21条　リース期間の満了前に，賃貸人と賃借人は協議して，同一物件について新たなリース契約をすることができます。（二つの考え方があり，例示は新たにリース契約を締結する考え方。もう一つは，あらかじめ再リース料を契約書の別表に記載し，その条件で1年間更新できるとするもの。）

物件返還・清算
L第22条　リース期間の満了または解除により契約が終了したとき，賃借人は，賃借人の負担で賃貸人指定の場所に物件を返還します。リース期間の途中

> で物件が返還され，賃借人が第19条の支払いをしたときは，物件の価値と満了時の見積残存価値との差額を清算します。

チェックポイント
(1) ファイナンス・リースとは，どのような仕組みか，論じなさい。
(2) ファイナンス・リース契約に定められる瑕疵担保免責特約は，有効かどうか，論じなさい。

第3節　証券の取引

1　証券取引の意義

　有価証券の売買等は，主として金融商品取引所によって開設される取引所金融商品市場（金商2条16項・110条以下）で行われるが，当該市場では取引資格が制限されているので（金商111条1項参照），一般投資家が取引所において売買する場合には，受託契約準則に従い（金商133条），その資格がある証券会社（以下，証券会社を念頭に置くが，金融商品取引業者とする場合もある）に売買を取り次いでもらう必要がある。この場合，売買は証券会社の名において委託者の計算で行われるので，証券会社は自己の名において他人のために物品の販売または買入れをする問屋（商551条以下）に該当する。もっとも，証券会社は，このような有価証券の売買の取次ぎだけでなく，媒介および代理等も行うことができる（金商2条8項2号・3号）。ここで取次ぎとは，自己の名をもって他人の計算で法律行為を引き受ける行為をいい（商502条11号），証券会社が顧客から委託を受けて取引所金融商品市場で有価証券の売買を引き受ける行為が，取次ぎに該当する。これに対し，媒介とは，他人を当事者とする法律行為の成立に尽力する事実行為をいい（商543条参照），自己の名において法律行為をしない点で取次ぎとは異なる。また，代理とは，第三者が代理人に対してした意思表示または代理人が自己の権限の範囲内でした意思表示の法律効果が直接本人

に帰属することをいい（民99条，商504条），代理人は本人の名でかつ本人の計算で意思表示を行う。

　証券会社が，顧客からの注文に基づき有価証券の売買等の取引を行う場合には，証券会社ならびにその役員および使用人は，顧客に対して誠実かつ公正にその業務を遂行しなければならず（金商36条1項），さらに，あらかじめ，顧客に対し自己がその相手方となって当該売買もしくは取引を成立させるか，または媒介し，取次ぎしもしくは代理して当該売買もしくは取引を成立させるかの別を明らかにしなければならない（取引態様の事前明示義務。金商37条の2）。証券会社は，委託の趣旨に従って取引所で売買契約を成立させることになるが，有価証券の売買等の取引に関する顧客の注文については，証券会社は最良の取引の条件で執行するための方針および方法（最良執行方針等）を定める（金商40条の2）。これによって，同じ銘柄が複数の取引所市場や私設電子取引システム（PTS）で取引される場合，できる限り有利な約定価格が得られる場で注文を執行し，証券会社へ支払う手数料もできる限り低く抑制されることが要求される。この最良執行方針等を記載した書面はあらかじめ顧客に対して交付される（金商40条の2第4項）。

2　販売・勧誘規制

　証券会社が顧客との間で有価証券等の金融商品取引契約を締結する場合，証券会社と顧客との間にはその情報力，分析力や交渉力について構造上の格差が存在するので，顧客を保護するために証券会社の販売・勧誘行為に対して行為規制が設けられている。

(1)　広告規制
　まず，証券会社に適用される金融商品取引契約の締結の勧誘前の情報提供に係る規制として，主として広告等の規制が定められる。これによれば，証券会社は，自己が行う金融商品取引業の内容について広告その他これに類似するもの（広告類似行為）として内閣府令（金商業72条）で定める行為

（郵便・FAX・電子メール等による情報提供）をする場合，証券会社の商号や名称，登録番号等の事項を表示しなければならず（金商37条1項），その際には著しく事実に相違する表示をし，または著しく人を誤認させるような表示をしてはならない（金商37条2項）。

(2) 適合性原則

また，投資経験を有しない高齢者に高いリスクの商品を勧誘する場合のように，顧客に対しふさわしくない商品を勧誘してはならないが，これは，金融商品取引行為について，顧客の知識，経験，財産の状況および金融商品取引契約を締結する目的に照らして不適当と認められる勧誘を行ってはならないという適合性原則から生じるものである（金商40条1号。最判平成17年7月14日民集59巻6号1323頁）。

> **争点** 適合性原則違反に基づく不法行為責任
>
> 前掲最判平成17年7月14日は，「X（水産物卸業者）は，公的低利融資で得た経営安定資金26億円の一部（5億円）について，昭和59年9月以降，Y（証券会社）で運用し，その運用はXの代表取締役と担当の専務取締役が行ってきた。株式の現物取引のほか，信用取引，国債先物，外貨建てワラントなどによって運用されたが，資産運用から5年を経て，オプション取引も開始し，取引商品の種類と金額を拡大してきた。しかし，Xはバブル崩壊の影響によって含み損を抱える中で，運用益を上げるために，平成3年2月から平成4年4月までの間，手持ち資金は不要であり，利益は限定的であるが，反面，損失は無限大という性質のハイリスクのオプションの売り取引を行った。その結果，Xは，2億円以上の損失を被ったので，Xが，Yの担当者の勧誘に適合性原則違反，説明義務違反等があったとして不法行為責任を求めた」という事案であった。
>
> これに対して，裁判所は，「…これらは，直接には，公法上の業務規制，行政指導又は自主規制機関の定める自主規制という位置付けのものではあるが，証券会社の担当者が，顧客の意向と実情に反して，明らかに過大な危険を伴う取引を積極的に勧誘するなど，適合性の原則から著しく逸脱した証券取引の勧誘をしてこれを行わせたときは，当該行為は不法行為法上も違法となると解するのが相当である」。

「そして，証券会社の担当者によるオプションの売り取引の勧誘が適合性の原則から著しく逸脱していることを理由とする不法行為の成否に関し，顧客の適合性を判断するに当たっては，単にオプションの売り取引という取引類型における一般的抽象的なリスクのみを考慮するのではなく，当該オプションの基礎商品が何か，当該オプションは上場商品とされているかどうかなどの具体的な商品特性を踏まえて，これとの相関関係において，顧客の投資経験，証券取引の知識，投資意向，財産状態等の諸要素を総合的に考慮する必要があるというべきである」と判示した。

(3) 説明義務

さらに，証券会社は，一定の場合を除き（金商業80条参照），金融商品取引契約を締結しようとするときは，あらかじめ，顧客に対し，証券会社の商号や名称，登録番号，金融商品取引契約の概要等の事項を記載した書面を交付しなければならない（金商37条の3第1項）。この説明義務は，金融商品の取引に関して投資者の投資判断に必要な重要情報を提供するためのものであるが，これは，投資者にはもともと自己責任原則が妥当し，当該原則が成立するための前提として，金融商品の取引に関して証券会社と投資者との間に存在する構造的な情報格差を是正する必要があるからにほかならない。もっとも，説明義務の有無につき，具体的に「どのような場合に信義則上の説明義務が発生し，また，どのような内容の説明が求められるかについては，契約の内容や当事者の属性に照らし，個別具体的に定められるべきものと解するのが相当である。そして，金融商品取引業者又はその販売委託を受けた金融機関の担当者が一般投資家である顧客に投資取引を勧誘する場合には，顧客が自己責任による投資判断を行う前提として，対象となる商品の仕組み，特性，リスクの内容と程度等について，当該顧客の属性，すなわち，投資経験，金融商品取引の知識，投資意向，財産状態等の諸要素を踏まえて，当該顧客が具体的に理解することができる程度の説明をすべき信義則上の義務があり，同義務の違反は不法行為を構成するものと解される」と判示したものがある（東京高判平成27年1月26日判時2251号47頁）。金融商品取引業者は，顧客の知識・経験・財産・目的に適

合した形で顧客にふさわしい説明をしなければ金融商品の販売・勧誘をしてはならないというルールを，広義の適合性原則というが，この原則が説明義務に取り込まれたものと解されよう。

> **Point** 高齢顧客への勧誘による販売
>
> リスクの高い金融商品の取引を勧誘する場合，高齢者に対しては慎重な対応が望まれる。高齢者は，たとえ資産を豊富に有していたとしても，投資の知識・経験に乏しい場合が少なくなく，一般的に高齢による身体的な衰えや記憶力・理解力の低下がみられる場合もあるからである。このことから，平成25年10月29日付で，日本証券業協会からいわゆる「高齢顧客への勧誘による販売に係るガイドライン」が制定された。これによれば，「協会員の投資勧誘，顧客管理等に関する規則」の5条の3において，「協会員は，高齢顧客に有価証券等の勧誘による販売を行う場合には，当該協会員の業態，規模，顧客分布及び顧客属性並びに社会情勢その他の条件を勘案し，高齢顧客の定義，販売対象となる有価証券等，説明方法，受注方法等に関する社内規則を定め，適正な投資勧誘に努めなければならない」旨が規定される。

3　不適切な勧誘の禁止

証券会社が，その役員および使用人も含め，金融商品取引契約の締結の勧誘などに関して行ってはならない禁止行為として，以下の行為が掲げられる（金商38条）。すなわち，①金融商品取引契約の締結・勧誘に際して，顧客に対し虚偽のことを告げる行為（虚偽告知），②顧客に対し，不確実な事項について断定的判断を提供し，または確実であると誤解させるおそれのあることを告げて金融商品取引契約の締結の勧誘をする行為（断定的判断の提供。「必ず値上がりします」など），③顧客に対し，信用格付業者以外の信用格付業を行う者の付与した一定の信用格付について，当該信用格付を付与した者が金融商品取引法所定の登録を受けていない者である旨および当該登録の意義その他の事項を告げることなく提供して，金融商品取引契約の締結の勧誘をする行為，④一定の金融商品取引契約の締結の勧誘の要請をしていない顧客に対し，訪問しまたは電話をかけて，金融商品取

引契約の締結の勧誘をする行為（不招請勧誘），⑤一定の金融商品取引契約の締結の勧誘を受けた顧客が，当該金融商品取引契約を締結しない旨の意思を表示したにもかかわらず，当該勧誘を継続する行為，⑥一定の金融商品取引契約の締結の勧誘を受けた顧客が，当該金融商品取引契約を締結しない旨の意思を表示したにもかかわらず，当該勧誘を継続する行為，⑦自己または第三者の利益を図る目的をもって，特定金融指標算出者に対し，特定金融指標の算出に関し，正当な根拠を有しない算出基礎情報を提供する行為，⑧その他，投資者の保護に欠けもしくは取引の公正を害し，または金融商品取引業の信用を失墜させるもの（金商業117条1項）である（金商38条1号〜8号）。このような禁止行為に違反し，たとえば必ず値上がりするとの断定的判断を提供して，金融商品を販売し，投資勧誘として社会的に相当な範囲を逸脱した場合には，私法上も違法として評価され，証券会社やその使用人は不法行為責任を負うことになる（たとえば東京高判平成9年5月22日判時1607号55頁は，顧客に対し，「内部情報として，特定の株式が確実に時価の約3倍，どんなに悪くても2倍になることが確実である旨を説明して，株式の購入を勧誘させた」事案である）。

4 損失補てん等の禁止

　証券会社には，有価証券の売買その他の取引またはデリバティブ取引について損失補てん等の禁止が定められる（金商39条）。損失補てんとは，一般に証券会社が，顧客が証券取引によって生じた損失に対し穴埋めすることをいう。禁止の背景には，バブル崩壊後の平成3年に多くの証券会社が大口の顧客に対し多額の損失補てんを行っていたことが発覚したという事情がある。損失補てんはそもそも自己責任原則に反するものであるし，一部の大口顧客だけが損失補てんを受けられるのであれば，一般投資家に不公平感を感じさせ，ひいては証券業そのものに対する信頼を喪失させるものであるので，金融商品取引法では罰則をもって禁止した（金商39条・198条の3）。

　その内容は，①顧客に損失が生じた場合またはあらかじめ定めた額の利

益が生じないこととなった場合において，その全部または一部を補てんし，または補足するため顧客に財産上の利益を提供する旨を，顧客に約束することである（金商39条1項1号）。これは，顧客の損失発生の確定前の段階でなされる，将来における損失保証・利益（利回り）保証のための財産上の利益提供を禁止するものである。また，②顧客の損失の全部または一部を補てんし，または顧客の利益に追加するため当該顧客に財産上の利益を提供する旨を，当該顧客と約束することも禁止される（金商39条1項2号）。これは，顧客に損失が発生したことが確定した後の段階での約束を禁止するものである。①②とも，申込み自体も禁止されるほか，第三者を介在させることも禁止される。さらに，証券会社には，③有価証券売買取引等につき，当該有価証券等について生じた顧客の損失の全部もしくは一部を補てんし，またはこれらについて生じた顧客の利益に追加するため，当該顧客または第三者に対し，財産上の利益を提供し，または第三者に提供させる行為が禁止される（金商39条1項3号）。これは，事前に損失保証または損失補てんの約束があるかどうかに関係なく，損失の発生が確定した後で，利益が提供されることを禁止するものである。

以上のような禁止は，判例でも，たとえば損失保証の場合につき，「損失保証は，元来，証券市場における価格形成機能をゆがめるとともに，証券取引の公正及び証券市場に対する信頼を損なうものであって，反社会性の強い行為であるといわなければならず，（…）損失保証契約は公序に反し無効といわなければならない」と示される（最判平成9年9月4日民集51巻8号3619頁）。

5　金融商品販売法（金融商品の販売等に関する法律）

この法律は，もともと私法的性質を有するものであるので，監督当局が行政処分等を発動できるものではない。むしろ，被害を受けた顧客が，みずから業者に対して損害賠償を請求する側面において顧客の保護を強化したものである。この法律における「金融商品の販売」は，預貯金，定期積金，無尽掛金，信託，保険，有価証券，デリバティブ，不動産特定共同事

業等，幅広い金融商品を包括的に適用対象としている点に特徴がある（金販2条1項）。金融商品販売業者（金販2条3項）には，顧客（金融商品の販売の相手方。金販2条4項）に対し，金融商品の販売について，たとえば金利，通貨の価格，金融商品市場における相場その他の指標に係る変動を直接の原因として元本欠損が生ずるおそれがある旨や当該指標，さらに元本欠損を生じさせるおそれがある取引の仕組みのうちの重要な部分等を説明する義務が課され（金販3条1項），この場合の説明も，顧客の知識，経験，財産の状況および当該金融商品の販売に係る契約を締結する目的に照らして，当該顧客に理解されるために必要な方法および程度によるものである必要がある（金販3条2項）。これによって，いわゆる適合性原則が説明義務に反映されている。断定的判断の提供等も禁止される（金販4条）。

　このような重要事項が説明されなければならないにもかかわらず，金融商品販売業者が重要事項の説明をしなかった場合，または断定的判断の提供等を行った場合は，顧客に対しこれによって生じた損害を賠償する責任を負う（金販5条。無過失責任）。この責任は，特別法上の不法行為責任であり，元本欠損額が，説明義務違反等によって顧客に生じた損害額と推定される点に特徴がある（金販6条）。これにより，説明義務違反等と損害との因果関係が推定されることも重要である。民法の適用は妨げられないので（金販7条），消滅時効や過失相殺など，金融商品販売法に規定がなくても，民法に関する一般規定が適用される。

チェックポイント

(1) 証券会社が顧客との間で有価証券等の金融商品取引契約を締結する場合において，金融商品取引法では，どのような販売・勧誘規制を定めているか，その趣旨も含めて論じなさい。

(2) 適合性原則とは何か，論じなさい。

(3) 証券会社が，金融商品取引契約の締結の勧誘などに関して行ってはならない禁止行為には，どのようなものがあるか，それぞれ論じなさい。

(4) なぜ，損失補てんが禁止されるか，論じなさい。

【判例索引】

〔大審院・最高裁判所〕

大判大正2年12月20日民録19輯1036頁
　………………………………… 121
大判大正4年12月24日民録21輯2182頁
　…………………………………… 8
大判大正6年2月3日民録23輯35頁
　………………………………… 157
大判大正9年6月17日民録26輯895頁
　………………………………… 158
大判大正9年6月17日民録26輯902頁
　………………………………… 158
大判大正9年10月14日民録26輯1485頁
　………………………………… 141
大判大正10年12月7日民録27輯2095頁
　………………………………… 45
大判昭和2年2月21日大審院裁判例
　2巻民24頁……………………… 33
大判昭和3年6月28日民集7巻519頁
　………………………………… 134
大判昭和3年12月12日民集7巻1071頁
　………………………………… 42
大判昭和4年9月28日民集8巻769頁
　………………………………… 12
大判昭和5年6月14日新聞3139号4頁
　………………………………… 145
大判昭和5年9月13日新聞3182号14頁
　………………………………… 116
大判昭和6年9月22日法学1巻上233頁
　………………………………… 33
大判昭和10年2月28日判決全集2輯15号
　31頁……………………………… 82
大判昭和11年3月11日民集15巻4号
　320頁…………………………… 66

大判昭和12年11月26日民集16巻1681頁
　…………………………… 16・184
大判昭和13年8月1日民集17巻1597頁
　………………………………… 27
大判昭和14年12月27日民集18巻1681頁
　………………………………… 46
大判昭和16年6月14日判決全集8巻22号
　7頁……………………………… 41
最判昭和30年1月27日民集9巻1号42頁
　………………………………… 107
最判昭和30年9月29日民集9巻10号
　1484頁…………………………… 19
最判昭和31年10月12日民集10巻10号
　1260頁…………………………… 94
最判昭和32年2月19日民集11巻2号
　295頁…………………………… 177
最判昭和32年5月30日民集11巻5号
　854頁…………………………… 92
最判昭和35年3月17日民集14巻3号
　451頁…………………………… 118
最判昭和35年5月6日判時222号27頁
　………………………………… 36
最判昭和35年12月2日民集14巻13号
　2893頁…………………………… 41
最判昭和38年11月5日民集17巻11号
　1510頁…………………………… 117
最判昭和40年10月19日民集19巻7号
　1876頁…………………………… 173
最判昭和41年12月20日民集20巻10号
　2106頁…………………………… 125
最判昭和42年11月1日民集21巻9号
　2249頁…………………………… 158
最判昭和42年11月17日判時509号63頁

・・・・・・・・・・・・・・・・・・・・・ 175
最判昭和43年 4 月24日判時515号27頁
　・・・・・・・・・・・・・・・・・・・・・・・・・・ 27
最判昭和43年 7 月11日民集22巻 7 号
　1462頁・・・・・・・・・・・・・・・・・・・・・ 96
最判昭和44年 6 月26日民集23巻 7 号
　1264頁・・・・・・・・・・・・・・・・・・・・・ 90
最判昭和44年 8 月29日判時570号49頁
　・・・・・・・・・・・・・・・・・・・・・・・・・・ 37
最判昭和44年10月17日判時575号71頁
　・・・・・・・・・・・・・・・・・・・ 117・148・167
最判昭和45年 4 月21日判時593号87頁
　・・・・・・・・・・・・・・・・・・・・・・・・・ 121
最判昭和45年10月22日民集24巻11号
　1599頁・・・・・・・・・・・・・・・・・・・・・ 89
最判昭和46年12月16日民集25巻 9 号
　1472頁・・・・・・・・・・・・・・・・・・・・・ 39
最判昭和47年 1 月25日判時662号85頁
　・・・・・・・・・・・・・・・・・・・・・・・・・・ 41
最判昭和48年 3 月29日判時705号103頁
　・・・・・・・・・・・・・・・・・・・・・・・・・ 181
最判昭和48年10月 5 日判時726号92頁
　・・・・・・・・・・・・・・・・・・・・・・・・・・ 21
最判昭和49年 3 月15日民集28巻 2 号
　222頁・・・・・・・・・・・・・・・・・・・・・ 137
最判昭和50年 2 月28日民集29巻 2 号
　193頁・・・・・・・・・・・・・・・・・・・・・・ 49
最判昭和50年 6 月27日判時785号100頁
　・・・・・・・・・・・・・・・・・・・・・・・・・・ 16
最判昭和50年12月26日民集29巻11号
　1890頁・・・・・・・・・・・・・・・・・・・・・ 91
最判昭和53年 4 月20日民集32巻 3 号
　670頁・・・・・・・・・・・・・・・・・・・・・ 119
最判昭和55年 3 月25日判時967号61頁
　・・・・・・・・・・・・・・・・・・・・・・・・・ 121
最判昭和56年 4 月 9 日判時1003号89頁

・・・・・・・・・・・・・・・・・・・・・ 203
最判昭和57年 7 月 8 日判時1055号130頁
　・・・・・・・・・・・・・・・・・・・・・・・・・ 179
最判昭和57年 9 月 7 日判時1057号131頁
　・・・・・・・・・・・・・・・・・・・・・・・・・ 144
最判昭和57年10月19日民集36巻10号
　2130頁・・・・・・・・・・・・・・・・・・・・ 201
最判昭和59年11月16日金法1088号80頁
　・・・・・・・・・・・・・・・・・・・・・・・・・・ 34
最判平成 4 年 2 月28日判時1417号64頁
　・・・・・・・・・・・・・・・・・・・・・・・・・・ 94
最判平成 4 年 4 月28日判時1421号122頁
　・・・・・・・・・・・・・・・・・・・・・・・・・ 134
最判平成 5 年 3 月25日民集47巻 4 号
　3079頁・・・・・・・・・・・・・・・・・・・・ 113
最判平成 9 年 9 月 4 日民集51巻 8 号
　3619頁・・・・・・・・・・・・・・・・・・・・ 212
最判平成10年 4 月30日判時1646号162頁
　・・・・・・・・・・・・・・・・・・・・・・・・・ 126
最判平成10年 7 月14日民集52巻 5 号
　1261頁・・・・・・・・・・・・・・・・・・・・・ 48
最判平成15年 2 月28日判時1829号151頁
　・・・・・・・・・・・・・・・・・・・・・・ 121・190
最判平成17年 7 月14日民集59巻 6 号
　1323頁・・・・・・・・・・・・・・・・・・・・ 208
最判平成20年 2 月22日民集62巻 2 号
　576頁・・・・・・・・・・・・・・・・・・・・・・ 19
最判平成28年 9 月 6 日判時2327号82頁
　・・・・・・・・・・・・・・・・・・・・・・・・・ 195
最判平成29年12月 4 日金融・商事判例
　1533号 8 頁 ・・・・・・・・・・・・・・・・・ 47

〔高等裁判所〕

東京高判大正 2 年10月30日評論 2 商
　367頁・・・・・・・・・・・・・・・・・・・・・・ 41
札幌高判昭和33年 4 月15日判時150号

30頁‥‥‥‥‥‥‥‥‥‥‥‥33
東京高判昭和54年9月25日判時944号
　　106頁‥‥‥‥‥‥‥‥‥‥‥123
東京高判昭和58年9月20日判時1093号
　　80頁‥‥‥‥‥‥‥‥‥‥‥‥121
東京高判昭和58年12月21日判時1104号
　　136頁‥‥‥‥‥‥‥‥‥‥‥‥33
福岡高判昭和62年2月24日判タ654号
　　178頁‥‥‥‥‥‥‥‥‥‥‥202
東京高判平成8年5月28日判時1570号
　　118頁‥‥‥‥‥‥‥‥‥‥‥‥47
東京高判平成9年5月22日判時1607号
　　55頁‥‥‥‥‥‥‥‥‥‥‥‥211
東京高決平成10年11月27日判時1666号
　　143頁‥‥‥‥‥‥‥‥‥‥‥‥47
東京高判平成14年5月29日判時1796号
　　95頁‥‥‥‥‥‥‥‥‥‥‥‥188
東京高判平成27年1月26日判時2251号
　　47頁‥‥‥‥‥‥‥‥‥‥‥‥209

　　　　〔地方裁判所〕
大阪地判大正6年6月18日新聞1284号
　　24頁‥‥‥‥‥‥‥‥‥‥‥‥‥41
大阪地判昭和26年1月30日下民集2巻
　　1号100頁‥‥‥‥‥‥‥‥‥‥41
東京地判昭和30年11月15日下民集6巻
　　11号2386頁‥‥‥‥‥‥‥‥‥42
東京地判昭和30年12月21日下民集6巻
　　12号2645頁‥‥‥‥‥‥‥‥‥86
福島地判昭和34年11月18日下民集10巻
　　11号2450頁‥‥‥‥‥‥‥‥‥‥8
東京地判昭和42年3月1日判時483号
　　51頁‥‥‥‥‥‥‥‥‥‥‥‥158
東京地判昭和44年10月8日判時588号
　　85頁‥‥‥‥‥‥‥‥‥‥‥‥158
大阪地判昭和46年2月10日判時634号
　　70頁‥‥‥‥‥‥‥‥‥‥‥‥158
横浜地判昭和50年5月28日判タ327号
　　313頁‥‥‥‥‥‥‥‥‥‥‥‥84
大阪地判昭和51年3月26日判タ341号
　　205頁‥‥‥‥‥‥‥‥‥‥‥202
高知地判昭和51年4月12日判時831号
　　96頁‥‥‥‥‥‥‥‥‥‥‥‥186
東京地判昭和56年8月19日判時1035号
　　123頁‥‥‥‥‥‥‥‥‥‥‥‥42
名古屋地判昭和59年6月29日判タ531号
　　176頁‥‥‥‥‥‥‥‥‥184・192
大阪地判昭和63年3月24日判時1320号
　　146頁‥‥‥‥‥‥‥‥‥‥‥‥35
東京地判平成元年4月20日判時1337号
　　129頁‥‥‥‥‥‥‥‥‥‥‥121
東京地判平成2年3月28日判時1353号
　　119頁‥‥‥‥‥‥‥‥‥‥‥121
東京地判平成2年6月14日判時1378号
　　85頁‥‥‥‥‥‥‥‥‥‥16・184
神戸地判平成2年7月24日判時1381号
　　81頁‥‥‥‥‥‥‥‥‥‥‥‥121
東京地判平成3年3月22日判時1402号
　　113頁‥‥‥‥‥‥‥‥‥‥‥‥41
東京地判平成3年3月29日判時1405号
　　108頁‥‥‥‥‥‥‥‥‥‥‥164
東京地判平成4年10月28日判時1467号
　　124頁‥‥‥‥‥‥‥‥‥‥‥‥42
浦和地決平成5年6月14日判時1486号
　　107頁‥‥‥‥‥‥‥‥‥‥‥‥37
東京地判平成9年7月16日判時1619号
　　17頁‥‥‥‥‥‥‥‥‥‥‥‥160
東京地判平成9年8月29日判時1634号
　　99頁‥‥‥‥‥‥‥‥‥‥‥‥‥44
仙台地判平成15年2月25日判タ1157号
　　157頁‥‥‥‥‥‥‥‥‥‥‥160
さいたま地判平成22年10月12日証券取引

被害判例セレクト39巻238頁‥‥‥‥55

【事項索引】

〔あ〕

アローアンス条項 ・・・・・・・・・・・・・・・ 42
一方的商行為 ・・・・・・・・・・・・・・・・・・・ 21
ヴィスビー・ルール ・・・・・・・・・・・・ 103
受戻証券 ・・・・・・・・・・・・・・・・・・・・・・・ 71
売主の供託権 ・・・・・・・・・・・・・・・・・・ 39
運送営業 ・・・・・・・・・・・・・・・・・・・・・・ 101
運送賃請求権 ・・・・・・・・・・・・・・・・・ 160
運送賃請求権・費用償還請求権 ・・・・ 108
運送取扱人 ・・・・・・・・・・・・・・・・・・・ 166
　　──の義務 ・・・・・・・・・・・・・・・ 167
運送品処分義務 ・・・・・・・・・・・・・・・ 112
運送品の供託権・競売権 ・・・・・・・・ 108
運送品の滅失・損傷・延着に対する責任
　・・・・・・・・・・・・・・・・・・・・・・・・・・・ 115
運送品引渡請求権 ・・・・・・・・・・・・・ 106
運送品留置権 ・・・・・・・・・・・・・・・・・ 168
営業監視権 ・・・・・・・・・・・・・・・・・・・ 196
営業的商行為 ・・・・・・・・・・・・・・・・・・ 14
営業の部類に属する契約 ・・・・・・・・・ 33
営利性 ・・・・・・・・・・・・・・・・・・・・・・ 2・22
送り状交付請求権 ・・・・・・・・・・・・・ 107
押し買い ・・・・・・・・・・・・・・・・・・・・・・ 61
オブリゲーション・ネッティング ・・・ 68

〔か〕

海上運送 ・・・・・・・・・・・・・・・・・・・・・ 103
海上運送状交付義務 ・・・・・・・・・・・ 141
海上物品運送契約 ・・・・・・・・・・・・・ 131
　　──の終了 ・・・・・・・・・・・・・・・ 145
解除特約 ・・・・・・・・・・・・・・・・・・・・・・ 48
回数乗車券 ・・・・・・・・・・・・・・・・・・・ 157
介入権 ・・・・・・・・・・・・・・・・・・・・ 99・168

買主の受取り ・・・・・・・・・・・・・・・・・・ 39
買主の目的物の保管・供託義務 ・・・・ 42
確定期売買 ・・・・・・・・・・・・・・・・・・・・ 37
割賦販売法 ・・・・・・・・・・・・・・・・・・・・ 57
株券 ・・・・・・・・・・・・・・・・・・・・・・・・・・ 75
株券喪失登録制度 ・・・・・・・・・・・・・・ 73
貨物の引渡し ・・・・・・・・・・・・・・・・・ 151
仮渡し・保証渡し ・・・・・・・・・・・・・ 144
為替手形 ・・・・・・・・・・・・・・・・・・・・・・ 73
危険負担 ・・・・・・・・・・・・・・・・・・・・・・ 38
危険物通知義務 ・・・・・・・・・・・・・・・ 113
寄託物の供託権・競売権 ・・・・・・・・ 179
寄託物の点検・見本提供等に応じる義務
　・・・・・・・・・・・・・・・・・・・・・・・・・・・ 174
寄託物返還義務 ・・・・・・・・・・・・・・・ 175
記名式乗車券（定期券） ・・・・・・・・ 157
記名証券 ・・・・・・・・・・・・・・・・・・・・・・ 70
給付受領権 ・・・・・・・・・・・・・・・・・・・・ 91
競業避止義務 ・・・・・・・・・・・・・・・・・・ 82
業務執行義務 ・・・・・・・・・・・・・・・・・ 195
業務提供誘引販売 ・・・・・・・・・・・・・・ 60
虚偽告知 ・・・・・・・・・・・・・・・・・・・・・ 210
銀行取引停止処分 ・・・・・・・・・・・・・・ 48
金融商品販売法（金融商品の販売等に
　関する法律） ・・・・・・・・・・・・・・・ 212
金融補助機能 ・・・・・・・・・・・・・・・・・ 170
倉荷証券 ・・・・・・・・・・・・・・・・・ 76・179
倉荷証券交付義務 ・・・・・・・・・・・・・ 175
クローズアウト・ネッティング ・・・・ 69
形成権 ・・・・・・・・・・・・・・・・・・・・・・・ 100
携帯手荷物 ・・・・・・・・・・・・・・・・・・・ 159
契約自由の原則 ・・・・・・・・・・・・・・・・・ 5
契約の定型化 ・・・・・・・・・・・・・・・・・・・ 3
結約書交付義務 ・・・・・・・・・・・・・・・・ 87

厳格責任主義	4
検索の抗弁権	45
顕名	25
権利の証券化	3
航海傭船契約	133
高価品に関する特則	121・147・189
航空運送	103
航空運送状	150
航空運送人の責任	151
航空物品運送契約	150
広告規制	207
交互計算	63
交互計算不可分の原則	65
合資会社	193
小切手	74
国際航空運送協会（IATA）	150
国際航空運送についてのある規則の統一に関する国際条約（ワルソー条約）	104・150
国際連合海上物品運送条約（ハンブルク・ルール）	103
古典的交互計算	65
個品運送契約	133
個別信用購入あっせん	58
ゴルフ場の場屋性	185
コンメンダ	193
困惑	55

〔さ〕

催告の抗弁権	45
債務者の連帯	45
先取特権	49
指図証券	70
指値遵守義務	97
時間差調整機能	170
自助売却権	39・99

下請運送	161
社債券	75
社債等振替法	75
集団投資スキーム持分	195
出資義務	196
出資請求権	195
場屋営業	16・184
場屋営業者の寄託責任	186
商慣習	6
商業証券	13
証券会社	93
証券取引	206
商行為の委任	29
商行為の代理	25
商事自治法	7
乗車券	156
商事留置権	47
消費者契約法	9・54
消費者の利益を一方的に害する条項	57
商品の受領	40
商品の引渡し	36
消滅時効	24
所有権留保	49
信託	17
信用購入あっせん	58
請求権競合説・法条競合説	117
清算義務	201
設権証券	71
絶対的商行為	12
説明義務	209
善管注意義務	97
船舶の回航	138
船舶の提供義務	136
倉庫営業	17・170
倉庫営業者	170
——の責任	175

倉庫寄託契約	172
相殺	64
相次運送	161
相次運送取扱い	169
相次運送人の権利義務	162
送付物品保管義務	34
双方的商行為	21
損害賠償額	119
——の定型化	147
損害賠償責任免責条項	56
損失分担義務	197
損失補てん等の禁止	211

〔た〕

退去妨害	56
代理商	79
代理商契約	81
託送手荷物	158
宅地建物取引業者	90
諾否通知義務	33
段階交互計算	65
短期消滅時効	125・168・191
堪航能力担保義務	136
断定的判断の提供	55・210
帳簿（仲立人日記帳）作成・謄本交付義務	88
直航義務	142
通信販売	59
通知義務	97
定期傭船契約	134
碇泊義務	138
締約代理商	80
適合性原則	208
電話勧誘販売	60
同一運送	161
当事者の氏名黙秘・介入義務	88

独占禁止法	9
特定継続的役務提供	60
特定商取引法	59
特別消滅事由	124
特別引出権〔SDR〕	149・152
匿名組合	193
匿名組合契約	194
——の終了	197
問屋	92

〔な〕

仲立人	84
荷渡指図書	144・181
ネッティング	68
ノベーション・ネッティング	68

〔は〕

媒介代理商	80
発航および運送に係る義務	142
販売・勧誘規制	207
非受戻証券	71
引渡し	143
非設権証券	71
非文言証券	71
ヒマラヤ条項	148
標準貨物自動車運送約款	109・127
費用償還請求権	98・167・177
ファイナンス・リース契約	200
不安の抗弁権	43
不可抗力	186
不可抗力免責条項	38
複合運送	161
複合運送人・相次運送人の責任	162
不実告知	55
不招請勧誘	211
附属的商行為	18

不退去・・・・・・・・・・・・・・・・・・・・・56
普通取引約款・・・・・・・・・・・・・・・・・7
不適切な勧誘の禁止・・・・・・・・・・・・210
不当な損害賠償の額を予定する条項・・56
船積み・受取り・積付けに係る義務
　・・・・・・・・・・・・・・・・・・・・・・・・・・137
船積準備完了の通知・・・・・・・・・・・・138
船荷証券・・・・・・・・・・・・・・・・・・・・・77
　　――の物権的効力・・・・・・・・・・・140
船荷証券交付義務・・・・・・・・・・・・・139
船荷証券に関するある規則の統一のため
　の国際条約（ハーグ・ルール）
　・・・・・・・・・・・・・・・・・・・・・103・132
部分運送・・・・・・・・・・・・・・・・・・・・161
不利益事実の不告知・・・・・・・・・・・・55
文言証券・・・・・・・・・・・・・・・・・・・・・71
分別の利益・・・・・・・・・・・・・・・・・・・45
ペイメント・ネッティング・・・・・・・68
包括信用購入あっせん・・・・・・・・・・58
報酬請求権・・・・・・・・・・2・22・89・98・167
法定利率・・・・・・・・・・・・・・・・・・・・・23
訪問購入取引・・・・・・・・・・・・・・・・・61
訪問販売・・・・・・・・・・・・・・・・・・・・・59
保管義務・・・・・・・・・・・・・・・・・・・・172
保管料・・・・・・・・・・・・・・・・・・・・・・177
保証人の連帯・・・・・・・・・・・・・・・・・45

〔ま〕

前払式割賦販売・・・・・・・・・・・・・・・58
マルチ商法・・・・・・・・・・・・・・・・・・・60
見本保管義務・・・・・・・・・・・・・・・・・86
民法上の代理・・・・・・・・・・・・・・・・・25
無因証券・・・・・・・・・・・・・・・・・・・・・70
無記名式乗車券・・・・・・・・・・・・・・156
無記名証券・・・・・・・・・・・・・・・・・・・70
免責約款・・・・・・・・・・・・・・・・・・・・126

申込みと承諾・・・・・・・・・・・・・・・・・32
目的物の検査・通知義務・・・・・・・・40
モントリオール条約・・・・・・104・150・152

〔や〕

約束手形・・・・・・・・・・・・・・・・・・・・・73
有因（要因）証券・・・・・・・・・・・・・70
有価証券・・・・・・・・・・・・・・・・・・・・・69
有価証券無効宣言公示催告制度・・・・・73

〔ら〕

リース取引・・・・・・・・・・・・・・・・・・199
利益分配請求権・・・・・・・・・・・・・・196
陸揚げ・・・・・・・・・・・・・・・・・・・・・・143
陸上運送・・・・・・・・・・・・・・・・・・・・102
陸上物品運送契約・・・・・・・・・・・・106
履行担保義務・・・・・・・・・・・・・・・・・98
利息請求権・・・・・・・・・・・・・・・・2・23
リボルビング方式・・・・・・・・・・・・・57
流質契約・・・・・・・・・・・・・・・・・・・・・46
留置権・・・・・・・・・・・・・・47・82・99・108
留置権・先取特権・・・・・・・・・160・178
旅客運送契約・・・・・・・・・・・・・・・・155
旅客運送人の責任・・・・・・・・・・・・157
レセプツム責任・・・・・・・・・・116・186
連鎖販売取引・・・・・・・・・・・・・・・・・60
連帯運送・・・・・・・・・・・・・・・・・・・・161
ローン提携販売・・・・・・・・・・・・・・・58

＜著者紹介＞

砂田　太士（すなだ・たいじ）
〔第1講・第2講〕
1954年生まれ
1984年　神戸大学大学院法学研究科博士後期課程修了　法学博士（神戸大学）
現在，福岡大学法学部教授
【主著】「監査等委員会設置会社—その運営上の留意点（前編）（後編）」月刊監査役672号50頁（2017年），673号27頁（2017年），『プリメール会社法〔新版〕』（共著）（法律文化社・2016年）等

久保　寛展（くぼ・ひろのぶ）
〔第3講～第7講〕
1973年生まれ
2003年　同志社大学大学院法学研究科博士後期課程修了　博士（法学）（同志社大学）
現在，福岡大学法学部教授
【主著】「格付機関に対する損害賠償の訴えの国際裁判管轄—EU法およびドイツ法の視点から」福岡大学法学論叢62巻3号529頁（2017年），「ヨーロッパ資本市場同盟構想における中小企業の資金調達の多様化および簡易化措置」福岡大学法学論叢61巻4号1037頁（2017年），『プリメール会社法〔新版〕』（共著）（法律文化社・2016年）等

企業取引法

2018年8月15日　第1版第1刷発行

著　者　砂　田　太　士
　　　　久　保　寛　展
発行者　山　本　　　継
発行所　㈱中央経済社
発売元　㈱中央経済グループ
　　　　パブリッシング

〒101-0051　東京都千代田区神田神保町1-31-2
　　　　　　電話　03 (3293) 3371 (編集代表)
　　　　　　　　　03 (3293) 3381 (営業代表)
　　　　　　http://www.chuokeizai.co.jp/
　　　　　　印刷／文唱堂印刷㈱
　　　　　　製本／㈲井上製本所

Ⓒ 2018
Printed in Japan

＊頁の「欠落」や「順序違い」などがありましたらお取り替えいたしますので発売元までご送付ください。(送料小社負担)

ISBN978-4-502-24791-0　C3032

JCOPY〈出版者著作権管理機構委託出版物〉本書を無断で複写複製（コピー）することは，著作権法上の例外を除き，禁じられています。本書をコピーされる場合は事前に出版者著作権管理機構（JCOPY）の許諾を受けてください。
JCOPY〈http://www.jcopy.or.jp　eメール：info@jcopy.or.jp　電話：03-3513-6969〉

── ◆好評書籍のご案内◆ ──

国際法務の技法

既存の法律書籍と一線を画す内容でセンセーションを巻き起こした『法務の技法』（2014年刊）の第2弾がついに刊行！　長年前線で活躍する著者の経験に基づく，現場で使えるノウハウや小技（こわざ）が満載。

組織力・経営力・防衛力・行動力・コミュニケーション力・英語力に分け，国際法務遂行の考え方とテクニックを余すところなく伝授。著者三名が各々の知見を縦横に語る座談会も特別収録。

A5版240頁
ISBN 978-4-502-19251-7

芦原　一郎
名取　勝也　［著］
松下　正

本書の内容 ……………………………………………………

第1章　組織力アップ…コンプライアンス, Report (ing) Lineほか全8項目
第2章　経営力アップ…リスクへの関わり, 海外の法律事務所ほか全8項目
第3章　防衛力アップ…賄賂対策, 沈黙は危険なりほか全5項目
第4章　行動力アップ…根回し, 外国人の説得, 謝罪文ほか全6項目
第5章　コミュニケーション力アップ…雑談力, 中国人との仕事ほか全8項目
第6章　英語力アップ…HearingよりもSpeaking, テンションほか全10項目
座談会■6つの視点で"技法"を使いこなし, 国際法務の世界をサバイバル